权威·前沿·原创

皮书系列为
"十二五""十三五"国家重点图书出版规划项目

南宁蓝皮书

南宁社会发展报告（2019）

ANNUAL REPORT ON SOCIAL DEVELOPMENT OF NANNING (2019)

主　编／胡建华
副主编／覃洁贞　吴金艳

社会科学文献出版社
SOCIAL SCIENCES ACADEMIC PRESS (CHINA)

图书在版编目(CIP)数据

南宁社会发展报告.2019/胡建华主编.--北京：社会科学文献出版社，2019.7
（南宁蓝皮书）
ISBN 978-7-5201-5170-2

Ⅰ.①南… Ⅱ.①胡… Ⅲ.①社会发展-研究报告-南宁-2019 Ⅳ.①D676.71

中国版本图书馆 CIP 数据核字（2019）第 145888 号

南宁蓝皮书
南宁社会发展报告（2019）

主　　编 / 胡建华
副 主 编 / 覃洁贞　吴金艳

出 版 人 / 谢寿光
组稿编辑 / 恽　薇　王玉山
责任编辑 / 王玉山

出　　版 / 社会科学文献出版社·经济与管理分社（010）59367226
　　　　　　地址：北京市北三环中路甲29号院华龙大厦　邮编：100029
　　　　　　网址：www.ssap.com.cn

发　　行 / 市场营销中心（010）59367081　59367083
印　　装 / 天津千鹤文化传播有限公司

规　　格 / 开　本：787mm×1092mm　1/16
　　　　　　印　张：22.25　字　数：329千字

版　　次 / 2019年7月第1版　2019年7月第1次印刷
书　　号 / ISBN 978-7-5201-5170-2
定　　价 / 106.00元

本书如有印装质量问题，请与读者服务中心（010-59367028）联系

▲ 版权所有 翻印必究

南宁蓝皮书编委会

主　　任　周红波

副 主 任　张文军　邓亚平　何　颖　周　中　李建文
　　　　　　刘为民　朱会东　秦运彪　伍　娟

编　　委　黄宗成　蔡志忠　丁　伟　边作新　黄南方
　　　　　　汪东明　韦振豪　胡建华

《南宁社会发展报告（2019）》编辑部

主　　编　胡建华

副 主 编　覃洁贞　吴金艳

编　　辑　龙　敏　刘　娴　苏　静　杜富海　王许兵
　　　　　张　伟　庞嘉宜

主要编撰者简介

胡建华　男，汉族，籍贯河南汤阴，硕士研究生学历，南宁市社会科学院党组副书记、院长，主任记者，《创新》主编。南宁市专业技术拔尖人才。

覃洁贞　女，瑶族，籍贯广西金秀，南宁市社会科学院副院长，研究员。主要研究方向为产业经济、民族文化发展。南宁市专业技术拔尖人才，南宁市新世纪学术和技术带头人。

吴金艳　女，汉族，籍贯湖北松滋，硕士研究生学历，南宁市社会科学院东盟研究所所长，副研究员。南宁市优秀青年专业技术人才，南宁市新世纪学术和技术带头人。

摘　要

《南宁社会发展报告（2019）》（以下简称《报告》）由南宁市社会科学院和政府相关职能部门研究人员共同协作完成。《报告》认为，2018年，南宁市经济社会保持持续健康发展的良好态势，人民的获得感幸福感不断得到增强。但与此同时，随着经济增长下行压力增大，经济领域的压力也势必传导到社会领域，必须密切关注社会领域出现的一些新形势、新特点、新问题，2019年南宁市将在全面贯彻落实强首府战略的大背景下，促进社会更加充分更加平衡的发展。

《报告》分为总报告、事业发展报告、共享发展报告、专题研究报告四部分。总报告是从南宁市社会发展全局出发，分析2018年社会发展总体情况及存在问题，同时提出2019年发展态势展望及发展对策。事业发展报告主要从南宁市教育、科技、民政、就业、社保、扶贫、社会治安、民族事业等社会发展领域展开论述，提出了具有针对性的发展思路或建议。共享发展报告从南宁市生态宜居城市建设、水环境综合治理、乡村建设、智慧健康、社会信用体系建设等特色领域凸显了社会发展和社会治理的共建共享。专题研究报告是专家学者对南宁市社会发展相关问题的研究成果，具有较强的理论价值和决策参考价值。

关键词： 社会发展　共享发展　民生　公共服务

Abstract

The 2019 Report on Nanning Social Development (Hereinafter referred to The Report) is co-completed by Nanning Social Science Academy and researchers of Nanning government departments. The Report reckons that Nanning maintained a good momentum of sound and sustainable development in its economy and society in 2018 and that its people gained a stronger sense of benefits. Meanwhile, as the pressure on the downward economic growth increases, the pressure on the economy will inevitably spread to the social sectors. Thus, it is imperative to closely focus on the new situations, new features and new problems emerging in the social sectors. Against the backdrop of strengthening Nanning-the capital city of Guangxi on all fronts in 2019, this city will be promoted to achieve more sufficient and more balanced development.

The Report is composed of the general report, cause development report, report on sharing the development and themed research report. Proceeding from the overall social development of Nanning, the general report analyzes its general situation in 2018 and its problems. Meanwhile it also puts forward the prospect of development momentum and development countermeasures in 2019. The cause development report sheds light on the social development in the fields of Nanning education, science and technology, civil affairs, employment, social security, poverty alleviation, public security and national cause. This report also proposes some targeted development ideas or suggestions. The sharing development report expounds the distinctive domains, such as, the building of eco-friendly and hospitable city-Nanning, the integrated water management, the construction of rural areas, intelligent health-care system and the building of social credit system, in a bid to highlight the social development and social governance in line with the principle of co-building and shared benefits. The themed research report is of great theoretical and reference value for making decisions since the achievements of the report are made by experts and scholars on Nanning social development.

Keywords: Social Development; Sharing the Development; People's Livelihood; Public Service

目 录

Ⅰ 总报告

B.1 2018～2019年南宁市社会发展形势分析及展望 …………… 001

Ⅱ 事业发展报告

B.2 2018～2019年南宁市教育发展状况分析及展望 …………… 030
B.3 2018～2019年南宁市科技发展状况分析及展望 …………… 042
B.4 2018～2019年南宁市民政事业发展状况分析及展望 ………… 056
B.5 2018～2019年南宁市就业状况分析及展望 ………………… 069
B.6 2018～2019年南宁市社会保险事业发展状况分析及展望 ……… 081
B.7 2018～2019年南宁市扶贫事业发展状况分析及展望 ………… 092
B.8 2018～2019年南宁市社会治安综合治理分析与展望 ………… 108
B.9 2018～2019年南宁市民族事业发展状况分析及展望 ………… 123

Ⅲ 共享发展报告

B.10 南宁建设更高水平生态宜居城市对策研究 ………………… 133

B.11 南宁市水环境综合治理工作状况及展望 ………… 152
B.12 乡村振兴背景下"美丽南宁"乡村建设发展状况及展望 ……… 165
B.13 南宁市"智慧健康"建设发展研究 ………………… 178
B.14 南宁市社会信用体系建设状况分析与展望 ………… 190

Ⅳ 专题研究报告

B.15 南宁市社区养老现状与对策研究 ………………… 203
B.16 南宁市加快建立租购并举住房制度研究 ………… 218
B.17 南宁市公共场所涉爆涉恐应急管理研究 ………… 233
B.18 促进南宁市各民族交往交流交融对策研究 ……… 248
B.19 南宁市家庭医生服务模式研究 ……………………… 269
B.20 南宁市隆安县易地扶贫搬迁震东集中安置区可持续
　　　发展对策研究 ………………………………………… 285
B.21 南宁市优化营商环境调查分析与思考 …………… 298
B.22 加强南宁市住宅小区物业管理的对策研究 ……… 315

CONTENTS

I General Report

B.1 Analysis of Nanning Social Development in 2018 and Its Prospect in 2019 / 001

II Cause Development Report

B.2 Analysis of Nanning Education Development in 2018 and Its Prospect in 2019 / 030

B.3 Analysis of Nanning Science and Technology in 2018 and Its Prospect in 2019 / 042

B.4 Analysis of Nanning Civil Affairs in 2018 and Its Prospect in 2019 / 056

B.5 Analysis of Nanning Employment in 2018 and Its Prospect in 2019 / 069

B.6 Analysis of Nanning Social Insurance Development in 2018 and Its Prospect in 2019 / 081

B.7 Analysis of Nanning Poverty Alleviation in 2018 and Its Prospect in 2019 / 092

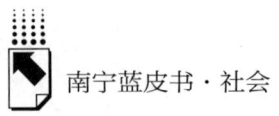

B.8 Analysis of Integrated Governance of Nanning Public Security in 2018 and Its Prospect in 2019 / 108

B.9 Analysis of Integrated Governance of Nanning Public Security in 2018 and Its Prospect in 2019 / 123

Ⅲ Analysis of Sharing Development Report

B.10 Research on the Countermeasures of Building Nanning into an Eco-friendly and Hospitable City of Higher-standard / 133

B.11 Current Condition and Prospect of Integrated Governance over Nanning Water Environment / 152

B.12 Development and Prospect of Building "a Beautiful Nanning" under the Rural Revitalization / 165

B.13 Research on Building and Developing Nanning "Intelligent Health Care System" / 178

B.14 Analysis and Prospect of Building Nanning Social Credit System / 190

Ⅳ The Themed Research Report

B.15 Research on the Current Situation and Countermeasure of Nanning Community Care for the Elderly / 203

B.16 Research on Accelerating to Establish Housing System with Rent and Purchase in Nanning / 218

B.17 Analysis and Prospect of Emergency Management of Violence and Terrorism in Nanning Public Places / 233

B.18 Research on Countermeasures of Promoting Exchanges, Communication and Integration of Nanning Ethnic Groups / 248

CONTENTS

B.19　Research on Service Model of Family Doctor in Nanning　　/ 269

B.20　Research on Countermeasure of Sustainable Development of Zhengdong Resettlement Area from Inhospitable Places in Long'anCounty of Nanning City　　/ 285

B.21　Analysis and Thoughts on Investigation of Improving Nanning Business Environment　　/ 298

B.22　Research on Countermeasures of Strengthening Regulation over Property Management of Nanning Residential District　　/ 315

总 报 告

General Report

B.1

2018~2019年南宁市社会发展形势分析及展望

联合课题组*

摘　要： 2018年，南宁市经济社会发展稳中有进。民生保障持续升级，城乡建设统筹推进，重点领域改革加快，经济社会迈向高质量发展的新征程。同时也面临着若干难题，城乡居民收入差距较大，民生短板有待补齐，深度脱贫任务艰巨等。2019年，南宁市将继续全面落实强首府战略，持续完善基本公共服务体系，多措并举增加农民群体收入，加快推进社会

---

* 课题组组长：吴金艳，南宁市社会科学院东盟研究所所长，副研究员。课题组成员：黄旭文、南宁市社会科学院东盟研究所副所长，助理研究员；刘娴，南宁市社会科学院城市所副所长，助理研究员；苏静，南宁市社会科学院社会所，副研究员；王许兵，南宁市社会科学院东盟研究所，研究实习员；张伟，南宁市社会科学院社会所，研究实习员；毕雯，南宁市发展和改革委员会社会科科长；赵良刚，南宁市发展和改革委员会社会科副主任科员。

治理机制创新。

关键词： 社会发展　民生建设　社会治理

2018年，南宁市经济社会保持持续健康发展的良好态势。居民收入持续增长，民生保障不断加大，科技创新引领发展，教育质量得到提高，对外文化交流增多，绿城品质持续升级。深入推进"放管服"改革和优化营商环境工作，促进教育、医疗等重点民生领域改革，人民的获得感幸福感得到增强。但与此同时，随着经济增长下行压力增大，经济领域的压力也势必传导到社会领域，必须密切关注社会领域出现的一些新形势、新特点、新问题，着力处理好稳就业和稳增长的平衡、稳物价和促消费的平衡、稳外贸和稳投资的平衡、稳金融和稳预期的平衡，在全面贯彻落实强首府战略的大背景下，促进南宁市经济社会更加充分更加平衡的发展。

一　2018年南宁市社会发展总体形势

（一）人民生活不断改善，民生保障持续升级

1.居民收入持续增长，人民生活质量稳步提高

2018年，居民人均可支配收入达26798元，同比增长7.3%，按常住地分，农村居民人均工资性收入为5492元，比上年增长9.9%，城镇居民人均可支配收入为35276元，较上年增加2059元，增长6.2%（见表1）。居民消费价格（CPI）上涨2.5%，涨幅较上年扩大0.2个百分点，总体运行平稳，呈温和上涨态势。服务消费需求明显增长，居民消费结构快速升级。

表1 2014~2018年南宁市居民人均可支配收入及增长率

年份	常住地	居民人均可支配收入（元）	同比增长率（%）
2018	城镇	35276	6.2
	农村	13654	9.1
2017	城镇	33217	8.1
	农村	12515	9.8
2016	城镇	30728	7.7
	农村	11398	9.5
2015	城镇	29106	7.5
	农村	9408	9.7
2014	城镇	27075	9.1
	农村	8576	11.6

注：增长率依据南宁市历年统计公报数值。
资料来源：根据南宁市人民政府网站数据整理得到。

2. 提升教育质量，推动教育均衡发展

2018年，南宁市坚持教育优先发展，建成幼儿园18所，建成使用公办中小学校21所、新增学位3.91万个，提前两年全部县区达到全国义务教育发展基本均衡县评估认定标准。接受义务教育的进城务工人员随迁子女总人数约15万人、占全区三分之一以上，各项学生资助投入资金8.34亿元、受惠学生约68.51万人次。新增5所自治区示范幼儿园，全市自治区示范幼儿园增加到57所。推进义务教育均衡发展，公办义务教育学校学区制管理改革实现100%覆盖。实施普通高中提质发展，6所学校获批自治区特色普通高中立项建设学校。加快现代职业教育发展，2018年全市中职学校毕业生近2万人，就业率达96.60%。

3. 坚持大健康理念，推进"健康南宁"建设

推进中医药健康旅游示范区创建，打造环绿城马（马山）—上（上林）—大（大明山）等6条康养旅游线路和环首府的中医药健康旅游圈。加快智慧健康工程建设，建成南宁市智慧健康信息云平台，完成200多万人口健康信息和电子病历数据的采集，实现南宁市健康平台与广西平台互联互通。加快推进中医医疗机构基础设施建设，南宁市中西医结合医院（兴宁

区人民医院)、横县中医医院、宾阳县中医医院、马山县中医医院等整体搬迁项目扎实推进。举办各级各类全民健身活动,全年共开展市(县)级以上赛事活动500多项,建成各类体育场地和设施项目622个。

4. 民生保障持续加强,群众获得感增强

2018年,南宁市持续推进民生福祉升级,集中资源做好普惠性、基础性、兜底性民生建设,财政涉民生支出占一般公共预算支出的比例继续保持在77.26%,与周边部分省会城市相比,比重高于贵阳市12.06个百分点,高于成都市12.26个百分点,高于昆明市3.56个百分点(见表2)。

表2 2017~2018年南宁市与部分省会城市民生支出及其比重

城市	年份	民生支出(亿元)	占一般公共预算支出的比重(%)
南宁市	2018	539.22	77.26
	2017	500.73	77.48
贵阳市	2018	409.00	65.20
	2017	376.00	65.00
成都市	2018	1200.00	65.00
	2017	852.00	66.80
昆明市	2018	557.80	73.70
	2017	583.50	75.20

资料来源:根据各市人民政府网站数据整理得到。

全市符合条件参加城乡居民基本养老保险和城乡居民基本医疗保险的建档立卡贫困人口参保率均为100%。农村低保保障标准和补助标准不断提高,城市低保标准提高到620元/(人·月),农村低保标准提高到3800元/(人·年),农村低保标准高于全区脱贫标准线。建成智慧养老服务平台,社区居家养老社会化运营达81%,医养结合两证齐全机构达24家。稳步推进家庭医生签约服务,常住人口签约率37.97%,重点人群签约率64.39%。就业形势稳定。2018年,南宁市城镇新增就业6.97万人,城镇登记失业率2.71%。2018年1~11月,全市贫困劳动力转移就业1.24万人,开展建档立卡贫困劳动力培训5252人。

（二）城乡建设统筹推进，促进区域协调发展

1. 城市建设水平不断提升

城市基础设施建设持续完善。新建成管廊13.16公里，地下综合管廊试点建设在全国第二批15个试点城市中2018年绩效评价排名第一。建成区增加公园绿地面积549公顷。全力推进邕江综合整治和开发利用，建成148公里景观带和15个公园，江畅、水清、岸绿、景美的"百里秀美邕江"展露芳容。交通出行更加畅通有序，吴圩至大塘高速公路、城市东西向快速路等建成通车，清川立交等一批立交桥通车；地铁1、2号线单日最高客流量突破90万人次，3号线开始联调联试，2号线东延线和4、5号线加快建设，凤岭综合客运枢纽站建成运营并实现高铁、公路客运、地铁零换乘。在《2019年Q1中国主要城市交通分析报告》①对50个主要城市公交出行幸福指数的分析中，2018年南宁位列"公交出行最幸福城市"第18名。

2. 城市管理更加精细

深入开展"美丽南宁·整洁畅通有序大行动"，查处"五乱"案件110万起，在80条城市道路推行"以克论净·深度清洁"作业模式，主次干道机械化清扫率达85%以上，道路平均完好率达94%，共享单车、网约车规范管理稳步推进。规范停车泊位管理，实现全市一个"二维码"收费。生活垃圾分类及无害化处置全面启动。新型智慧城市建设成效初显，"爱南宁App"提供便民服务事项超60项，"一码通城"在全国率先实现公共服务多场景互联互通，荣获"2018年中国城市治理智慧化优秀城市奖"，南宁作为中国唯一受邀的城市亮相在新加坡举办的东亚峰会智慧城市展。

3. 乡村环境持续改善

全市新增"美丽广西"乡村建设示范村14个、广西"绿色村屯"56个，完成改厨改厕25万户、村屯公共照明试点项目147个，建成102个

---

① 此报告由高德地图联合中国社会科学院社会学研究所、城市公共交通智能化技术实验室、未来交通与城市计算联合实验室等单位共同发布。

"美丽南宁"乡村建设农村生活污水整治项目，农村生活污水集中处理行政村覆盖率达39.7%。实施"县域路网"工程，完成130个农村公路项目共308.8公里，硬化非贫困村通屯道路400公里，完成农村公路安全隐患整治79.1公里，提前实现具备条件的建制村全部通客车目标，青秀区获评"四好农村路"全国示范县。竣工农村饮水安全巩固提升工程308处，建设防渗渠道175.15公里，新增、恢复、改善灌溉面积38.29万亩。

（三）重点领域改革升级，开放创新步伐稳步加快

1. 加强科技创新引领

2018年，南宁市科技创新工作取得新进展，全市高新技术企业保有量突破650家、约占全区40%；262家企业通过国家科技型中小企业评价，占全区总量的30.3%；每万人口发明专利拥有量达9.73件，比上年增长16.53%。广西田园生化股份有限公司和广西交通科学研究院有限公司获批国家企业技术中心，实现南宁市"零"的突破；引进2家新型产业技术研究机构；新增2个国家企业技术中心，实现了国家企业技术中心"零"的突破；新增自治区级重点实验室1家、工程技术研究中心15家；新增自治区级科技孵化器1家、众创空间3个；新建市级科技孵化器2家、众创空间9个；新增区、市级院士工作站15个；新增星创天地18个；荣获广西科学技术奖43项、同比增长27%。技术合同登记数、技术合同成交额、技术交易额连续三年排名全区第一。

2. 纵深推进"放管服"改革

943个事项办理实现"最多跑一次"，"容缺受理"范围扩大至30个部门476项政务服务事项，"全链条审批"新模式压缩重复材料533项，施工许可证审批时限由37个工作日压缩至5个工作日，"证照分离"、压缩企业开办时间等商事制度改革扎实推进，"双随机、一公开"监管全面推行，平均每天新增市场主体363户、市场主体存量和新增量稳居全区第一。编制《南宁市关于进一步优化营商环境三年行动计划（2018~2020年）》，通过提高政务服务效率、降低企业生产经营成本等措施，促进全市营商环境全面提速增效。

3. 深化教育改革多点发力

教育体制改革步伐加快，出台南宁市教育第三方评估试点等实施方案，研究起草中等职业教育、教师队伍建设、民办教育、教育体制机制改革等教育专项规划、改革方案5项。突出先行先试，推进青秀区、西乡塘区建设广西学前教育改革发展实验区。南宁市六职校开展学校法人治理结构改革初步完成。校内课后服务工作迈出重大步伐，在青秀区等6个县区80多所学校试点提供午托、下午托管等服务。加强督导机构建设、完善督学队伍，新聘任20名直属中小学责任督学，为教育发展护好航。

4. 推动深化医改取得新突破

扎实推进分级诊疗制度建设。以"上林模式"为重点，深化县乡医疗服务"一体化"管理改革，实现县域医疗共同体县级全覆盖，乡镇卫生院参与率达100%。探索以构建紧密型医联体建设，制定出台《南宁市深入推进医疗联合体建设实施方案》。加快构建现代医院管理制度。出台《南宁市建立现代医院管理制度实施方案》，启动公立医院薪酬制度改革试点，全面实施公立医院药品采购"两票制"改革，落实药品集中分类采购政策。推进按疾病诊断相关分组（DRGS）改革试点，建立了全市DRGS区域医疗管理平台，医疗机构、医师和护士电子化注册管理改革实现全覆盖。

（四）全力打好三大攻坚战，实现高质量发展良好开局

1. 脱贫攻坚取得阶段性成效

易地扶贫搬迁累计搬迁入住62302人、实际搬迁入住率100%。深度贫困村实现厅级以上领导挂点联系全覆盖。支持上林县探索"双培双带双促"扶贫模式，获得"全国脱贫攻坚组织创新奖"。健康扶贫工程扎实推进，建档立卡贫困人口参保城乡居民基本医保率达100%，全市各级医疗机构均设有绿色窗口或贫困户专用优先住院病房，贫困户住院实际报销比例达90%以上。深入开展教育扶贫，推进4个贫困县区公办中心幼儿园建设，公办中心幼儿园覆盖率达到91.89%。全力做好控辍保学工作，2018年以来共劝返学生4561人，义务教育普及水平进一步巩固提高。招收高中阶段教育精准

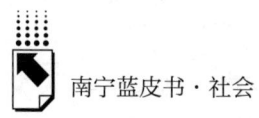

脱贫专项行动计划学生6626人,任务完成率达107%。设立科技专项支持贫困地区的技术创新和成果转化推广,建设了各类产业示范基地37个,实施科技扶贫专项项目25项,投向贫困地区总经费870万元。

2.污染防治攻坚战成效明显

在全区率先建立河长制信息化监管平台,实现河长制信息扁平化管理。强力推进黑臭水体治理,新建污水管网128公里,清除内河淤泥22.7万立方米。开展流域环境综合整治,清拆非法养殖网箱9万个,全市流域断面水质均达到或优于国家考核标准。持续深化扬尘污染治理,创新开展道路积尘负荷走航监测,市区空气质量优良率达93.4%,比上年提高1.1个百分点,"南宁蓝"保持常态。开展土壤污染治理,实施南化等污染地块环境调查和治理修复,基本完成宾阳沙江河重金属污染综合整治。强化环境监管执法,拆除关停取缔"小散乱污"企业180家。2018年,南宁市获批为国家资源循环利用基地。

3.加强社会治理,防范化解重大风险

扎实推进平安南宁建设,完善"智慧警务"运用,深入开展扫黑除恶专项斗争,严厉打击涉枪涉爆、黄赌毒、电信网络诈骗、传销等违法犯罪活动,开展"扫黄打非""清朗"等系列专项行动。坚持领导干部接访和包案制度,积极化解矛盾纠纷。应急管理、安全生产防控责任体系不断完善,安全生产形势总体稳定可控。食品药品现代化治理水平不断提高,荣获"广西食品安全示范城市"称号。社会信用体系建设加快,成为首批加入"一带一路"国际合作城市信用联盟的城市。新登记成立社会组织245家,建立健全社会协商机制,基层社会治理能力不断增强。

二 2018年南宁市社会发展亮点

(一)民生服务智慧化水平全国领先

1.在全国率先实现刷脸申领失业保险金

2018年4月26日,南宁市依托"南宁智慧社保"App,创新推出手机

"刷脸"申领失业保险金服务,在全国率先实现失业人员"零材料""零跑腿""零见面"办理资格审核、待遇申办、待遇领取等事项。截至2018年11月,全市已有947人通过手机App刷脸成功申领失业保险待遇,占当期申报人员的17.9%。《人民日报》对此进行专题报道,并迅速被人社部官网、人民网等转载。6月7日,南宁市作为唯一经验介绍代表在全国失业保险经办工作座谈会做交流发言,创新做法得到人社部失业司高度肯定并向全国推广。

2. 在全区首推个人账户"家庭共享"购买商业健康保险

为有效减轻群众医保报销后的自负费用负担,2018年6月1日,"共享医保"再推新政,允许个人账户资金为本人及家人购买商业健康保险和缴纳医保费。同时,为增加群众选择的自主性、便捷性,便于"货比三家",南宁市还突破外地普遍指定1~2种产品的做法,依托"爱南宁"App,在全国率先建立统一的线上自由选购平台。截至2018年11月,全市职工个人账户购买商业健康保险共成交2424单50.54万元。共有2220人为自己或家人代缴了基本医疗保险费,合计2892人次135.64万元。

3. 作为全国首批试点地区签发广西第一张电子社保卡

2018年7月,南宁市被列为全国首批电子社保卡试点城市,依托"爱南宁"App搭建电子社保卡发放平台,8月23日正式签发了南宁市第一张电子社保卡,截至2018年11月底共计签发电子社保卡6900多张,签发数排在全国前三位。电子社保卡实现了在人社领域的信息查询、就医服务、线下购药等应用。电子社保码还将融入南宁市"智慧城市"建设,作为全市"一码通城"的可信身份认证凭证,拓展在政府公共服务、公共事业领域的应用。

4. 创新推出手机"刷脸"申领提升职业技能补贴

为解决企业职工申领职业技能补贴"上班时间没时间办事,休息时间没地方办事"的突出矛盾,依托"南宁智慧社保"App,2018年9月18日,南宁市在全区率先推出手机"刷脸"申领失业保险提升职业技能补贴,让企业职工足不出户实现"随时申领""快速获批"。截至2018年11月,

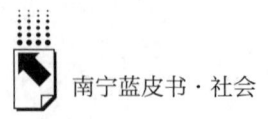

全市已有202人通过手机"刷脸"申领提升职业技能补贴，占当期申报人员的20.2%，并已有56人通过审核申领成功。

（二）民族团结进步事业繁荣发展

2018年是广西壮族自治区成立60周年，首府南宁开展了一系列丰富多彩的具有民族特色的活动，持续巩固全国民族团结进步示范市成果，营造了首府各族群众手足相亲、守望相助的浓厚氛围。

1. 持续打造"壮族三月三"品牌

"壮族三月三"期间，南宁市各县区、各景区组织开展形式多样的山歌对唱、民族歌舞展演、民族体育竞赛、民族美食等各具特色的节目。"民歌湖畔三月三"文化活动，以非遗特色通过展演与百姓互动体验结合的方式尽展"壮族三月三"无穷魅力。在江南区江南水街，"壮族三月三"期间上演历史悠久的传统民间艺术"烟墩大鼓"，以及其他独具壮乡特色的民间艺术表演。在南宁华南城举办的"三月三赶大圩"壮乡风情嘉年华，共收集了35项广西优秀民族传统民俗文化品牌节目，邀请区内外文化艺术家登场献艺。

2. 持续开展民族团结进步宣传月活动

2018年，南宁市民族团结进步宣传月活动主题是"和谐壮乡，团结进步"，南宁市把宣传党的民族政策与节庆活动结合起来，加强民族理论、民族政策、民族法律法规和民族基本知识的宣传教育，推进民族团结进步创建活动进机关、进企业、进社区、进乡镇、进学校、进宗教场所、进家庭、进商业街区，使民族团结、同心共筑中国梦理念深入人心。先后在西乡塘区衡阳街道办事处中华中路社区、上林县镇圩瑶族乡、南宁市新兴民族学校等举办"民族团结一家亲，同心共筑中国梦"为主题的巡回演出，举行文艺演出1224场。南宁电视台还推出人脸融合技术"壮族服装秀"小程序互动，市图书馆、市少儿图书馆分别走进学校，为民族地区、民族学校的孩子们送去内容丰富的"绿城讲堂""蒲公英讲堂""汽车图书馆"等文化活动。

（三）水环境治理助力绿城品质升级

2018年，南宁市围绕"治水、建城、为民"城市工作主线，把"治水"作为做好城市工作的重要突破口，大力推进邕江综合整治、海绵城市建设、内河流域治理等系列工作，城市水环境得到了有效改善，城市宜居水平得到大幅提升。

1. "百里秀美邕江"景观全面展现

江畅、水清、岸绿、景美的"百里秀美邕江"景观全面展现。邕江是南宁的母亲河，高质量高标准打造百里秀美邕江成为又一民生工程，也是事关南宁市长远发展的生态工程。截至2019年1月2日，邕江项目护岸工程70.3公里已基本完成；景观工程148公里已基本完成建设138.6公里。邕江水面更加宽阔，行洪安全更有保障，沿岸繁花似锦、绿意盎然，成为市民休闲观光的好去处。

2. 海绵城市三年试点建设任务全面完成

2015年4月，南宁市以总分第一的成绩成为全国首批海绵城市建设试点城市，由此拉开了南宁海绵城市建设大幕。要在54.6平方公里试点区内累计开工319项海绵城市建设工程，对小区、公共建筑、道路广场、公园绿地、水生态修复等六大类进行改造建设。2018年，海绵城市三年试点建设任务全面完成，那考河海绵城市建设项目荣获"中国人居环境奖"范例奖，南宁市水生态环境进一步改善。在此基础上，南宁市海绵城市建设经验成果将从试点区向全市延伸推广。

（四）信用南宁建设成效显著

《全国城市信用监测月报》（2018年第8期）显示，南宁市在36个省会及副省级以上城市信用状况综合排名中，位居第15名，综合信用指数为84.51，年度排名提升16位，排名上升幅度居全国首位。从2016年全国倒数第三的第34名，2017年低位落后的第31名，到2018年的第15名，信用建设取得了显著成绩。

1. 信用制度不断完善

南宁市制定出台19项信用制度，签署公示10358份信用承诺书，全市累计产生红黑名单共计50469条，其中红名单9855条，黑名单40614条，失信被执行人、重大税收违法案件当事人等6个领域开展联合奖惩，奖惩措施清单共计166条。

2. 完成市级公共信用信息平台建设

南宁市按照国家一体化标准改版升级建设市级公共信用信息平台，2018年底正式建成投用，平台具备信息采集、数据清洗、数据交换、多点发布、实时查询、出具信用记录报告、信息共享等功能。在市级平台中开发联合奖惩系统、信用绩效考评系统、信用工作信息报送系统、信用状况监测系统等，是广西区内率先开发且功能最完善的平台，在广西首届公共信用信息共享平台评比中获得第一名，在2018年第二届全国信用信息共享平台评比中获得第12名。

3. 不断拓展信用信息应用

南宁市着力打造以信用南宁为基础的智慧城市建设，以云宝宝公司开发的"爱南宁App"为载体，初步构建城市混合信用评价模型，生成南宁市民特有的南宁诚信分。不断提高信用信息在评优评先、市场准入、行政审批、政府采购等多环节的应用效果，不断打造信用停车、信用租房、信用诊疗等一系列"信用+"场景。

三 2018年南宁市社会发展存在的问题

（一）城乡居民收入差距较大，共享发展水平有待提高

一是城乡居民收入水平不高。2018年，南宁市城镇居民人均可支配收入为35276元，是全国平均水平（39251元）的89.87%；农村居民人均可支配收入为13654元，是全国平均水平（14617元）的93.41%。二是城乡居民人均收入差距扩大。近年来，南宁农村居民收入增速高于城镇居民增

速,城乡居民收入比逐年下降。但是城乡收入差距绝对值仍有较大差距,而且呈现逐渐扩大趋势。2017年城乡收入差距为20702元,2018年城乡收入差距达到21622元(见图1)。

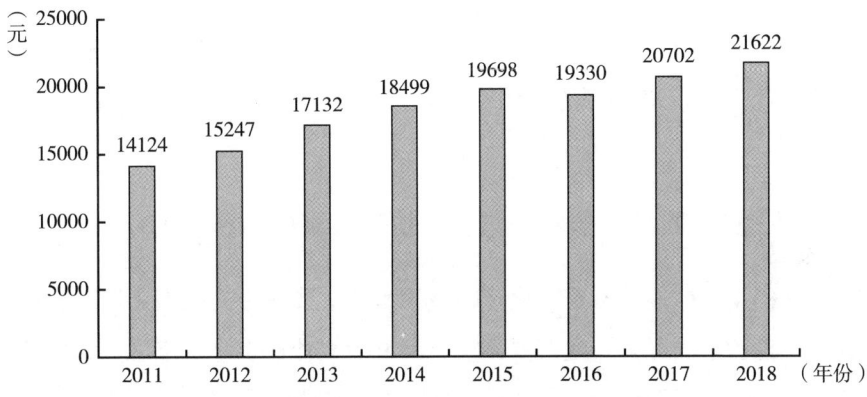

图1 2011~2018年南宁市城乡居民收入差距变化趋势

资料来源:根据历年《南宁市经济和社会发展统计公报》数据整理。

(二)民生短板有待补齐,基本公共服务协调发展亟须提高

一是社会保障体系有待健全。部分群体尚未实现"应保尽保",养老机构数量不足,规模不大,建设覆盖率低,服务功能不全。二是养老从业人员不足、专业素质偏低、社会参与度不高,民办养老机构发展不快。三是公共体育服务供应不足。县区公共体育设施建设投入不足,难以满足群众锻炼健身的需要。公共体育服务城乡之间、地区之间差距明显,学校和机关企事业单位体育场地设施向社会开放水平不高。四是住房保障机制仍需完善。公租房、经适房等保障性住房房源缺口较大,供需不平衡比较严峻,供需矛盾较为突出。住房租赁市场发展还不能完全适应经济社会快速发展的需要,住房租赁市场政策支持体系不完善,相关配套措施缺位等。

(三)就业压力尚未根本缓解,结构性矛盾依然突出

一是就业总量压力仍然较大。南宁市应届高校毕业生人数持续不断

上升，2018年达到3.6万余人，稳定就业任务艰巨。过剩产能中下岗人员再就业问题尚未得到及时化解，不断增加南宁市就业和再就业压力。二是就业结构性矛盾较为突出。技术技能人才较为短缺，难以满足市场需求。部分高校毕业生和低技能劳动者就业困难，化解过剩产能、僵尸企业出清等结构调整有待深入推进。三是创业扶持力度有待增强。创业服务体系不完善，创业项目库利用率有待提高，尚未发挥有效的辐射带动作用。

（四）深度脱贫任务较为艰巨，扶贫成果巩固压力仍存

一是产业支撑能力不足。南宁市贫困地区主要集中在大石山区，普遍缺水少地，自然条件恶劣，生产要素贫乏，发展产业成本高、难度大，脱贫产业覆盖率不高，带动乏力。二是发展集体经济的渠道不多。一些村集体经济主要通过入股获得收益，但缺乏"造血"功能，而且资金投向过于集中，存在较大风险，农民经营性收入较少，发展后劲不足。贫困村缺少发展村集体经济的人才。三是激发贫困群众内生动力不够。部分地方帮扶干部对发动群众参与脱贫攻坚的办法不多，组织动员方法单一。少数贫困人口脱贫意识不强，"等靠要"思想不同程度存在。多数贫困人口受教育程度低，自身发展能力、脱贫能力不足。

（五）社会安全总体形势向好，一些重点难点问题有待解决

一是群众安全感排名偏后。刑事治安案件仍然高发，刑事案件和治安案件均占全区比重的三成以上，破案率偏低，新的犯罪形态和犯罪手段不断涌现，打击治理的难度不断加大。二是社会稳定风险防控难度加大。因城市建设、劳动保障、企业改制、涉法涉诉、非法集资等问题引发的群体性事件仍呈易发多发态势，拖欠工程款和农民工工资、农村"三大纠纷"等季节性矛盾问题凸显，特别是涉众型金融案、网络借贷集资诈骗、非法吸收公众存款等案件高发，危爆物品管理存在安全隐患，火灾危险源增多。

四 2019年南宁市社会发展态势展望

(一) 全面落实强首府战略

2019年,南宁市将全面落实强首府战略,推动思想再解放走在前做表率、改革再深入走在前做表率、开放再扩大走在前做表率、创新再提速走在前做表率,深入开展实施强龙头补链条聚集群,推进工业高质量发展;优结构提质量创品牌,促进服务业高质量发展;建平台育主体优生态,推动创新要素汇聚;优服务破难题活机制,以良好环境激发市场活力;夯基础强合作提水平,构建全方位开放发展新格局;强功能提品质树形象,推动生态宜居城市建设;兴产业美环境富农村,深入实施乡村振兴战略等相关战略措施,预计2019年强首府战略实施后,南宁市地区生产总值增长7%以上;财政收入增长6%;固定资产投资增长9%;规模以上工业增加值增长5.5%;社会消费品零售总额增长9.5%;居民人均可支配收入增长8.5%,在建设壮美广西、共圆复兴梦想新征程中谱写首府高质量发展新篇章,以优异成绩迎接新中国成立70周年。

(二) 稳就业、增收入,推进民生事业全面发展

不断提升南宁市城市民生保障水平。继续推动创建"充分就业城市"和"全民创业城市"活动,大力开展职业培训,重点解决好高校毕业生、农民工、退役军人等群体就业,年内城镇新增就业6万人。落实全民参保计划,继续完善跨省异地就医结算工作。健全完善社会救助体系,提高农村低保保障标准和城乡低保补助水平,落实好医疗救助制度和特困人员救助供养制度。加快建立多主体供应、多渠道保障、租购并举的住房制度,全力抓好保障性安居工程项目建设和分配入住。大力推进教育事业发展,深入推进义务教育学区制管理改革,继续破解"择校热""大班额"、普惠性学前教育供给不足等问题。实施高中阶段教育提质发展计划,推动普通高中多样性、

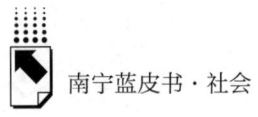

特色化、优质化发展。全力推进健康南宁建设，贯彻落实全市健康南宁"1+13"政策，完善医疗卫生服务体系。

（三）将"三大攻坚战"持续推向深入

首先，打好防范化解重大风险攻坚战。2019年，南宁市将在继续坚持债务规模与经济发展相适应的基础上继续稳步开展各项融资工作，推进各类政府隐性债务存量化解；同时，保持高压打击态势，开展交易场所清理整顿和互联网金融风险专项整治工作，净化南宁市金融环境。继续坚持"房住不炒"原则，综合施策，分类指导，促进房地产市场平稳健康发展。其次，坚决打赢打好脱贫攻坚战。2019年南宁市争取实现"上林、马山、隆安3个国家扶贫开发工作重点县和101个贫困村摘帽，5.97万贫困人口脱贫"的目标。再次，坚决打好污染防治攻坚战。2019年，南宁市将继续深化中央环保督察反馈意见整改，巩固整改成效。制订大气污染防治年度计划，开展城市治理"制度建设年"活动，持续深化扬尘污染专项治理，南宁市区空气质量优良率达91.6%以上，PM2.5平均浓度不超过35微克/立方米。狠抓水污染防治，突出全流域、全要素系统治理，深入开展"污水治理五大攻坚战"。

（四）开放合作的步伐将越来越大

主动参与筹备第16届中国—东盟博览会和商务投资峰会，推动"两会"价值链向精细化、专业化延伸。积极融入"一带一路"建设，主动参与中新互联互通南向通道建设，全面融入粤港澳大湾区，积极承接东部产业转移，落实CEPA先行先试政策，加快培育自治区级CEPA先行先试示范基地。加快中国—东盟信息港、南宁综合保税区等列入自治区"一带一路"百项工程的重点工程建设，中新南宁国际物流园、吴圩机场至大塘高速公路、贵阳至南宁高铁等一批南向通道重点项目稳步推进，推进空港经济区申报国家级临空经济示范区。夯实通道发展基础。打通陆路通道，建设南宁区域交通物流枢纽，推进南宁至贵阳高铁以及南宁至崇左、南宁至玉林城际铁路建设；建成贵港至隆安、开工南宁吴圩国际机场至隆安、续建柳州经合山至南宁和大塘至浦北等高速公路，完成六景至宾阳高速公路前期工作。提升开放型经济水平。深入实施第二轮"加工贸易倍增计划"，鼓励加工贸易龙头企业扩能增产。

五 推进南宁市社会持续健康发展对策建议

（一）加快推进社会治理机制创新

1. 推进社会治理体系和治理能力现代化

一是激发多元治理主体活力，推动社会治理重心下移。通过加大公共服务市场开放力度，培育和引导社会组织参与社会治理；发展并完善基层民众自治组织，充分发挥村规民约、市民公约、行业制度等相关社会规范的作用。二是构建矛盾纠纷预防调解机制。利用南宁市大数据云平台建设，推动建立社会矛盾预警机制，及时排查和化解各类社会矛盾；健全信访工作机制，落实市四家班子领导包案制，维护市民合法利益。三是加快构建社会心理服务体系建设。一方面要发挥志愿者组织和专业人士队伍的作用，另一方面应加强宣传思想工作，调解社会心态，疏导社会情绪。

2. 加强对校园安全问题的治理

一是继续深入开展"平安校园"创建工作，协调教育、卫生、公安、交通、消防等多部门职责，落实校园安全的综合整治工作；加大对校园安全治理的资金投入，完善相关的设施设备，如监控设备的安装等；重视对在校师生和相关部门负责人员的教育培训工作，提高教职工和学生应对突发状况和暴力事件的能力。二是推动校园安全的多元共治格局形成，家庭应加强对子女的安全教育，畅通家校之间的沟通和交流；密切社区与学校的合作，鼓励社区为安全宣传和教育矫正活动提供资源支持；发动志愿者组织和专业社会组织参与校园安全治理，如参与对网络环境、食品安全、交通安全等方面的治理。

3. 重点治理医患纠纷问题

一是增强民众与信访、卫生行政部门等相关治理机构的沟通有效性，体现柔性治理，使涉及医疗纠纷的民众的合理诉求得到回应。二是在试点医院推动医患对话机制的建立，缓解民众和医疗机构之间信任感缺失问题，确保医疗事故发生后，院方能够及时回应患方合理诉求，缓和矛盾，防止冲突激化和扩散。三是提高医疗事故鉴定机构的效度和信度，建立并完善对鉴定过程的问责和监管制度，以更好地发挥"第三方"客观中立的作用。四是增进不同治理主体的作用，构建和完善医疗纠纷处理机制。应发挥社区及社会组织等其他治理主体的调解作用。

4. 营造良好的网络生态

一是大力发展"互联网＋政务"，强化政府服务意识，积极利用政务网站、政务微博、政务App、政务微信公众号、政务网络直播平台等由政府为主体构建的政民交流互动平台，采用先进信息技术创新公共服务模式，不断提升政务服务标准化、信息化水平。二是开展集中整治行动，加强对网络暴力、网络谣言、网络诈骗、网络恐怖主义等违法犯罪行为的打击力度，保障网络公共领域的良性发展。三是坚持党管媒体的原则，重视网络舆论引导工作，发挥互联网企业和意见领袖在网络舆论场权力格局中的重要作用，将其传播资源、影响力与政府公共治理相结合。四是加强网络内容建设，肃清网络上各种色情、低俗、暴力、灰色的成分，开展面向广大网民特别是青少年网民群体的专项教育活动。

（二）努力推进高质量的充分就业

1. 将稳就业放在首要位置

把城镇登记失业率控制在较低水平。一是做好援企稳岗工作，对部分企业应加大援企稳岗力度，为企业稳定就业岗位，保持良好发展势头保驾护航。二是聚焦高校毕业生、农民工和退役军人等重点人群的就业。进一步扩大创业、就业优惠政策和人才政策的覆盖面，吸引南宁市的高校毕业生留在本地创业、就业，使南宁市在新一轮的"人才争夺战"中占据有利地位；

推动新型城镇化建设向纵深发展，破除影响农民工"安居"和"乐业"的各类体制机制障碍，让农民工群体实现有质量、有尊严的就业；落实退役军人创业税费优惠政策，将安置重点从"经济补偿"转向"保障发展"。三是建立健全面向就业困难群体的就业援助长效机制，加强公益性岗位托底安置工作，鼓励失业人员和就业困难人员灵活就业、培训转岗、自主创业，确保以家庭为单位实现充分就业。

2. 拓展就业空间，提高就业质量

一是进一步优化创新创业环境，发挥"双创"带动就业的作用。制定并出台更多针对创业企业或个人的优惠政策，贯彻落实已有的创业创新政策，并将部分行之有效的创业、就业政策法规，逐步纳入制度化的轨道，营造良好的创业、就业的政策环境。二是大胆改革创新，破除创业、就业工作中仍存在的诸多障碍。深化户籍制度改革，保障就业机会公平；拓展创业投融资渠道，创新债务信用融资工具，稳步推进创业担保贷款工作，缓解创业群体或个人的资金难题；加强"邕城创业行"等品牌的建设，培育新型创业服务平台，形成创新创业的浓厚氛围。三是适度开放公共就业服务领域。通过多元化市场主体的引入，提高公共就业服务供给能力，同时加强政府的指导和监管作用，从而建构起由政府主导的公共就业服务多元供给体系。四是推动产业结构转型升级，为全社会提供更多高质量的就业岗位，促进就业稳定增长。

3. 加强就业、创业教育培训工作

首先，高校教育不仅应注重学生就业能力的提升，积极推动校企合作平台的搭建，还应当强化对学生就业心理的疏导，帮助学生树立正确的就业观念，鼓励高校毕业生到基层、贫困地区和中小微企业工作，结合专业实际还可增加创业创新方面的内容。其次，引导各级各类教育培训机构加强对用工企业需求和就业人员需求的综合分析，根据需求及时调整和优化职业技能培训的内容和形式，促进劳务精准对接工作，提高培训对象的就业成功率。再次，不断完善人才培养机制。在继续强化普及性教育资源的同时，以政府为主导，整合高职院校、用工企业、社会培训机构等各方面的优质教育资源，搭建高质量的就业教育培训平台；在继续加大政府投入的同时，引导人才需求较高的企业也参与到对教育培训的投入中，分步实施、有序推进人才消费的市场化；做好相关职业资格认定工作，推动技能培训与学历教育的有效衔接，满足培训对象多样化、多层次的职业发展需求。

（三）多措并举增加农民群体收入

1. 推动农业高质量发展，增加农民经营性收入

一是推进"三区、三园、一体"的建设，带动周边农民增收。继续实施"现代特色农业示范区建设增点扩面提质升级三年行动"，加快建设横县国家农业现代产业园，发挥农业产业园区的集聚效应；根据各园区的基础条件和发展规划，进一步延伸产业链，使园区主导产业与休闲、体验、观光相结合，推动"园区变景区"，增强园区辐射带动能力；倡导以项目为载体，增强先进种养技术对周边农户的溢出带动作用。二是打造"邕"系农业品牌，增加特色农业附加值，提升农产品市场竞争力，带动农民增收。根据不同地区资源优势和生产条件，打造特色品牌农业，推动"一村一品""一县一业"产业格局的形成，加强农产品国家地理标识保护产品的申报工作。三是围绕现代特色农业产业提升行动，发展"农业+旅游""农业+康养""农业+体验""农业+文创"等新业态，提高农产品加工业的科技含量，延长农产品产业链，推动第一二三产业融合发展。

2. 推进农民工市民化进程，增加农民工资性收入

一方面，大力发展劳务经济。加快农业产业升级，挖掘农村就业潜力，鼓励农村劳动力就近就地就业；拓宽农民群体就业渠道，加强与用工地区的合作，为劳动力的转移输送提供支持和保障；为外出经商和务工的农民提供就业信息、法律援助等公共服务；倡导农民工返乡创业就业，加快培育农民工创业园、返乡创业孵化基地，创造更多非农就业机会。另一方面，优化农民就业环境。在乡村地区构建包括教育扶贫、技能培训、职业教育等多维度的教育模式，适应规模化经营、科技含量高的现代产业发展要求，提升农村劳动力整体素质；依法依规维护农民工合法权益，保障农民工合法获得劳动报酬。

3. 坚持改革创新推动，保证农民收入稳定增长

一是通过深化农村产权制度改革促增收，推动集体所有、农户承包、自主经营的现代农业经营格局形成。建立健全农村土地信息系统数据库，在条件成熟时，推进数据库与农村产权交易管理平台的融合，加快土地确权工作成果的应用；培育农民合作社、家庭农场、农业企业等新型农业经营主体，依法维护其各项权利。二是落实各项惠农助农政策，增加农民转移性收入。落实粮食直补、农资补贴、良种补贴、养殖补贴、农机具购置补贴，以及退耕还林补偿、农田水利整治补助等扶持政策，继续加大对农村特别是贫困地区农业生产的资金投入和项目支持，建立健全资金使用和项目管理的监督机制，保障补助资金能够按时、足额到位。

（四）促进乡村振兴与脱贫攻坚有机衔接

1. 借鉴脱贫攻坚经验，有效推进乡村振兴

一是坚持发展特色产业，特别是加大对贫困地区农村特色产业的扶持力度，深入推进农业供给侧结构性改革，引导和推动特色农业产业向更高端的品牌农业、订单农业发展，同时推动从传统农业向现代农业的全产业链提升，提高特色农业产业的市场竞争力。二是在产业扶贫中充分发挥组织化、规模化经营主体的作用，带动农户提高自身的自组织程度和能力，推动小农与现代农业发展的有机衔接。三是使扶贫车间成为推进乡村振兴的重要载体，推广"企业+扶贫车间+农户"的生产模式，实现"在家门口就业"。四是结合脱贫攻坚工作，推动隆安县生物医药产业、上林县生态环保农业、马山县休闲旅游产业快速发展，加快上林县"三湖一寨两江两园"以及马山县乔老河片区连片开发等项目建设。

2. 实施乡村振兴战略，巩固脱贫攻坚成果

一是鼓励新生代农民工返乡从农就业，以应对日趋严重的农村社会"空心化"问题，带动家乡民众脱贫致富。对于返乡从农就业的新生代农民工，通过教育培训促进其向新型职业农民转变。通过塑造"创业模范""劳

动能手""致富带头人"的正面典型,产生良好示范作用。搭建面向新生代农民工的众创空间、创业论坛、创业孵化基地等平台,推动农村创业创新。二是提高农村地区基本公共服务供给能力。增加对农村养老、教育、健康、住房等民生领域的资金投入,特别是尽快构建农村养老机制,加强农村低保制度与扶贫政策的衔接,建立动态的进入和退出管理机制,减少农民致贫、返贫的风险,确保脱贫攻坚工作成果巩固提升。大力实施乡村振兴产业发展基础设施公共服务能力提升三年行动计划,加强贫困地区信息网络、道路交通、能源供给、农田水利基础设施等方面的建设,为贫困地区的经济社会发展提供保障和支持。

(五)持续完善基本公共服务体系

1. 持续优化教育投入结构

一是加大普惠性学前教育的投入,重点解决部分区域"入园难""入园贵"的问题。应按照国家、自治区政策部署,结合市情,分阶段、有步骤地提升公立幼儿园的数量和质量,持续降低入园成本。鼓励有条件的小学承担部分学前教育服务供给,将小学教育与学前教育有机结合起来。加大对民营幼儿园,各类午托班等托儿机构的穿透式监管,包括运营资质、服务质量、收费标准等。二是加大对职业教育的支持与投入力度,优化职业教育区域布局,重点鼓励校企合作,对接需求,对接产业。三是依托南宁教育园区,大力发展高等教育,应重视引入优质教育资源,通过政策创新,建立与全国"双一流"高校的合作机制,探索在教育园区设立分校。应将南宁"工业强市"发展战略与发展高等教育紧密结合起来,鼓励工科类院校引入与发展,造就一支工业发展急需的人才队伍。四是持续做好教育扶贫这篇文章,重点将资源投入到深度贫困地区,完善从学前到高中阶段的教育基础设施,并强化教育人才培训与引入,鼓励青年志愿下乡支教,破除贫困的代际传递。

2. 加大基层医疗卫生服务供给

一是持续推进分级诊疗制度建设,推动城市医联体和县域医共体建设,推动优质医疗资源往基层下沉，增强基层卫生机构的医疗服务能力。二是加快基层医疗卫生机构标准化建设，包括新建、改扩建一批社区卫生服务中心，确保每个乡镇、行政村都有对应的医疗服务机构（实现每个乡镇都有标准化卫生院，每个行政村都有标准化卫生室）。三是加强基层医疗机构的数字化建设，通过"互联网+"以及远程会诊等方式，改善基层医疗服务质量，提升服务效率。四是重点增强基层医疗机构在疾病预防与宣传、常规体检、康复保健及常见疾病诊断治疗的医疗服务能力，确保群众不出社区就能解决基本医疗卫生问题。五是在基层医疗人才培养与引入方面加大投入，尤其要加强贫困县区乡镇一级医疗人才建设，重点加大全科医生队伍的培养，在乡村医生发展方面给予特殊政策支持，让乡村留得住医疗人才。

3. 深化养老服务体系建设

一是放宽市场准入，鼓励民营养老机构发展，政府应在税收、土地、融资等方面给予有针对性的支持，推动养老机构品牌化、连锁化发展，并做强做大。二是推动政府购买养老服务，尤其对于农村地区，社会资本不愿进入的区域，政府应通过购买服务的形式，培育乡村养老机构，同时将养老扶贫结合起来。三是以抓好南宁国家级"医养结合"试点、全国养老服务业改革综合试点、居家和社区养老服务改革试点工作为契机，推动"医养结合"服务做大做优，推动机构养老与社区养老联动发展。四是加快推动养老服务的规范化、标准化建设，应结合市情，适时出台相关标准，避免养老服务机构质量参差不齐，扰乱正常发展秩序。五是加快推进智慧养老服务平台建设运营，摸底南宁养老机构发展情况，并将所有相关信息整合进养老服务平台，降低群众信息收集成本。

4. 推进体育、文艺服务大众化建设

一是适度加大对体育、文化艺术等基础设施的建设，增加社区、公园的健身活动区域密度，增加户外全民健身路径器材，同时以社区、行政村为单位，完善公共文化中心建设，建立街区小型图书馆、农家书屋等。二是持续推进企事业单位和学校体育设施向社会大众免费开放，推进全民健身和全民健康深度融合，以举办大型赛事为契机，推动全民健身热。三是推动文化艺术服务下基层，深入群众，鼓励更多接地气、贴近群众，能够引起群众共鸣的文艺作品涌现，不断满足人民群众日益增长的精神文化需求。四是建立面向大众的公益性演艺中心和剧院，为大众提供展示自我的平台。

（六）不断提升城市治理水平

1. 推进综合行政执法

一是与法治政府建设有机结合起来，做到有法可依、有法必依，避免乱作为，整合政府部门间相近的行政执法资源，理顺行政执法机构与相关部门职责关系，避免多头执法，影响执法效果。二是加强行政执法主体建设，持续提升政法主体的法律素养、业务水平，以最严格的要求打造一支负责、干净、担当的执法队伍。三是全面推行行政执法公示制度，推动行政执法阳光化、透明化，自觉接受公众监督。四是全面推行行政执法全过程记录制度，做到执法有痕、可追溯。五是全面推行重大执法决定法制审核制度，加强行政执法信息化建设。

2. 推动城市精细化管理

一是进一步细化完善网格化管理机制，确保每条街道和小巷的维护与管理都有专人负责。二是加快缓解重点区域停车难问题，要以人为核心，加大公共区域停车基础设施供给，搭建智慧停车公共服务平台。三是以壮士断腕的决心强力推进黑臭水体治理，坚决打赢这场攻坚战，以最有效的举措，最严格的监管，最有力的惩戒，从源头上根除污染源。四是持续推进扬尘污染治理，利用电子信息手段，加强"慧眼"系统应用，消除扬尘污染监管盲区，强化污染源头治理。五是强化城市环境综合治理，重点加强"五乱"治理，坚决遏制城市市容乱象反弹。六是强化城市基础设施维护与管理，尤其是破损道路修复，地下管网监测及改造，重视危险隐患的及时处置。

3. 推进"智慧南宁"建设

一是加快中国—东盟信息港南宁核心基地建设，重点引入基于移动互联网、大数据、云计算、物联网等新一代信息技术的产业项目落地，加快成果转化步伐。二是继续办好中国—东盟信息港智慧城市论坛和中国—东盟新型智慧城市协同创新大赛，不断拓展"智慧城市"建设的新机制、新模式、新领域。三是以"爱南宁App"为核心，打造城市级公共服务移动应用平台，不断提升市民生活的便利性，增强其获得感、幸福感。四是借助于"互联网+城市管理"，依托先进的智慧技术和手段，创新城市管理方式。

4. 强化食品药品安全、安全生产监管

一是以机构改革为契机，创新食品药品安全监管机制，做到精准监管，从源头上根除食品药品安全危险源。二是以"四个最严"捍卫市民舌尖上的安全，强化惩戒措施，增加违法犯罪成本，包括进入黑名单、禁止市场准入、高额罚款等。三是加大食品药品安全知识宣传，加大公众的参与力度，畅通公众投诉及举报渠道，形成食品药品安全监管的合力。四是以国家重点安全生产事故为经验教训，分析事故诱发的原因、监管存在的问题等，总结经验教训。五是加强事中事后监管，突击式安全生产监管，将监管责任落实到具体人员。六是对于监管不作为现象予以坚决遏制，对于失职渎职行为予以坚决惩戒，确保打造一支有担当、有作为、老百姓放心的监管铁军。

（七）持续深入优化营商环境

1. 加快推进法治政府建设

法治是最好的营商环境，加快推进法治政府建设意义重大。一是正确处理好政府与市场的关系，充分发挥市场在资源配置中的决定性作用，限缩政府自由裁量权，避免乱作为，干扰市场正常运营秩序。二是加大对产权的保护力度，避免暴力式、运动式行政执法，不能新官不理旧账，确保政策延续性，稳定预期，增强产业资本投资信心。三是坚持依法行政，有权不可任性，减少对红头文件的使用，做到有法可依、有法必依。四是依法接受人大及其常委会的法律监督和工作监督，自觉接受人民政协的民主监督，主动接受社会和舆论监督。五是拓宽公众参与法治政府建设渠道，重视民众呼声，建立健全重大行政决策专家咨询论证机制，充分发挥政府参事、专家咨询委员会等的决策咨询作用。

2. 进一步深化"放管服"改革

一是按照党中央国务院、自治区决策部署，加快打造"负面清单管理模式"，做到法无禁止即可为，不断扩大市场准入的范围。二是对行政审批事项目录、中介服务事项目录、公共资源交易目录实行动态管理，及时淘汰不合时宜的事项目录。三是加快推进行政审批制度改革，推行"一事通办"，优化"全链条审批"新模式，推行"套餐定制式"一体化、精准化政务服务，持续提升行政审批效率。四是推进"354560"改革，进一步压缩企业开办时间，落实项目审批"五个优化""五个简化"政策措施，推动"多评合一""方案合审""多图联审"，加快建立工程建设项目审批体系和管理系统。五是推进线上"一网通办"，提升服务企业效能，深化"互联网+不动产"登记改革，全面落实24小时不打烊等具有南宁特色的好经验好做法。

3. 推进"信用南宁"建设

一是全面加强政务诚信、商务领域诚信、社会诚信以及司法公信等领域建设，畅通政府、市场及社会的信用传导机制，形成信用效用的最大化。二是加快推动信用服务市场的培育与规范化发展，成立南宁市信用联合会，推动建立行业诚信自律规范及标准，积极引入第三方信用服务机构参与行业信用建设。同时加强对引用服务机构的事中事后监管，促进信用评级市场规范发展。三是依法采集、整理、保存、加工企事业单位及其他社会组织、个人的信用信息，整合各领域、各环节的信用记录，加快形成覆盖各类主体的全市一体化公共信用信息共享平台。四是加快构建完善信用联合奖惩机制，让失信者处处受限、寸步难行，让守信者受益获敬。五是加大诚信宣传和诚信文化建设，在全市形成良好的守信环境。借助于各种宣传手段和宣传平台，加强信用宣传力度，并通过"信用活动周"，深入开展诚信主题活动，同时开展信用建设培训和诚信教育。

4. 健全营商环境考评体系

一是建立健全符合南宁特色的动态评价指标体系，对标北上广深等发达地区，确保指标的可量化性、实用性，能够反映企业呼声，尤其是在企业开办、工程建设项目审批、房产交易登记、用电报装、用水报装、用气报装、获得信贷等方面确定更为细化的指标。二是以评促改,建立健全督导整改机制,倒逼营商环境改善,通过各县区营商环境评分排名对比,发现问题,寻找差距,对于排名靠后的予以通报、谈话、整改,对于各相关职能部门也是如此。三是将营商环境是否改善,作为各县区、各部门的年度重要考核指标予以跟进,层层传导压力,抓铁有痕,下足绣花功夫,以功成不必在我、功成必定有我的精神气度将营商环境改善推向前进。

(八)推进高质量生态文明建设

1. 打好污染防治攻坚战

一是以抓好中央环保督察"回头看"及固体废物环境问题专项督察反馈意见整改为契机,建立污染防治长效机制。二是严格城市和工业园区排水设施运营监管,加快推进"厂—网—河(湖)"一体化长效管理,搭建水环境全要素"蓝色智慧"管控平台。三是毫不松懈抓黑臭水体治理,要追本溯源,充分利用科学技术手段,从源头上切断污染。四是在前期实践的基础上,全面落实河长制、湖长制,集中整治江河湖库"四乱"等突出问题。五是持续抓好大气污染联防联控,充分利用好扬尘治理"慧眼"系统等现代科技手段,深入实施扬尘、工业废气、机动车尾气等污染治理工程和清洁能源替代工程,坚决守护好"南宁蓝"。六是严格土壤环境污染风险管控,加强对农村耕地化肥及农药的使用管理,强化对重金属行业污染风险管控与修复治理。

2. 大力发展绿色金融

一是强化绿色金融支持生态文明建设的顶层设计,重在创新金融制度安排,引导和吸引更多的社会资本进入绿色产业,尤其是探索在可持续能源、环境基础设施建设、环境修复、工业污染治理、能源与能源节约等方面提供更多可行性融资需求。二是加强与驻邕金融机构合作,重视绿色债券在支持生态文明建设过程中的作用。三是考虑成立由政府发起、多方参与的绿色发展基金,通过科学管理,精准投资,以有效支持部分绿色产业发展的融资需求。四是提升绿色金融在促进生态经济发展方面的作用,支持本土化环保企业、新能源企业做强做大,支持生态科技创新应用与成果转化。

3. 加大乡村环境治理力度

一是持续加大对乡村环境治理的人力、物力、财力等综合性投入,以开展"美丽南宁·幸福乡村"建设为重要抓手,持续巩固提升"清洁乡村""生态乡村""宜居乡村"建设成果,不断将乡村环境治理推向深入。二是把握关键环节,精准发力,重点抓好村容村貌整治提升、农村生活垃圾和污水治理、"厕所革命"、农业生产废弃物资源化利用等重点任务,并定期进行督导检查。三是建立健全考评机制,树立正反两面典型,要把乡村环境治理成效,作为各级政府、各相关部门主要负责人晋升的重要参考依据,层层传导压力。四是农村居民是乡村环境治理的重要参与方,要加大宣传教育力度,讲文明,树新风,把广大乡村居民的积极性调动起来,形成推动乡村环境治理的最大合力。

4. 形成全社会参与生态文明建设的合力

一是加快构建政府主导、多元主体参与的生态文明建设格局,政府不能大包大揽,要通过搭建平台,拓宽渠道,形成多方主体参与的常态化机制。二是以小区为单元,社区为载体,通过举办志愿者活动、生态文明建设大讲堂,工作人员上门知识宣讲等,打造讲文明、树新风的浓厚氛围,让更多居民加入生态文明建设的浪潮中来。三是持续增强企业的环保意识,尤其是对于与环保密切相关的化工类、建材类、金属类企业,要在加强环保全过程监管的同时,注重宣传教育手段,鼓励这类企业设立生态文明建设办公室,形成环境保护的高度自觉。

参考文献

[1] 李明君、艾蔚、郝英:《新时代供给侧改革视角下公共服务供给研究》,《北方经济》2019年第3期。

［2］姜文芹：《民生类基本公共服务绩效指标体系构建》，《统计与决策》2018年第22期。

［3］韦兴浩：《城市黑臭水体的综合治理》，《节能》2019年第4期。

［4］王郁、李凌冰、魏程瑞：《超大城市精细化管理的概念内涵与实现路径——以上海为例》，《上海交通大学学报》（哲学社会科学版）2019年第2期。

［5］徐辉：《面向城市精细化治理的大数据应用》，《城乡建设》2019年第8期。

［6］夏后学、谭清美、白俊红：《营商环境、企业寻租与市场创新——来自中国企业营商环境调查的经验证据》，《经济研究》2019年第4期。

［7］陆春红：《南宁市改善民营经济营商环境问题探讨》，《现代营销》（下旬刊），2019年第4期。

［8］王维国、王石磊：《推进新时代社会治理新实践》，《内蒙古社会科学》（汉文版），2019年第2期。

［9］朱晓燕：《在新的历史阶段提高农民收入若干问题研究》，《中州学刊》2017年第9期。

［10］江泽林：《精准方略下的稳定脱贫》，《中国农村经济》2018年第11期。

事业发展报告

Cause Development Report

B.2 2018~2019年南宁市教育发展状况分析及展望

叶 康*

摘　要： 2018年，南宁市不断完善公共教育服务体系，加快促进教育公平，加强教师队伍建设，教育发展取得较好成效。2019年，南宁市教育工作将更加聚焦党对教育事业的领导作用，认真落实立德树人的根本任务，优化教育结构的辐射作用，深化教育改革的牵引作用，努力促进教育公平的民生导向。

关键词： 教育改革　教育现代化　均衡发展

---

* 叶康，南宁市教育局政策法规科科长。

2018年,南宁市认真落实全国教育大会精神,坚持稳中求进工作总基调,按照高质量发展的要求,贯彻党的教育方针,以实施"奋进之笔"为总抓手,推进教育优先发展,落实立德树人根本任务,不断提升教育质量,加快推进教育公平,努力办好人民满意的教育,教育现代化建设取得新的成绩。

一 2018年南宁市教育发展情况

2018年,全市共有中小学和幼儿园3249所,在校学生152.76万人,专任教师8.42万人。其中,幼儿园1765所,在园幼儿32.20万人,专任教师1.53万人;小学1098所,小学生68.46万人,专任教师3.78万人;初中266所,初中学生28.59万人,专任教师1.95万人;普通高中81所,高中学生14.37万人,专任教师0.92万人;中等职业技术学校29所,在校学生9万人,专任教师0.21万人;特殊教育学校10所,在校学生0.14万人,专任教师260人。2018年,全市学前教育毛入园率为96.23%,小学学龄儿童入学率和初中入学率均达到100%,九年义务教育巩固率为97.18%,高中阶段教育毛入学率为95.85%。目前,南宁市提前两年实现"十三五"时期教育事业发展目标。

(一)聚焦人民群众关切,不断完善公共教育服务体系

1. 着眼于幼有所育,努力提升学前教育普惠发展水平

全面实施第三期学前教育行动计划,加强小区配套幼儿园规划建设,加大民办幼儿园政策支持力度,增加公办和普惠学位。2018年,南宁市新建成南宁市第四幼儿园柳沙分园、西乡塘区金光幼儿园等18所幼儿园,新增学位6570个,新认定多元普惠幼儿园127所,普惠性学前教育资源持续扩大。新增南宁市经济技术开发区第一幼儿园等7所自治区示范幼儿园,全市自治区示范幼儿园增加到59所,为市民提供了更多优质学前教育资源。2018年,市本级多元普惠幼儿园生均补助经费为5426万元,惠及526所幼儿园、12.49万名幼儿。在全市范围内开展幼儿园"小学化"专项治理,为

幼儿身心健康发展创造了良好环境。

2. 着眼于学有优教，努力提供公平优质的义务教育

推动教育资源扩容惠民生，不断提高教育服务均等化水平，把优先发展教育落到实处。2018年，全年建成兴宁区兴望小学、青秀区月湾路小学等21所公办中小学校，新增学位3.91万个，进一步满足适龄儿童少年"上好学"的需求。推进城乡义务教育一体化发展，奋力跑出南宁义务教育均衡发展"加速度"。江南区、良庆区、邕宁区、横县、上林县和宾阳县等6个县（区）接受义务教育均衡发展国家督导评估并顺利通过。2018年，南宁市12个县（区）均达到义务教育发展基本均衡县评估认定标准，提前两年完成广西规划目标任务，有效推进县域义务教育均衡发展。全面深化学区制管理改革，全市共设置198个学区，1343所学校纳入学区制管理，实现了公办义务教育学校学区制管理改革的全覆盖。重点解决义务教育大班额、大通铺问题，2018年，全市基本消除66人以上超大班额，56人及以上大班额占比7.7%。

3. 着眼于更高水平的普及，努力提供优质特色的高中教育

扎实推进高中阶段教育普及攻坚实施方案，加强普通高中基础建设，2018年秋季学期，南宁市第四中学（高中部）五象校区建成投入使用。引领特色普通高中建设，南宁市第十九中学、南宁市第二十中学等6所学校获批广西特色普通高中立项建设学校，确立南宁市英华学校为南宁市第三批普通高中现代化示范立项建设学校，宾阳县新桥中学等7所学校为南宁市第三批特色高中立项建设学校。推动普通高中毕业班备考视导工作，切实提升毕业班教学视导实效。分层召开县域高中、自治区示范性高中、普通高中教育教学工作座谈会，开展分层指导、精准教研，促进不同类型高中学校提升办学质量。2018年，南宁市高考成绩继续领跑全区，获全区文科卷面分总分第一名，20名学子分获语文、文科数学和英语最高分，一本上线人数7470人，本科以上上线人数27813人，共58人被清华大学、北京大学录取。

4. 着眼于服务城市发展，努力构建现代职业教育体系

以内涵发展为重点，加快完善现代职业教育体系，职业教育社会认可度不断提升。开展中职学校招生宣传"大篷车"和招生政策"宣讲团"活动，

推进南宁市中职学校招生。2018年，全市中职全日制招生25407人，非全日制招生9735人。推动"产教融合"及"校企合作"，加强南宁市职业教育专业集团建设，组织专业学生到合作企业实习实训。2018年，全市中职学校毕业生近2万人，就业率达96.60%，本地就业占直接就业学生人数的70.41%，向富士康输送员工2080人，职业教育服务地方经济发展的能力进一步增强。加强职业学校品牌化建设，在全区率先打造中职学校教学诊断改进工作"样本校"，以点带面扎实推进学校内部质量保证体系建设。在2018年全国职业院校技能大赛中，南宁市荣获二等奖6个，三等奖11个。在广西职业院校技能大赛和"文明风采"大赛中，南宁市获奖成绩连续8年保持全区首位。新增7个"双师型"教师培训基地和10个名师成长工作室，促进中职教师专业化发展。南宁市第六职业技术学校黄家宁等66人被自治区评为"双师型"教师，南宁市第四职业技术学校杨筱玲校长获第六届黄炎培职业教育杰出校长奖。

5.着眼于老有所教，努力构建首府终身教育体系

突出基层活力，丰富活动载体，先行先试推动全市社区教育发展，让更多的"盆景"变为"风景"。开展市民终身学习活动。2018年，南宁市举办以"服务国家重大战略，推动全民终身学习"为主题的全民终身学习活动周活动，共举办公益培训活动项目300多个，全市近6万人参与活动，营造全民终身学习的社会氛围，推进学习型城市建设。丰富社区教育资源建设。组织第四届"NERC杯全国社区教育优秀微课程评选活动"，南宁市12个作品获奖，位列全区获奖总数第一。推动社区教育实验区的建设，青秀区、西乡塘区获评首批自治区社区教育示范区，青秀区社区教育学院在南宁市四职校挂牌成立。邕宁区红星社区和兴宁区燕子岭社区获广西社区教育特色品牌扶持项目立项。南宁市社区教育学院的"快乐瑜伽"、兴宁区民生街道办事处燕子岭社区的"红领巾加油站"等5个项目获评为2018年全国"终身学习活动品牌项目"，黎炳生、蒋三努等2位市民获评为全国"百姓学习之星"，南宁市第四职业技术学校和南宁市青秀区思维工坊普语培训学校获评为"优秀成人继续教育院校（培训机构）"。

（二）聚焦共享发展，大力促进教育公平

1. 实施教育精准扶贫

以保障义务教育为核心，进一步降低贫困地区特别是深度贫困地区义务教育辍学率，稳步提升贫困地区教育质量。继续实施教育扶贫"七大帮扶计划"。推进马山县、上林县、隆安县和邕宁区4个贫困县区公办中心幼儿园建设，公办中心幼儿园覆盖率达到91.89%。继续实施农村义务教育学生营养改善计划，实现全市农村义务教育学生的全覆盖，共下达资金3.26亿元，受益学生约为42.5万人。全力做好控辍保学工作，2018年共劝返学生4900人，义务教育普及水平进一步巩固提高。招收高中阶段教育精准脱贫专项行动计划学生3553人，落实公办普通高中生均公用经费财政拨款标准每生每年490元。实现全市农村留守儿童与干部职工对口帮扶，学前教育、义务教育和普通高中教育结对帮扶两个"全覆盖"。扎实推进东西部协作扶贫，与茂名市互派131名教师跟岗学习，茂名市投入3030万元援建马山电白小学。深入推进对口帮扶工作，29所市区义务教育阶段学校与县区级的35所学校结成帮扶对子，12所市级普通高中与16所县级普通高中结成帮扶对子，支持贫困县脱贫摘帽。

2. 提高学生资助水平

完善城乡义务教育经费保障机制，国家、自治区下达城乡义务教育阶段专项补助资金8.33亿元。全市义务教育阶段学校学生享受"两免一补"国家免除学杂费政策，91.86万名义务教育阶段学校学生享受国家免除学杂费政策，核拨义务教育生均免杂公用经费7.09亿元，全市91.86万名城乡义务教育阶段学生享受免费教科书。落实义务教育基本办学标准，2018年，市本级预算内生均学生公用经费定额分别达到幼儿园500元/（生·年）、小学350元/（生·年）、初中390元/（生·年）、高中490元/（生·年）、职高600元/（生·年），较好地解决了学校公用经费不足的问题。全面推进学生资助制度化建设，进一步提升学生资助工作的精准化水平，着力健全和完善资助育人机制。2018年，全市共投入助学（含奖、贷）资金8.34亿

元,受惠学生68.51万人。其中资助建档立卡贫困户学生23.58万人,发放和拨付建档立卡贫困户学生免、奖资金2.01亿元。强化精准资助工作,实现资助宣传工作多样化、精准识别标准化、资助管理规范化、培训工作系统化、资助育人精心化,确保符合资助条件的学生"应助尽助、不漏一人"。

3. 办好特殊教育和民族教育

推动特殊教育、民族教育加快发展,切实保障儿童公平享受教育权利,有效提升区域教育质量和整体办学水平。出台《南宁市第二期特殊教育提升计划实施方案(2017~2020年)》,全面提升全市特殊教育质量和整体办学水平。完成南宁市民族大道东段小学、南宁市人民路东段小学、南宁市衡阳路小学、南宁市福建路小学等4所学校的特殊教育"随班就读"示范点建设。深入开展适龄残疾儿童少年的入学排查工作,积极推进融合教育,做到零拒绝、全覆盖,通过多种措施依法保障适龄残疾儿童少年接受义务教育的权利。加强农村留守儿童关爱教育。从2018年春季学期起,在全市各壮汉双语学校执行《初中壮语文课程标准(试行)》和《高中壮语文课程标准(试行)》。积极开展民族文化进校园活动和自治区民族文化教育示范学校创建工作。

4. 积极稳妥推进招生考试改革

以促进教育公平为主线,以加强内涵建设为抓手,不断做好学校招生考试改革工作。全市公办义务教育学校免试就近入学政策全面覆盖。2018年,全市小学招生12.8万人,完成招生计划116%;初中招生10.07万人,完成招生计划105%;义务教育学校共接收随迁子女入学约15万人,接收总数占全区约三分之一。普通高中招生5.1万人,完成广西普通高中招生任务比例的108%。修订《南宁市初中学业水平考试违纪行为处理规定》,首次明确自主招生考试发生的违纪违规行为处理规定。2018年共服务各类考试考生30多万人次,实现招生考试工作"零投诉"。

5. 教育信息化加速推进

积极构建"互联网+"条件下的人才培养新模式。"三通两平台"建设进一步夯实,建成南宁市教育资源公共服务平台和教育管理公共服务平台,为全市中小学提供优质教学资源。实施为民办实事项目，投入1700万元为县区中小学校配备60间自动化录播室。实现全市接入互联网的学校（不含教学点）达1449所，接入率99.73%，1096所学校实现多媒体教室全覆盖，占全市中小学校总数的79.77%，780个教学点实现数字教育资源全覆盖。2010~2018年，小学生机比从44∶1提高到12.7∶1，中学生机比从29∶1提高到16.3∶1。

（三）聚焦提升贡献力，大力促进教育内涵发展

1. 进一步完善中小学一体化德育新体系

推进德育课程一体化建设，组织"壮族三月三"传统民族节日活动、"扣好人生第一粒扣子"等主题教育实践活动，开展"文明校园 家乡最美"微视频、微电影征集活动，以学生视角用鲜活的影视语音生动诠释和传播社会主义核心价值观。以创建南宁市体育传统运动项目学校和广西民族传统体育示范学校为契机，将民族体育、新兴运动项目等融入体育课程中，努力寻求学校体育特色之路。不断完善体育中考，在跑、跳、投项目上引入电子测试设备系统，城区乡镇考生采取送考上门的方式，保障考生公平、顺利考试。举办"童心向党 阳光成长"——南宁市教育系统庆祝改革开放40周年和自治区成立60周年暨践行社会主义核心价值观文艺汇演，展示首府中小学校艺术教育风采。深化学生军事训练改革试点，全市共22所学校获评为"国防教育特色学校"，入选数量居全区首位，其中南宁市二十八中等9所学校获评教育部全国"国防示范性学校"。

2. 进一步提升教育对外交流合作

加强教育对外开放，先后接待香港"一带一路"学习营、"同根同心"内地系列交流团、台北教育运动参访团、花莲县化仁中学参访团、新西兰卡韦劳市塔瓦拉交流团等7个来访团体1000余人次来访。组织南宁市教育代表团赴台参加两岸城市教育论坛，进一步深化邕台在学前教育、基础教育方面的交流协作。南宁市天桃实验学校学生民乐团赴奥地利维也纳参加"一带一路"2018年欧洲艺术家演出。

3. 进一步改善学生成长环境

积极打造校外教育活动特色和优质品牌。新创建乡村学校少年宫7个,南宁市校外教育覆盖网络更趋完善。制定《南宁市关于做好开展中小学生校内课后服务工作的实施意见》,在青秀区等6个县区80多所学校试点提供午托、下午托管等服务。在全市各中小学校设置校内课后服务公益培训点30个,受益学生17.55万人次。开办全市中小学生艺术公益培训班(点),惠及8000多名学生。南宁市获国家体育总局体操运动管理中心授予"全国啦啦操示范区"称号,是广西唯一获此殊荣的城市。创新青少年普法宣传的形式与内容,积极开展动漫微电影征集、法治演讲比赛、法治教育教案评比、税法进课堂等活动。健全校园安全领导机制,落实安全责任"一岗双责"。开展应急疏散演练和校园反恐防暴、消防应急疏散演练,提高师生安全意识和技能。

4. 进一步健全为民服务体系

全面加强教育系统党的建设,强化党对教育工作的全面领导。启动全市文明校园暨中小学校文化建设成果集中展示月活动,向社会各界全方位展示南宁市文明校园、学校文化和党建品牌等方面的建设成果。加强民办教育行业党建,与26所市本级民办学校党组织建立"一对一"挂联制度,实现基层党支部书记党务知识培训全覆盖。创新建立作风及廉政风险排查预警制度,每年定期组织廉政风险排查,落实廉政风险防控措施。推进科学民主合法决策,持续深化"放管服"改革,教育系统依法治理能力和水平不断提升。推进教育领域"一事通办"和"减证便民"改革,编制市县两级证明事项和盖章环节清理规范清单,着力提升教育政务服务水平。围绕优化服务,全面加强机关工作人员能力和作风建设,组织依法行政能力专题培训。

(四)聚焦高素质专业化,全面加强教师队伍建设

1. 持续加强师德师风建设

以"不忘初心树师德,当好学生引路人"为系列主题,开展2018年南宁市教育系统师德教育活动。首次组织"南宁市中小学师德巡回大讲堂"

活动，在全市开展巡回宣讲16场，共涵盖师生和家长代表7873人。

2．进一步提升教师专业素质

实施教育优质师资培养工程，开展"跨区域互派学习交流项目"和基础教育"名师工作室"创建。组织2018年南宁市东盟人才月教育高端论坛及高端人才巡讲活动24场，3000余名教师参加活动，推动优质教育资源共享。加大名师培养力度，南宁市二中黄幼岩、南宁市三中杨泰金2人获评第九批自治区优秀专家，宾阳县中华镇新塘村委学校蒙芳获评全国乡村优秀青年教师奖励计划人员。印发《南宁市教育局直属学校人才专业技术水平评鉴工作办法（试行）》，提升人才考核制度化、规范化水平。完成"国培计划""区培计划"及市本级培训等项目35个，共35004人次参加培训，推进55个全市教育系统外出培训项目。创新推动"国培计划"乡村教师工作坊研修项目和"区培计划"学科带头人深蓝工程等培训项目，探索教师专业素质提升新路径。南宁市5个工作案例获评2017年全区"国培计划""区培计划"优秀工作案例。

3．进一步完善教师管理体系

制定《南宁市关于全面深化新时代教师队伍建设改革的实施意见》。深化职称制度改革，加强职称证书信息化管理，探索向青秀区、西乡塘区下放中小学一级教师评审权。开展教师职称评审推荐，确保全市中小学教师职称评审工作规范有序。推进全市中小学教师考试招聘工作，2018年共招聘中小学教师2294人。落实乡村教师生活补助，市本级共拨付专项资金375.6万元，惠及教师6260名。深入推动教师管理改革，全市共安排支教教师292人，走教教师299人。2017～2018学年，全市共有376名校级领导和3144名专任教师参与交流轮岗，其中骨干教师1124人，助力城乡义务教育均衡发展。

二 南宁市教育发展存在的主要问题

虽然2018年全市教育工作取得了一定的成效，但仍然存在人民日益增长的美好生活需要和不平衡不充分的教育发展之间的矛盾,一是教育资源总量不足,教育发展均衡程度不高,个别县区依然存在辍学、"大班额"、"大通铺"现象,学位供需矛盾依然存在,义务教育发展不均衡状况依然严峻,教育发展难以满足群众对优质教育的需求,校际、城乡之间的差距依然较大。二是教育发展体制机制不活,管理、投入、激励和保障机制改革亟待深化,如校内课后服务工作改革投入力量不够,配套制度有待完善。三是教师结构性缺编矛盾突出,激励机制有待完善,师德建设仍需进一步加强。四是职业教育服务地方经济社会发展能力有待增强,在产教融合、校企合作和特色办学上需要进一步强化。五是教育信息化应用水平有待全面普及和进一步提升。

三 2019年南宁市教育发展展望

2019年,全市教育系统将坚持以习近平新时代中国特色社会主义思想和党的十九大精神为指引,深入学习贯彻习近平总书记关于教育的重要论述,学习贯彻习近平总书记对广西工作的重要指示批示和重要题词精神,贯彻落实党的教育方针和全国、全区教育大会精神,按照"三大定位"新使命和"五个扎实"新要求,在市委、市政府的正确领导下,攻坚克难,精准对焦、持续加力、乘势而进,加快推进教育现代化发展,办好人民满意的教育。

(一)更加聚焦党对教育事业的领导作用

深入贯彻落实党的十九大精神,在全系统组织开展全国教育大会精神宣讲活动。启动2019~2021年直属学校校级领导三年培训计划,培养政治过硬、业务精通的校长队伍;继续开展中青年干部"扬帆计划"。以规范化、品牌化建设为抓手,发挥基层党组织先锋模范作用。加强学校思想政治工作,牢牢把握意识形态工作领导权。深入推进全面从严治党和反腐败斗争。

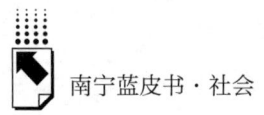

（二）更加聚焦落实立德树人的根本任务

加快推进德育品牌创建活动，举办德育品牌创建现场会。继续强化学校体育、美育、卫生和国防教育。加强安全教育的时效性和针对性，狠抓学校安全管理制度、责任和措施的落实。积极打造校外教育品牌，深入推进校内课后服务工作。抓好高考、中考教研及备考工作。

（三）更加聚焦优化教育结构的辐射作用

加快学前教育普惠发展，推进"幼儿园"小学化专项治理。积极推进全市义务教育均衡发展，扎实做好控辍保学工作。全市所有县（区）通过义务教育均衡发展国家认定，全面实现南宁市义务教育发展基本均衡的目标。启动南宁市义务教育优质均衡发展督导评估工作。持续推进高中阶段学校普及攻坚工作，推动全市普通高中多样性、特色化发展。全面启动中职学校布局调整和专业结构优化，深入推进教学诊断与改进，促进职业教育内涵式发展。实施南宁市第二期特殊教育提升计划，继续改善特殊教育办学条件。加快推动社区教育在全市城区和县城覆盖面，建设具有南宁特色的学习型城市。加强高素质专业化教师队伍建设，全面深化新时代教师队伍建设改革。

（四）更加聚焦深化教育改革的牵引作用

筹备召开全市教育大会，对新时代首府教育改革发展做出新部署。深化普通高中教育教学改革，稳妥推进高考改革。完善民办学校法人登记和法人治理结构，加大对民办学校的扶持力度，促进民办教育健康发展。开展南宁市教育事业"十四五"规划前期调研工作。加快推进"智慧教育"建设步伐，力争2019年底基本实现各级学校宽带网络全覆盖，建成具有南宁特色的教育大数据云中心。探索研究信息化绩效考评，初步搭建南宁市教育系统综合管理信息平台基本框架。

(五)更加聚焦促进教育公平的民生导向

继续实施教育扶贫"七大帮扶计划"。扎实推进自治区、南宁市为民办实事项目教育惠民工程,确保年内完成各项任务。加快推进义务教育"全面改薄"工程,确保2019年底前全面完工,进一步促进南宁市基本公共教育服务均等化。积极稳妥做好义务教育招生入学工作,推动小学、初中招生录取工作有序开展,依法保障特殊群体平等接受教育。开展"推普扶贫"和学前学会普通话行动,动员力量参与农村贫困地区国家通用语言文字推广普及工作。加强监督检查管理,保障教育脱贫攻坚学生学业帮扶计划各项措施有效落实。

B.3
2018~2019年南宁市科技发展状况分析及展望

陈 成[*]

摘　要： 2018年，南宁市大力实施创新驱动发展战略，强化科技创新核心动力，加快推进创新型城市建设，取得了一定成效。但科技发展中仍存在创新基础薄弱、研发投入不足、创新创业生态环境需要优化等一些亟待解决的问题，2019年主要聚焦创新主体、创新要素、科技合作、民生领域、创新生态五个重点方面加快推进科技高质量发展。

关键词： 科技创新　创新创业　科技成果　创新生态

2018年南宁市大力推进自主创新体系建设，有效解决了一批产业发展中的重大和关键技术难题，为南宁市产业高质量发展提供了有力支撑。全市高新技术企业保有量达750家、占全区的40%；298家企业通过国家科技型中小企业评价，占全区总量的32.71%；引进2家新型产业技术研究机构，新增2个国家企业技术中心，实现了国家企业技术中心"零"的突破；新增自治区级重点实验室1家、工程技术研究中心14家；新增自治区级科技孵化器2家、众创空间5个，市级众创空间12个；新增院士工作站15个，新增星创天地18个；荣获广西科学技术奖43项、同比增长27%，

---

[*] 陈成，南宁市科学技术局发展计划科科长。

其中一等奖5项；荣获中国专利优秀奖2项；68家企业晋级创新创业广西区赛，16家企业晋级全国行业创新创业总决赛，6家企业获优秀企业奖；每万人口发明专利拥有量达9.89件，比上年增长18.42%。科技进步贡献率达到58%。

一 2018年南宁市科技发展状况

（一）培育创新创业群体，企业创新主体地位进一步强化

紧紧围绕提升科技创新能力，采取多项措施大力培育企业创新主体，初步建立了"高层次人才创新创业团队—科技型中小企业—高新技术企业—瞪羚企业—上市企业"的分类推进、梯次发展、动态管理培育的创新主体发展新格局。

一是大力发展高新技术企业。坚持以支持企业发展为工作重点，加强对高新技术企业培育和指导，推行"培育一批、辅导一批、申报一批"的工作机制，设立高新技术企业认定后补助专项，对获得高新技术企业认定的企业给予奖励性后补助。2018年高新技术企业新增299家、同比增长67.4%。

二是积极培育科技型中小企业和瞪羚企业。聚焦科技型企业创业、成长和做大做强规律，通过加大宣传减税和科技保险贴息政策、举办培训班、深入企业调研指导等形式，积极培育科技型中小企业发展壮大。全市共有298家企业通过国家科技型中小企业评价，占全区总量的32.71%；全年共组织实施科技型中小企业技术创新项目99项；新增广西瞪羚企业6家。

三是加大对企业科技创新投入。通过科技项目经费直接下达、后补助和专利质押融资贷款贴息补助扶持，引导激励企业加大科技创新投入。2018年，全市科技计划项目科技拨款9973.61万元，带动企业投资6.8亿元。加大科技保险补贴力度，财政保费补贴同比增长85%，有效解决了部分中小企业贷款难贷款贵的难题。

（二）加快创新平台建设，区域科技创新体系进一步完善

紧紧围绕创新型城市建设，突出科技创新引领，加快企业创新平台、新型研发平台、产学研平台、创新创业平台建设，着力推进产业高质量发展。

一是加快以产业创新为主导的新型产业技术研发机构建设。出台《南宁市新型产业技术研究机构建设与资助管理办法》，引进知名高校院所、龙头企业或高层次人才团队，建设科技与产业、人才与平台、科技与金融高度融合的新型产业技术研究机构，提升产业技术创新能力，打通创新链和产业链。年内引进了与东北大学王国栋院士共建的广西先进铝加工创新中心、华中科技大学下属上市公司华中数控共建的南宁华数轻量化电动汽车设计院2家机构，并与中国科学院、西南交通大学、沈阳化工大学等10余家知名高校院所建立合作意向，加快了以产业创新为主导的新型产业技术研发机构建设。

二是加快以企业为主体的技术创新平台建设。通过科技计划项目等形式，积极支持和引导企业建设和提升研发创新平台，鼓励企业自建或与高校院所联合共建各类创新研发平台。2018年全市新增广西田园生化股份有限公司和广西交通科学研究院有限公司2个国家企业技术中心，全市国家级创新平台达到6个；新增自治区级重点实验室1家，新增自治区级工程技术研究中心14家，逐步形成了以企业为主体，高等院校、科研院所为依托的自主创新与引进消化相结合的技术创新体系，促进了创新成果产出。

三是加快以高校院所为依托的产学研平台建设。充分利用南宁市区位优势和在邕高校院所人才资源密集、科研能力强等优势，先后与区内外一批重点高校、科研院所建立全面合作关系。华中科技大学国家大学科技园南宁基地正式落户南宁，着力打造"众创空间—科技企业孵化器—科技小镇"的全链条、专业型孵化载体，已储备10余个高水平入驻项目；支持企业与武汉大学等11所区内外高校院所开展产学研合作，资助产学研合作科技项目88项；支持企业引进高校院所建设院士工作站、博士后工作站，新增区、市级院士工作站15个；组织近50家骨干企业前往省外重点高校开展专题对

接会，促成合作和意向 40 余项。

四是加快以科技孵化器为核心的创业孵化平台建设。初步建成以南宁高新区国家"双创"示范基地为核心，辐射各县区、开发区的"1 + N"大孵化体系和"众创空间—科技企业孵化器—科技园区"的孵化链条。2018 年新增自治区级众创空间 5 个、市级众创空间 12 个；新增自治区级孵化器 2 家；加大对南宁·中关村创新示范基地的支持力度，设立南宁·中关村创新示范基地重大特色科技专项支持基地支持入驻企业创新创业，支持信息技术、智能机器人等领域研究；大力发展科技服务业，中国－东盟检验检测认证高技术服务集聚区 6 个东盟中心项目已批量入园，华尔街工谷、联讯 U 谷获批认定南宁市科技服务业集聚区；2018 年 1 ~ 11 月科技服务业产业营业收入达 66.16 亿元，同比增长 6.1%，新增上规入统企业 6 家。积极开展创新小镇培育工作，沙井电子信息创新小镇、新一代信息技术产业创新小镇和茉莉创新小镇等 3 个项目入选自治区创新小镇培育试点名单。

（三）推动科技成果转化，科技支撑产业升级能力进一步提升

坚持把科技成果转化作为提升科技支撑产业优化升级能力的重要手段，通过强化核心技术攻关、国际科技合作，加速科技成果转移转化，提升科技支撑产业发展能力。

一是强化核心技术攻关。通过实施重大科技专项，引导企业加大对重点产业和关键领域开展重大科技攻关，取得了系列重要突破。重大科技项目"汽车车身用高性能铝合金宽幅薄板的开发应用"成功研发出新产品并实现产业化，提高了南宁市铝精深加工行业的核心竞争力，填补了国内轻量化铝合金车身板的空白，获得发明专利、标准等知识产权 10 余项，新增产值 1.03 亿元。2018 年，南宁市企业和市属事业单位荣获广西科学技术奖 43 项、同比增长 27%，其中一等奖 5 项。

二是主动融入"一带一路"。积极拓展与印度、东盟国家等的国际科技合作，设立"一带一路"重大科技成果转化、国际科技合作基地建设等国际合作科技专项。全年组织开展国际科技合作对接会 19 场，促成合作（包

括意向）58项。南宁市企业研制的大型二氧化氯制备系统出口印度、捷佳润引进以色列技术合作共建水肥一体化设备工厂、南宁市国际技术转移中心与挪威OSLO国际孵化器达成建设离岸孵化基地"挪威中心"合作意向、亚太时空与菲律宾Prime技术公司签署北斗卫星导航民用合作协议。

三是加速科技成果转化。实施科技成果转化大行动，设立科技成果转移转化后补助等科技专项，加速科技成果转移转化。2018年完成科技成果转移转化项目76项以上，全市实现技术吸纳额61.3亿元，同比增长130.7%；技术交易额29.5亿元，占全区的60%。通过设立技术转移中介机构能力建设和促成技术交易后补助专项，提高技术转移中介能力，2018年新增自治区级技术转移示范机构17家。

（四）强化民生科技支撑，科技惠民利民力度进一步加大

组织实施乡村振兴战略和民生重大科技专项，重点加强农业科技、健康产业、医疗卫生、环境治理等领域科技支撑，着力解决关系民生的重大科技问题，让科技成果惠及广大人民群众。

一是加快推进农业科技园区建设。围绕农业产业发展，着力构建以企业为主体、以市场为导向、产学研用相结合的农业科技创新平台，鼓励和支持科研院所和科技型企业建设农业良种培育中心、星创天地等科技创新平台，指导和支持西乡塘、隆安、东盟、青秀、江南等5个自治区级农业科技园区的建设和提升，指导武鸣区、邕宁区、良庆区、横县申报创建第五批自治区级农业科技园区。加大星创天地培育力度，全年共有18个星创天地通过自治区科技厅认定，占全区认定总数的21.7%。

二是开展农业产业技术攻关。围绕南宁市"10+3"特色农业产业，实施农业特色产业科技重大专项和农业科技重点研发计划，开展特色产业技术瓶颈攻关。开展甘蔗水肥一体化滴灌等优势产业技术研究以及马蹄笋、橘红种植等特色种养产业研发，共计研发、引进、示范推广农业新品种78个、新技术52、新产品20项。经过多年选育的抗（耐）香蕉枯萎病新品种"桂蕉9号"取得重大突破，该品种在常规品种发病率达60%的重病区种植，

通过综合技术防控发病率下降到1%以下,为大面积技术推广种植奠定了基础,减少香蕉枯萎病对南宁市香蕉产业萎缩的影响。

三是重点支持大健康产业技术创新研究。通过科技重大专项支持南宁—中关村领创心血管病精准医疗中心平台,打造全区首家精准医疗中心;开展骨坏死创新药RAB-001的临床前研究,有望填补国内骨坏死药物市场空白;实施一批医疗卫生、生物医药等研发项目,推动大健康技术创新发展;加快养老服务业创新发展,支持基于互联网的医养结合社区养老服务平台建设示范和应用等,推动互联网+养老产业创新发展。

四是加强美丽南宁建设科技支撑。加强重点领域生态环境治理保护,支持利用水泥窑资源化无害化处置城乡生活垃圾关键技术优化研究、黑臭水体治理水力调控与水质改善、蔗糖生产废弃物饲料化与动物粪便资源化利用等一批生态环境保护及污染治理技术研究与应用示范项目;加大对交通安全、防灾减灾等科技保障;支持南宁传统文化传承创新项目,进一步保护传统工艺美术传承创新发展。

(五)加大科技扶贫投入,科技支撑脱贫攻坚作用进一步凸显

充分发挥科技创新在精准扶贫中的引领作用,通过在贫困地区选派贫困村科技特派员、实施科技产业扶贫工程、开展定点帮扶,助推全市脱贫攻坚工作。

一是开展贫困村科技特派员帮扶专项行动。从各级农业科研院所、农技推广部门、科技型企业等遴选技术骨干294名担任贫困村科技特派员,按照"县级组队、产业分组、定点到村、统筹调度"的方式,深入贫困村开展产业发展咨询、产业科技攻关、项目示范推广、实用技术指导及培训等科技服务,助推贫困地区产业扶贫开发,科技服务达5048人次,开展农业实用技术培训1626场次,培训农民5.4万人次,培训贫困户3110户。

二是实施科技助力产业扶贫示范工程。以产业扶贫为主攻方向,设立科技专项支持贫困地区的技术创新和成果转化推广,建设科技产业示范基地37个,实施科技扶贫专项项目25项,投向贫困地区经费占全年农业科技经

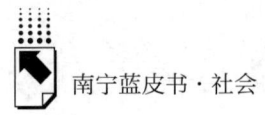

费的52.3%；全年新增隆安马蹄笋种植、马山蚕羊兼养等4个科技扶贫示范基地；加大对深度贫困县马山县的支持力度，全年支持农业科技项目12个，投入科技经费占投入贫困地区总经费的35%。

（六）推进知识产权战略，知识产权强市建设进一步加快

紧紧围绕建设国家知识产权示范城市目标，深入推进实施知识产权战略，加快知识产权强市建设，全面提高知识产权创造、保护、运用、管理和服务能力，助力区域创新发展。

一是国家知识产权示范城市培育创建工作有序推进。积极开展国家知识产权示范城市申报工作，顺利通过客观实力测评，获得正式申报资格。同时，大力推进知识产权县（区）试点示范等工作，培育了横县、宾阳、西乡塘区等县（区）成为推动区域知识产权和自主创新发展的领跑者。全市拥有国家强县工程试点县1个、国家知识产权试点园区1个、广西知识产权示范县（区）3个、广西知识产权试点县（区）4个。

二是知识产权创造能力不断提升。继续深入实施发明专利双倍增计划，修改完善并出台有利于提升专利质量的专利资助奖励政策，全市专利质量提升明显。2018年南宁市专利申请量12112件、占全区27.39%，其中发明专利5157件、占全区25.41%；专利授权量6156件、占全区29.96%，同比增长36.92%；有效发明专利6986件，占全区33.09%，比上年增长19.71%；每万人口发明专利拥有量9.89件，比上年增长18.42%。知识产权转化运用能力明显增强，全年新增国家知识产权优势企业15家、自治区知识产权优势企业培育单位18家、《企业知识产权管理规范》国家标准认证企业23家、专利代理机构1家，荣获2017年度中国专利优秀奖2个。

三是加大知识产权执法和保护力度。开展"护航"知识产权执法维权专项行动，建立协作执法机制和绩效评估机制，强化各部门推进工作的协调性，形成专利执法大保护格局。2018年开展专利专项执法检查行动6次，出动执法人员60余人次，检查商品3000多件，立案查处涉嫌假冒专利35

件，受理专利侵权案件 11 件，营造了鼓励知识创新和保护知识产权的法律环境。

（七）优化创新生态环境，社会创新创业活力进一步激发

进一步在深化体制改革、强化政策宣传、营造创新氛围上下功夫，着力优化创新创业生态，激发全社会创新创业活力。

一是深化科技体制改革。坚持把科技体制改革作为创新的主抓手，制定了《关于提升自主创新能力促进产业优化升级发展的若干政策措施》《南宁市新型产业技术研究机构建设与资助管理办法》，提出了对高层次创新平台、产业技术研究机构等创新生态链各环节的支持政策；出台了《南宁市科技创新券实施管理办法（试行）》，开展科技创新券试点工作；积极探索开展第三方专业机构管理科技项目试点改革，出台了科技计划项目管理委托第三方专业机构管理试点方案；出台了《南宁市本级财政科研项目预算评审管理办法》和《南宁市本级财政科研项目绩效考评管理办法》，进一步规范和加强科研项目经费预算管理和绩效评价。组织开展对科技项目后补助、科技保险、孵化器认定、工程技术研究中心认定等办法修订，以及《南宁市科学技术进步若干规定》修改工作，推进《南宁市科技创新促进条例》立法进程；制定了《南宁市科技信贷风险资金池实施方案》，有效缓解了中小企业创新创业融资难题。

二是强化科技政策服务。大力开展科技政策宣传培训服务，通过科技三下乡、政策解读会、网络新闻媒体解读政策、面对面宣讲、发放科技政策宣传手册等多种方式，广泛宣传科技政策；针对国家高新技术企业认定、科技型中小企业评价、加计扣除等政策进行解读，提高企业对科技创新政策的知晓率和应用水平，共举办 6 期全市科技管理业务培训班，培训人数达 500 多人次，发放各类培训宣传资料 2000 多册（本），组织 6 个县区级电视台开展电视科技培训。

三是营造创新创业氛围。举办第三届南宁市创新创业大赛，327 家企业报名参赛，同比增长 50%；68 家企业晋级广西区赛，获奖 9 项（占全区的

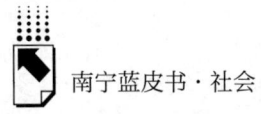

45%），1家企业获成长企业组第一名；16家企业晋级全国行业总决赛，6家企业获优秀企业奖、占全区获奖数的一半，参赛数、获奖数和高水平奖项均居全区各地市首位；设立"邕城创客行"，对创新创业大赛获奖企业进行支持，提升全社会的科技创新热情；充分利用"科技活动周""知识产权宣传周"，大力宣传科技创新政策；承办第二十七届广西科技活动周·广西创新驱动发展成就展和第八届广西发明创造成果展览交易会，集中展现南宁市科技创新取得的成就。

四是培育引进科技创新人才。建立科技人才梯队培养模式，分别设立青年科技创新创业人才培育项目、高层次人才团队和领军人才创新项目，着力发挥创业创新领军人才和创新团队在推动南宁产业高质量发展中的引领作用；创新开展海外人才引进工作，举办首届南宁市海外人才创新创业大赛，作为广西首个海外人才创新创业大赛，吸引了来自全球5大洲28个国家和地区的163个项目报名参赛，近20个高水平项目表达落户意向，"云中控平台"等获奖项目已正式落地南宁，有力推进了一批优秀科技成果和海外高层次人才引进。

二 南宁市科技发展存在的问题

南宁市科技发展与国内同类城市相比，总体上还存在一定差距。主要表现在以下方面。

（一）科技创新基础明显薄弱

南宁市科技创新型企业、科技型中小企业数量和规模较小，企业科技创新能力明显不足。2018年，全市共有科技型中小企业288家，高新技术企业750家。但与国内主要城市相比还有较大的差距。一是高新技术企业保有量绝对值太少。2018年南宁市高新技术企业达到750家，在周边同类省会城市中仅高于贵阳（743家），远低于南昌（1049家）、长沙（2359家）、广州（11794家）、深圳（14000家）。二是高新技术企业增量不多。

2018年南宁市净增加高新技术企业299家,虽然超过了昆明(117家)、福州(283家),但少于贵阳(327家)、合肥(448家)、长沙(765家)、广州(3104家)。

2017年,全市高新技术企业实现工业总产值超350亿元,营业总收入超940亿元。其中,营业收入超10亿元的企业15家,超50亿元的企业4家,仅占全市高新技术企业总数的3.3%,具有较大规模和较强实力、起到领跑带动整个行业发展的创新型企业较少,缺乏强有力的市场竞争力,未能形成一定影响力的产业集群。2018年,全市共建成6个国家研发平台,53家自治区级重点实验室,114家工程技术研究中心,仅占高新技术企业的15.2%,还有相当高比例的企业没有充分认识到技术创新的重要性,尚未建立有效的技术创新组织和技术研发机构,忽视后续技术产品的开发,产品更新换代慢,缺乏核心技术优势。

与先进城市相比,南宁市技术研发能力较强、成果转化带动效应突出的高等院校和科研院所极少。在从事技术开发的科研院所当中,不同程度存在高层次学历和专业学科带头人短缺、科研成果层次较低、专业技术人员在省内外影响力不足等问题,在提供科技创新发展所需的支撑上实力不足。科研人员质量与先进地区相比差距较大,科技创新人才队伍的整体素质有待进一步提高,尤其是高层次的科技创新领军人才十分匮乏,在科学技术领域有重大影响力和知名度的专家学者很少。

(二)研发投入严重不足

南宁市全社会研发投入正呈现连年增长,研发强度不断提高的态势。统计数据显示,2017年,南宁市全社会研发投入总额47.72亿元,是2013年的17.2倍;研发投入强度为1.16%,较2013年上升0.17个百分点,低于全国平均水平(2.13%),与周边省会城市的研发投入相比也存在一定的差距(昆明市全社会研发投入总额94.46亿元,研发投入强度为1.88%;贵阳市全社会研发投入总额47.55亿元,研发投入强度为1.34%;广州市全社会研发投入537亿元,研发投入强度为2.5%),研发投入总体上虽有增长，但远不能满足本市科技创新事业迅速发展的需要。2017年，全市规模以上工业企业专利申请数613件，其中，发明专利375项；新产品开发项目数860项，新产品开发经费支出18.24亿元，全市规模以上工业企业的创新积极性较弱。2016~2017年，全市获自治区科技成果登记1100余项，10万元以上科技成果转化项目131项，技术交易额9263.21万元；100万元以上重大项目17项，技术交易额5838.8万元，整体创新成果产出的经济效益不高。

（三）"开放式"科技创新有待加强

南宁市经济和社会发展水平较"长三角""珠三角"等东部南部沿海省份有一定差距，对紧缺专业、高层次的优秀科技人才缺乏足够的吸引力，导致科技人才外流现象严重，难以引进其他省份的优秀人才到南宁市开展创新创业活动。同时，科研水平强、知名度高的高端创新人才短缺，极大地影响了南宁市争取国家或省际层面的重大科研项目的竞争力，获得国家或省际层面科研项目的数量和经费均较少，基本上未能参与国家大科学计划与大科学工程，整合利用外部资源开展协同创新的深度和广度不够。截至2018年，南宁市建立有国家和自治区级的国际科技合作基地19家，与柬埔寨、越南、泰国、老挝等周边国家均有合作，但合作范围多以农业为主，缺乏与各国、各地区在高端、核心技术层面的合作渠道。2018年，先后引进世界500强企业28家、中国500强企业49家、国内行业重点企业47家入驻南宁，但产业链的结构还不完善，产业集群还未形成，对高新技术产业领域龙头企业研发机构引进落地的政策支持力度不强，所提供的资源条件难以充分满足其发展需求。市内重点企业与产业链当中龙头企业的合作创新很少，难以融入高端并发挥对于产业的引领带动作用。

（四）创新创业生态环境仍需优化

社会公众普遍创新意识不强，虽然高校院所的科研队伍庞大，但受科研经费使用管理、科研成果评价、科技成果处置权和收益分配等因素影响，科研创新与市场需求的结合不够紧密，科研成果难以进行转化应用，直接转化成经济效益。企业资助创新的能力薄弱，一些企业对科技创新政策的理解不够透彻，对创新工作重视程度不够，企业研发人员的创新活跃度不高。此外，由于创新成本高，普通中小企业缺乏足够的资金实力和抗风险能力，政府虽然陆续出台了不少扶持措施，但未能形成系统全面的政策体系，政策支持力度有限，且围绕科技创新的金融、法律、培训等服务业态发展不良，中低端服务机构充斥市场，服务能力和水平有限，难以畅通企业与金融机构、投资者的沟通渠道，大部分企业享受不到成本低、手续便捷的融资服务，企业创新资金需求得不到充分满足，不能支撑其创新发展的需要。

三 2019年南宁市科技发展展望

2019年，南宁市科技工作将把产业高质量发展作为科技创新的出发点和落脚点，以建设创新城市为目标，以提高关键核心技术创新能力、加速科技成果转化为主线，围绕制约南宁市产业高质量发展的瓶颈和短板，通过聚焦产业发展的重点领域、重点项目和薄弱环节，优化科技资源配置，加强产业科技攻关，加大对重大产业项目、战略性新兴产业的支持力度，充分发挥科技创新在推动产业高质量发展的支撑引领作用，全力助推南宁经济社会实现高质量发展。

（一）聚焦创新主体，加快提升企业自主创新能力

继续培育科技型中小企业。持续开展国家科技型中小企业评价工作，加强对科技型中小企业创新的支持力度，利用科技计划项目引导中小企业加大科技创新投入，支持具有创新能力和发展潜力的中小企业逐步发展壮大。加强高新技术企业后备库建设，举办高新技术企业认定及政策解读培训会，加强对企业自主创新的引导、扶持和帮助，落实高新技术企业奖补、研发费用加计扣除、研发费用后补助等政策，不断激发企业创新活力，力争2019年全市高新技术企业保有量突破800家。组织重大产业技术攻关。以新材料、新能源、电子信息、高端装备制造、生物医药、生命科学、节能环保等新兴

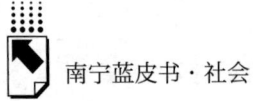

产业为重点，实施工业、农业、科技惠民等重大科技计划项目10项，支持企业转化研发创新成果及实施产业化，着力突破制约南宁市产业转型升级面临的关键技术瓶颈，助推南宁市产业高质量发展。

（二）聚焦创新要素，加快提升科技创新平台能力

继续推进创新创业平台建设。大力引导企业建设重点实验室、工程技术研究中心等创新创业平台，支持10家企业开展创新创业平台能力提升，推动一批市级、自治区级创新创业平台升级打造更高级别的平台；推进南宁·中关村创新示范基地、华中科技大学大学科技园南宁基地等区域协同创新合作基地建设，提升南宁市科技创新创业能力，加快建设一批能力突出、服务设施完备的科技企业孵化器、众创空间，新增市级以上创新创业载体5个。积极推进新型产业技术研究机构建设。围绕南宁市重点产业领域，引进和建设高水平的新型产业技术研究机构5家以上，促进国内外一流高校院所、重点龙头企业和高层次创新创业人才在邕开展产业技术研究、科技成果转化、人才引进培育和创新创业平台建设，打通政产学研用协同创新通道。

（三）聚焦科技合作，加快推动科技成果转移转化

不断深化产学研对接合作。继续加强与国内重点高校院所的战略合作，组织开展科技成果转化对接活动、产学研合作项目开发等工作，深化与驻邕高校科研院所的产学研合作，加速集聚海内外高端创新资源。加强国际科技交流合作。依托国际合作伙伴以及已建成的10个国家级国际科技合作基地，支持企业和科研机构到海外建立研发机构；鼓励发挥比较优势，推进与"一带一路"沿线国家合作，新增国际科技合作基地3家以上。继续实施"南宁市科技成果转化大行动"，加大对科技成果转移转化、技术转移中介促成技术交易的后补助力度，实施科技成果转移转化项目80项。

（四）聚焦民生领域，加快推进科技成果惠及民生

深入实施乡村振兴战略。实施农业特色产业科技重大专项和重点研发计

划,重点对柑桔黄龙病、香蕉枯萎病等影响南宁市特色产业发展的重大病虫害防控等农业关键技术攻关,大力开展抗(耐)香蕉枯萎病新品种桂蕉9号的技术推广工作;培育星创天地5家,指导贫困县区创建自治区农业科技园区或国家农业高新技术产业示范区。加大科技精准扶贫力度。继续选聘科技特派员,提高科技特派员服务质量;加强对贫困地区科技项目申报指导和立项倾斜力度,将50%农业科技经费投入到贫困地区;支持贫困县区建设科技扶贫示范基地,新增建设科技扶贫示范基地3个;拓宽农业技术培训渠道,利用远程教育平台宣传培训。推动社会关注热点领域创新。支持医疗卫生技术创新、生物制药创新发展,加大支持中药壮瑶药新药制剂等新产品研究开发;加强生态环境保护科技支撑,重点实施大气、水污染、土壤等重点领域生态环境治理项目;加大良庆区自治区级可持续发展试验区建设支持,推动可持续发展试验区示范项目实施。

(五)聚焦创新生态,加快优化创新创业发展环境

推动创新政策落地见效。全面贯彻落实中央、自治区、南宁市创新系列政策,着重抓好《提升自主创新能力促进产业优化升级发展若干政策措施》等科技优惠政策宣传落实,营造良好的创新创业生态环境。深化科技体制机制创新。以机构改革为契机,坚持问题导向,深入推进"放管服"改革,加快南宁市科技计划项目管理改革,进一步完善科技项目管理系统、科技计划项目库、科技项目评审管理制度,重点推进第三方专业机构管理科技项目试点和科技创新券试点工作。大力培育创新创业品牌。继续举办2019年第四届创新创业大赛、第二届海外人才创新创业大赛和"邕城创客行"等重大创新创业活动,大力弘扬创新创业文化,进一步释放创新创业潜能,营造良好的创新创业氛围。加强科技创新人才引育。围绕主导产业和企业发展需求,择优资助科技创新领军人才和高层次人才创新团队开展创新创业,继续实施南宁市青年科技创新创业人才培育项目,大力选拔和培育优秀青年科技创新创业人才。

B.4 2018~2019年南宁市民政事业发展状况分析及展望

黄菊如 欧邦庆 李春明 梁怡林[*]

摘　要： 2018年，南宁市认真践行"民政为民、民政爱民"工作理念，按照"保基本、兜底线、促公平、可持续"的工作思路，以党的建设为引领，凝心聚力、砥砺奋进，勇于担当、善做善成，大力推进"民生福祉升级"，民政各项工作取得新的成效。与此同时，南宁市民政工作仍然存在公共服务设施不足、工作力量较为薄弱，各级各部门与基层组织关系有待理顺等问题，2019年将深刻把握机构改革后新时代民政工作职责定位，全面推进南宁市民政事业高质量发展。

关键词： 民政事业　公共服务　民生

一　2018年南宁市民政工作成效

（一）为民办实事项目顺利推进

一是承接自治区2018年为民办实事项目3项。圆满完成农村住房政策

---

[*] 黄菊如，南宁市民政局局长、党组书记；欧邦庆，南宁市民政局副局长、党组成员；李春明，南宁市民政局办公室（政策法规科）主任；梁怡林，南宁市民政局办公室（政策法规科）科员。

性保险项目，共为全市126.23万户农户投保，保费333.72万元已全部拨付到保险公司账户；落实残疾人两项补贴项目，为符合条件的残疾人发放生活补贴和护理补贴，全年发放残疾人两项补贴7.44万人次、372万元。其中，困难残疾人生活补贴2.17万人次、108.5万元；重度残疾人护理补贴5.27万人次、263.5万元；做好困难群众救助工作，全年发放城市低保5.38万户次、8.35万人次、4050.3万元，发放农村低保53.3万户次、127.6万人次、2.69亿元；发放特困人员救助供养待遇22.62万户次、23.37万人次、1.34亿元。二是承接南宁市2018年为民办实事项目3项，即养老服务中心建设项目、社区老年人日间照料中心项目、智慧养老服务平台建设项目。完成青秀区金葫社区城市养老服务中心改扩建和武鸣区府城镇社区养老服务中心新建任务；完成新建、维修改造、扩建12个社区老年人日间照料中心任务；南宁市智慧养老服务平台三家企业中心站点已投入运营。

（二）脱贫兜底工作成效明显

一是不断提高农村低保保障标准和补助标准，推进农村低保制度与扶贫开发政策有效衔接。从2015年至2018年，3次提高农村居民最低生活保障标准，2018年农村居民最低生活保障标准高于全区脱贫标准线。4次提高农村居民最低生活补助标准，确保农村低保A档低保户稳步脱贫。全市城乡最低生活保障标准实现同城化。城市低保标准提高到620元/（人·月），农村低保标准提高到3800元/（人·年）。强化低保对象与扶贫对象衔接，将符合救助条件的建档立卡贫困户100%纳入救助范围，全市有农村低保对象98615人，其中建档立卡贫困户60784人，占比达62%。为建档立卡贫困户发放医疗救助25252人次、1679.6万元，临时救助661人次、95.5万元。二是以武鸣区为试点，试行城乡低保审批权下放乡镇人民政府（街道办事处），强化城乡低保审批权责。三是民政医疗救助结算系统与社保结算系统实现全面并轨，从2018年9月1日起，民政医疗救助结算系统与社保结算系统全面并轨，困难群众看病就诊实现基本医疗保险、大病保险、医疗救助、二次报销的"一站式"结算，有力助推全市健康扶贫工作顺利开展。

四是扎实开展"城乡低保精准救助活动年"活动、社会救助扶贫领域腐败和作风问题专项治理和农村低保专项治理活动。深入15个县（区、开发区）、54个乡镇（开发区农场）、104个行政村，随机走访600余户低保户、建档立卡贫困户和特困户，确保脱贫攻坚工作稳步推进。五是发动社会力量积极参与脱贫攻坚战。两次组织召开第一书记、社会组织负责人参加的精准扶贫工作动员会，动员社会组织在帮扶贫困村、贫困户上给予项目、资金和技术等多方面的支持。据不完全统计，全市社会组织参与扶贫项目126个，投入资金（含物资折款）1248万元，受助对象达60751人。六是积极发动民政系统的干部职工以及军队离退休干部为贫困村、贫困户捐款捐物，捐款总额达28.38万元。七是派出精干力量支持脱贫攻坚。市民政局系统派出工作分队队长1人、第一书记9人，对9个定点贫困村进行帮扶，定时举办培训班，召开扶贫工作座谈会，着力提高第一书记的帮扶能力。

（三）养老服务体系建设稳步推进

一是养老服务业政策体系逐步完善。年内连续出台《南宁市居家和社区养老服务改革试点工作实施方案》《南宁市建设智慧养老服务平台项目实施方案》《关于加强农村留守老年人关爱服务工作的实施方案》等多个文件，养老服务业政策体系逐步完善。二是大力推进居家和社区养老服务。南宁市被确定为中央财政第三批支持开展居家和社区养老服务改革试点地区，获得中央财政支持3124万元。"长者食堂""养老机构辐射居家服务"等9大项目正在有序推进。同时推进加大公建民营的力度，2018年南宁市投入社会化运营的社区日间照料中心达85%，城市养老服务中心达81%。三是全面放开养老服务市场成效显著，积极推动太和自在城和合众优年生活社区二期项目，引进1800张床位的泰康医养综合社区项目和推动1600张床位的华润悦年华项目建设。落地9个、建成1个面积达1500平方米的养老服务邻里中心，推进南宁市"互联网+养老"融合发展，普天大健康、三胞集团、太和集团互联网+居家养老项目落地南宁，建成南宁市智慧养老服务平台并逐步投入运营。四是扎实开展养老机构提升服务质量专项行动，开展第三轮星级评定工作，32家养老机构通过评定。第二届养老机构服务质量评估考核暨以奖代补按时完成，下拨以奖代补奖励资金280万元，编制《南宁市养老机构服务规范化、标准化制度与流程模版》和《南宁市居家养老服务规范化、标准化制度与流程模板》，得到自治区民政厅的高度肯定。五是落实扶持政策。拨付自治区和南宁市两级民办养老机构324.63万元，其中自治区补贴240万元，市本级补贴84.63万元。六是医养结合稳步推进，全市已有15家养老机构设置有医疗室或医院，3家医疗机构开办养老院，推进乡镇敬老院和乡镇卫生院"两院合一"试点。七是推进老龄事业健康发展，发放高龄补助64.2万人次，发放金额16046.5万元。

（四）基层社会治理能力不断加强

一是深入开展城乡社区治理改革创新工作。扎实推进2018年基础设施建设项目，安排资金3860万元在全市386个社区实施社区惠民资金项目，安排资金500万元实施22个村委会服务用房新建、扩建、维修项目，使用自治区福彩公益金210万元开展8个城乡社区服务设施示范项目。二是深入推进农村社区建设试点工作。安排资金300万元补助8个县（区）共实施30个农村社区试点建设项目，南宁市宾阳县甘棠镇被确定为第二批自治区级农村社区建设试点乡镇，兴宁区三塘镇同仁村等25个村被确定为第二批自治区级农村社区建设试点社区。积极推进社区公共服务综合信息平台的设计试点工作，开发、完善南宁市民政局基层政权和社区建设管理系统。三是大力推动政府购买城乡社区服务。投入资金500万元开展29个政府购买城乡社区事务类、"时间银行"志愿服务类及农村社区"三留守"人员社会工作服务类项目和第三方评估工作，推动"三社联动"和共建共治共享社区治理模式的发展。四是加强城乡社区协商。健全以社区党组织为核心、居委会为主导、居民为主体，多方参与、良性互动的居民区治理架构，积极探索村民议事会、党群理事会、议事协商委员会、"一组两会"等协商自治形式，不断提升党在城市基层的引导自治能力和组织共治能力。组织城乡社区协商议事规则培训360人次，培养能独立运用议事协商规则主持多元参与社区治理会议的主持人35人，江南区江南街道二桥西社区推行"逢四说事会"，入选民政部100个优秀社区工作法，在全市范围内进行推广。民政部部长黄树贤到广西调研时给予高度评价，民政部基层政权和社区建设司专题来南宁市调研。五是协助市扶贫开发领导小组指导隆安县易地扶贫搬迁震东集中安置区成立社区党组织、社区居民委员会，指导社区工作人员队伍建设等相关工作；同时，投入资金15万元，购买专业社会工作机构进驻安置区开展社会工作专业服务。六是推动出台《南宁市社区惠民资金使用管理办法》、《南宁市关于加强和完善城乡社区治理的实施意见》和《南宁市加强乡镇政府服务能力建设实施方案》。《南宁市创建城乡社区治理改革试验区探索》荣获2018年全国民政政策理论研究三等奖。七是促进社会组织健康有序发展。切实加强社会组织党的建设，出台《关于改革社会组织管理制度促进社会组织健康有序发展的实施意见》，推进简政放权，落实社会组织登记改革工作。全市新登记成立社会组织245家。市社会组织孵化基地入驻社会组织17家，其中采取壳内孵化模式的11家、壳外孵化模式的6家。大力加强社会组织党建工作，紧紧围绕"组织覆盖有新推进、教育管理有新提高、领航活动有新发展"的工作思路，扎实推进社会组织党建工作，新组建成立6个党组织，直属党组织总数增至12个，共有党员183名。

（五）民政公共服务能力不断提高

南宁市孤儿基本生活最低养育标准为散居孤儿每人每月800元，机构抚养孤儿每人每月1200元。孤儿基本生活费按时足额发放，下达市本级补助资金510.22万元。继续实施农村留守儿童"合力监护、相伴成长"关爱保护专项行动，推进未成年人关爱保护服务体系建设，全市已录入全国农村留守儿童和困境儿童信息系统的留守儿童39796人，困境儿童19442人。成功举办2018年公益花坛葬安葬仪式，安葬骨灰300具，安葬奖励补助金由500元/具提高到800元/具。借助"人脸识别"等高科技手段、新闻媒体、购买服务等方式加大寻亲工作力度，寻亲工作成效显著。2018年，南宁市救助管理站成功寻亲247人。稳步推进撤县设市工作，指导有关县区开展县改市的前期工作和乡级区划调整；强化界线管理，边界地区和谐稳定；开展"三街两巷"核心区一期街巷命名；全年完成 179 条新建道路、4 座桥梁命名工作。全市地名普查成果数据已通过国普办全面审核及入库验收；积极开展地名普查成果转化，持续推进新版《南宁市政区图》《南宁市地名图集》《南宁市城区地名录》编辑出版工作；作为全国地名地址库试点建设示范城市，筹措资金 175 万元，完成"南宁市地名地址库及其管理系统"项目的建设。

（六）双拥优抚安置服务能力不断增强

以创建自治区双拥模范城考评工作为抓手，推动军民融合深度发展，广泛开展拥军优属、拥政爱民活动，双拥模范城考评工作受到自治区考评组的高度肯定；组织协调市委、市政府开展春节、"八一"建军节拥军慰问活动；举办了 2018 年南宁市军民迎新春文艺晚会。做好清明期间祭扫烈士活动服务保障工作，圆满完成"9.30"公祭任务；稳步推进退役军人和其他优抚对象信息采集工作；探索复员退伍军人服务中心（优抚之家）创建工作。持续开展优抚对象"大走访、送温暖"活动，全年帮扶困难优抚对象 5075 人次、资金 418 万元。完成年度自主就业退役士兵、复员干部、伤病残军人接收工作，发放自主就业一次性经济补助 2400 万元，符合政府安排工作退役士兵安置率达 100%；组织自主就业退役士兵参加免费教育培训；落实好军队离退休干部"两个待遇"，深入推进军休文化建设，开展军休服务管理社会化工作；指导军供站加快军供现代化建设，完成年度军供保障任务。

（七）民政服务改革深入推进

一是推进民政"放管服"改革。根据《南宁市人民政府关于授权开发区管委会行使社会组织审批管理权限的批复》精神，自 2018 年 11 月 7 日起，市民政局把南宁高新技术产业开发区、南宁经济技术开发区、广西—东盟经济技术开发区行政区域内的社会组织审批管理权限授权下放到三个开发区。认真贯彻落实优化营商环境、"一事通办"改革要求,梳理依申请事项目录,编制政务办事一次性告知(限时办结)清单标准。优化办事流程,"最多跑一次"事项比例提高到92%。扩大容缺受理业务范围,提高网上办理率。清理规范各类证明和盖章环节,建立统一规范的目录清单,确保民政服务进一步便民利民。二是深化民政服务社会化改革。鼓励引导社会资本进入民政公共服务领域,运用社会力量提高民政工作的整体效能。有效整合自治区和市本级福利彩票公益金、财政资金约626万元,通过政府购买、委托服务等多种方式,大力推进社会工作服务于社会福利、社会事务、社会救助和社区治理等领域。三是深化"互联网+民政服务"改革。扎实推进南宁市智慧养老服务平台项目建设,社区居家养老服务平台于2018年11月底落地运营,开展居家养老服务。开展社区公共服务综合信息平台试点建设。四是深化防灾减灾体制机制改革,综合防范能力全面提升。全年报案因灾倒损房379户,保险公司支付保险理赔款230.2万元,理赔率100%。严格应急值守,确保紧急灾情得到及时处置。积极做好灾情收集统计上报工作,认真落实各项应急救助政策,对紧急转移安置的受灾困难群众进行了及时有效的救助,确保救灾物品在12小时内到位。年内启动救灾预警响应2次,启动南宁市自然灾害Ⅳ级应急救助响应1次。南宁市321个社区达到社区减灾准备认证标准,在自治区组织的第三方综合考评中位列第一;认真做好社区减灾的提升工程,其中高新区心圩街道相贤社区等16个社区获得自治区综合减灾示范社区称号,横县那阳镇那市社区等10个社区获得全国综合减灾示范社区称号。

(八)民政基础建设水平不断提高

市本级投资约4亿元建设的2000张床位的南宁市第二福利院PPP项目,一期工程建设基本完成,完成预期目标,将于2019年6月投入运营,得到中央财政奖励500万元。市殡仪馆殡仪服务区改建二期工程有序进行,马岭公益性公墓工程开工建设。全力推进全市15个县区(开发区)建设300~500张床位公办示范性福利机构,目前完成2个,开工7个,其余项目都落实了建设用地；大力推进法治政府建设，落实年度学法任务，强化法治宣传教育，健全重大行政决策机制，年内出台《关于改革社会组织管理制度促进社会组织健康有序发展的实施意见》等12件重大行政决策，其中规范性文件3件。继续实施法律顾问制度，有效防范决策风险。年内完成网上业务咨询答复300余件，承办行政复议37件，信访210余件，100%依法在规定时限内办结。民政宣传、督查督办、党务政务公开、机要保密以及综治维稳等工作稳步开展；扎实推进民政标准化建设，提升服务管理效能，坚持"以点带面、点面结合、示范带动、整体推进"的原则，以服务现代民政转型为主题，以管理标准化建设为主线，加快推进南宁市社会福利院标准化试点、社区服务用房试点和社区服务用房建设规范等7项地方标准的编制工作，争取2019年内达到预期效果。联合南宁市公安消防支队对全市社会福利机构开展消防安全管理标准化建设试点工作，进一步推行福利机构消防标准化管理。南宁市救助管理站列为第二批全区民政标准化建设试点单位，《养老机构服务管理体系规范》等三项标准列为第四批广西地方标准制定项目，拓宽了南宁市民政标准化范围。

（九）全面从严治党工作扎实推进

牢固树立坚定不移全面从严治党、持之以恒正风肃纪的决心和信心。认真抓好学习教育，强化思想理论武装，把学习贯彻习近平新时代中国特色社会主义思想和党的十九大精神作为"两学一做"学习教育的重要内容，党员"四个意识"明显增强。狠抓全面从严治党，制定完善主体责任清单，落实党建主体责任。加强党风廉政建设，认真践行廉洁从政承诺，健全责任体系，压实工作责任。扎实推进反腐倡廉工作，始终从严落实中央八项规定和实施细则精神、从严纠正"四风"，时刻保持作风建设的定力韧劲。坚决贯彻落实党风廉政建设主体责任和监督责任，围绕"四种形态"，做深做细做实监督执纪问责工作，大力锻造一支作风过硬、崇尚实干的干部队伍。扎实开展"党建促扶贫、扶贫促党建"主题活动，创新活动载体，充分发挥扶贫后盾单位和协助单位作用，发挥党组织战斗堡垒作用，助推打赢脱贫攻坚战。

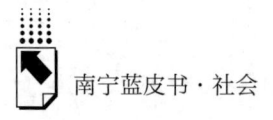

二 民政工作中存在的主要问题

在肯定成绩的同时,我们也清醒地认识到,当前南宁市民政工作仍然存在一些问题,主要表现在以下三个方面:

(一)民政公共服务设施不足,与服务对象的巨大需求相比存在较大差距

主要是养老床位不足的问题,虽然下了很大功夫、花了很多精力,但工作成效不够明显。究其原因,一是部分项目推进比较缓慢,要求各县区承建的300~500张床位公办示范性养老机构等一批重点民政项目建设进展较慢;二是民办养老机构发展受阻,养老机构设立许可前置条件多,手续难办,新建或搬迁的养老机构办理消防审批许可困难重重;三是县区财政投入不足。

(二)基层民政工作力量比较薄弱

当前,民政事务越来越多、要求越来越严、群众的期望值也越来越高,人少事多的矛盾非常突出。少数基层民政干部的素质能力与当前民政工作的要求不相适应,缺乏担当精神,尤其是一些年纪偏大的同志安排到民政工作岗位,难以胜任当前民政工作利用信息化手段开展工作的实际。

(三)各级各部门与村(居)基层组织的关系亟待理顺

各级各部门下达的工作任务和考评指标较多,村(社区)基层组织充当各级各部门的"统计站",行政化还比较严重。

三 2019年民政工作展望

2019年是新中国成立70周年,是全面建成小康社会的关键之年,也是各级民政部门机构改革全部到位、在新的起点上推进民政事业改革发展的启始之年。全市民政部门要坚持以习近平新时代中国特色社会主义思想为指导，坚决贯彻落实党中央、国务院重大决策部署，按照自治区民政厅和市委、市政府要求，坚持稳中求进工作总基调，坚持新发展理念，坚持推进高质量发展，践行以人民为中心的发展思想，树立"民政为民、民政爱民"工作理念，深刻把握机构改革后新时代民政工作职责定位，全面推进南宁市民政事业高质量发展。

（一）深化民政机构改革

根据民政部机构改革印发的新的"三定"规定，民政部内设机构有社会组织管理局（社会组织执法监督局）、社会救助司、基层政权建设和社区治理司、区划地名司、社会事务司、养老服务司、儿童福利司、慈善事业促进和社会工作司等8个业务司局，办公厅（国际合作司）、政策法规司、规划财务司、机关党委（人事司）、离退休干部局等5个综合司局，其中养老服务司、儿童福利司、慈善事业促进和社会工作司等3个司首次单独设立。

根据《中共南宁市委南宁市人民政府关于印发南宁市机构改革方案的通知》（南发〔2019〕5号）精神，对相关职能设置进行了适当调整。市民政局的退役军人优抚安置职责、市老龄工作委员会办公室职责、救灾职责、医疗救助职责分别转由市退役军人事务局、市卫生健康委员会、市应急管理局、市医疗保障局承担。

关于机构改革后新时代民政工作主责定位，就是要聚焦于"三最一专"。一是最底线的民生保障，主要包括保障低收入贫困群众、孤儿弃婴、生活困难残疾人和重度残疾人、生活无着的流浪乞讨人员等特殊困难群体的衣食冷暖，对留守和困境儿童、留守老年人、家庭暴力受害人等群体给予必要的关爱或监护，发展慈善事业。二是最基本的社会服务，主要包括养老服务、婚姻登记服务、殡葬管理服务等方面。三是最基础的社会治理，主要包括指导城乡社区治理体系和治理能力建设、提出加强和改进城乡基层政权建设的建议、推动基层民主政治建设，登记管理和监督检查社会组织，推进社会工作人才队伍建设和志愿者队伍建设等方面。四是最悠久的专项行政管理,主要是行政区划、地名、界线管理,这是自国家诞生以来就具有的职能,是体现国家"存在感"、形成民族"内聚力"的关键因素,是中华民族绵延几千年的重要烙印与标志。

(二)编密织牢民生兜底保障网助力脱贫攻坚

进一步加强制度建设,确保社会救助工作有法可依,有章可循。修订出台《南宁市城乡居民最低生活保障暂行办法》《南宁市临时救助办法》,出台《南宁市社会救助兜底脱贫攻坚三年行动计划(2018~2020年)》。推行政府购买基层社会救助经办服务改革,制定出台《关于积极推行政府购买服务加强基层社会救助经办服务能力的实施细则》;提高城乡低保标准和平均补助水平;指导各县(区、开发区)做好城乡低保、特困人员供养、临时救助等工作,对符合救助条件的建档立卡贫困户100%给予相应的社会救助。加强对社会救助经办人员的培训力度,提高经办人员的职业素质和业务能力,解决经办人员不敢担当、不熟政策、不会做事等问题;加大督查力度,及时发现问题,纠正问题,确保社会救助在脱贫攻坚中的兜底保障作用;开展"互联网+"社会救助信息平台建设,实现低保申请快速便捷,社会救助数据与扶贫数据有效衔接。

(三)加快推进养老服务体系建设

全面深化养老服务综合改革,对照《南宁市加快发展养老服务业实施意见》任务,在巩固原有成果的基础上,进一步创新突破。全面深化居家和社区养老服务改革,贯彻落实《南宁市居家和社区养老服务改革试点工作方案》,迎接居家和社区养老服务改革试点绩效考核,开展《南宁市居家养老服务条例》起草调研。全面放开养老服务市场,优化相关审批手续,加大养老服务业招商引资力度。全面推进养老服务业信息化建设,推广和使用南宁市智慧养老服务平台,推进政府购买居家养老服务。全面推进养老服务质量提升,继续落实民办养老机构建设补助和运营补助。开展养老机构星级评定、服务考核评估暨以奖代补等工作,推进养老服务业规范化建设。

（四）推动城乡社区治理创新发展

落实《南宁市关于加强和完善城乡社区治理的实施意见》，推进城乡社区协商制度化、规范化和程序化建设。总结和完善社区公共服务综合信息平台试点建设项目，继续实施市本级补助建设项目和政府购买农村社区"三留守"人员社会工作服务项目。

（五）大力发展社会福利慈善事业

落实残疾人两项补贴提标工作，建立定期复核机制，加强动态管理，将符合资格条件的残疾人及时纳入补贴范围，将不符合资格条件的残疾人及时退出补贴范围，切实做到应补尽补、应退尽退。加快建立和完善相关慈善政策；着力培育造血型慈善组织，壮大慈善组织规模；加快社会捐助体系建设，夯实慈善事业基础工作平台；鼓励社会力量积极参与，弘扬慈善文化，开展慈善宣传，促进社会和谐。

（六）促进社会组织健康有序发展

进一步加强社会组织党的建设，努力推进社会组织管理信息化水平。依托电子政务数据交换和信用信息共享平台，及时将社会组织基本登记信息及其变更情况、注销等信息推送给相关部门，努力实现信息横向共享。严格依法对社会组织进行监督管理。加大社会组织执法监察工作力度。加强社会组织的制度建设、激发社会组织活力，促进社会组织有序发展。

（七）做好专项社会事务管理工作

指导各县区管好用好救助资金，全力推进长期滞留的流浪乞讨人员寻亲和安置工作；落实孤儿基本生活保障补助资金的使用管理，推进孤残儿童特殊教育工作；全面完成全市殡葬领域突出问题专项整治工作，确保取得成效；规范开展区划地名工作，完成地名普查成果转化、档案整理及不规范地名清理工作任务。

（八）全面加强民政系统党的建设

认真贯彻落实中央、自治区党委和市委关于全面从严治党的部署要求，深入学习贯彻习近平新时代中国特色社会主义思想，让党的十九大精神和习近平新时代中国特色社会主义思想真正入脑入心，确保在民政领域切实落地、扎根。加强对直属单位落实"三重一大"和"重大事项报告制度"的检查。严格执行中央八项规定，加强和改进党员干部作风建设，加强政风行风建设，组织开展政风行风督察工作。

（九）大力推进民政重点项目建设

大力推进南宁市第二社会福利院、南宁儿童康复中心康复综合大楼、南宁马岭公益性公墓等重点项目建设，全力做好自治区、南宁市2019年为民办实事项目。

B.5
2018~2019年南宁市就业状况分析及展望

文江英 何云仙*

摘　　要： 稳定就业是最大的民生。本报告通过对2018年南宁市就业情况及特点进行分析，指出当前就业存在劳动力供求总量矛盾和就业结构性矛盾并存、企业用工难、创业扶持力度不够等问题，在此基础上对2019年就业形势进行分析和展望，提出实施更加积极的就业政策，统筹促进城乡劳动者就业，加大创业扶持，强化公共就业创业服务，推动就业扶贫工作等对策建议。

关键词： 就业　创业　失业

就业是民生之本，是富裕之源。党的十九大报告指出"要坚持就业优先战略和积极就业政策，实现更高质量和更充分就业"。2018年，南宁市贯彻落实国家、自治区新一轮就业政策，健全全市就业创业体系，促进城乡劳动者更加充分、更高质量、更有热情创业，全市就业形势稳定向好。

一　2018年主要就业情况

（一）就业创业状况

2018年，南宁市实施就业优先战略和更加积极的就业政策，坚持"劳

---

* 文江英，南宁市人力资源和社会保障局就业促进科科长；何云仙，南宁市人力资源和社会保障局就业促进科副主任科员。

动者自主就业、市场调节就业、政府促进就业和鼓励创业"的方针，统筹谋划，多措并举，全市各项就业创业工作顺利开展。全年全市城镇新增就业6.97万人，城镇失业人员再就业1.65万人，就业困难人员就业0.44万人，农村劳动力转移7.13万人，城镇登记失业率控制在2.71%，比控制数4%低1.29个百分点，保持了就业形势的总体稳定。

（二）人才市场供求状况

2018年，通过南宁市人才市场招聘的用人单位人才需求数为202959人，比上年度的156796人增加46163人，增幅29.44%。求职人才数为84476人，比上年度的126162人减少41686人，降幅33.04%。年度人才供求比为0.42（即岗位人才需求数量为1时，求职人才数为0.42），与上年的0.80相比下降0.38。人才需求量大，竞争形势较为平缓。但各种职位间冷热不均，部分职位人才缺口较为明显。

（三）人力市场供求状况

2018年，进入南宁人力资源市场招聘单位累计12561家次，需求人数为126954人次。进场求职人数为53490人次，其中本市求职人员为24318人次，外埠求职人员（市本级以外）为29172人次（其中：市外区内人员为26407人次，区外人员为2765人次）。求人倍率为2.37，比上年同期的1.68上升了0.69，表明平均每100位求职者，市场有237个岗位招聘，与上年相比，求职者进入市场求职时有更多可供挑选的岗位，就业形势稳定，整体供不应求。

（四）高校毕业生就业局势总体保持稳定

2018年，南宁市人才部门深入实施高校毕业生就业促进计划，实现了就业形势持续稳定。2016~2018年，南宁市生源毕业生（含县区）人数分别为31478人、35390人、36098人，毕业生就业率分别为96.57%、98.36%、98.47%，毕业生就业形势总体稳定。

二 2018年就业特点分析

（一）就业形势稳定向好，城镇新增就业整体保持平衡态势

受人口红利影响，2018年初至报告期末新增城镇就业人数6.97万人，比上年同期的7.73万人减少9.83%；年初至报告期末失业人员实现再就业1.65万人，比上年同期的1.93万人减少14.51%；年初至报告期末就业困难人员实现就业0.44万人，比上年同期的0.56万人减少21.43%；城镇登记失业率2.71%，比上年同期的2.63%增长0.08个百分点（见表1），就业形势总体稳定。

表1 2017年和2018年就业情况对比

单位：万人，%

	2018年	2017年	同比增长
城镇新增就业人数（万人）	6.97	7.73	-9.83
失业人员再就业（万人）	1.65	1.93	-14.51
就业困难人员就业（万人）	0.44	0.56	-21.43

（二）区外转移就业主要集中在珠三角，以从事电子加工、机械制造业为主

2018年，南宁市五县七城区农村劳动力向区外转移就业31575人，其中在广东就业27867人、在福建就业590人、在浙江就业493人、在江苏就业393人、在其他地区就业2232人。外出务工人员主要从事电子加工、机械制造业、批发零售贸易业、餐饮业、建筑业、交通运输、邮电通讯及仓储业、农村种植养殖牧渔业等行业。在区外就业薪酬待遇约3100元/月，在市内就业薪酬待遇约2100元/月，在市外区内就业薪酬待遇约1900元/月。

（三）农村劳动力转移呈现自发性为主、转移输出相对集中、年轻化等特点

1. 转移方式自发性为主

2018年，南宁市通过城乡劳动力自发外出63320人，占转移总数的88.81%；通过人社部门组织输出5060人，占转移总数的7.1%；通过其他部门组织输出1517人，占转移总数的4.09%。

2. 转移程度不平衡

主要表现为"两少三多"，既城镇及周边地区外出务工人员少，当地有支柱产业、乡镇企业发达的乡镇外出务工人员少；经济基础相对薄弱的地区外出务工人员多，商品意识浓、信息相对灵通的乡镇、村外出务工人员多，农民收入来源单一、缺少支柱产业的地区外出务工人员多。

3. 转移输出相对集中

南宁市劳动力倾向转移到与广西地缘接近、语言相近的广东地区，2018年转移到广东的人数为27867人，占区外转移人数31575人的88.26%，主要集中在广州、深圳、珠海、东莞和佛山等地。

4. 转移行业呈"体力型"

外出务工人员主要从事手工制造业、建筑业、社会服务业、餐饮业等"体力型"行业，约占85%左右，只有15%左右的外出务工人员从事办公室文秘、经理助理、机械修理、电脑操作等"技能型"行业。

5. 转移人员呈年轻化

在外出人员中，16~35岁的青年人约占80%，绝大多数为初中以上文化程度，其中高中以上文化程度占15%左右，男女性比例为2∶3。

（三）人才需求增幅较大，居民服务和其他服务类需求居首位

2018年，根据南宁市人才市场统计数据，用人单位人才需求数为202959人，增幅29.44%；求职人数为84476人，降幅33.04%。人才需求量处于前三位的行业为居民服务和其他服务，信息传输、计算机服务和软件

业、批发零售业。其中居民服务和其他服务需求数为29913人，信息传输、计算机服务和软件业需求数为24325人，批发零售业需求数为20339人。在27类职位中，排名前三类职位的人才需求总数为74577人，占人才需求总数的36.74%，人才需求类型集中。

求职人员较集中的职位类别列前三位的分别为人力资源/行政类、教师/培训/科研类、市场营销/公关/销售类，其中人力资源/行政类求职人数为13610人、教师/培训/科研类求职人数为8560人、市场营销/公关/销售类求职人数为8270人。这三类人才求职人数达30440人，占求职者总人数的36.03%。

求职人员较集中的专业类别列前三位的分别为教育类、经济学类、计算机科学与技术类，其中教育类求职人数为9630人、经济学类求职人数为9610人、计算机科学与技术类求职人数为9060人。这三类专业的求职人数达28300人，占求职者总人数的33.5%。

（四）第三产业需求最大，用工需求以商业和服务业人员、生产运输设备操作工为主

2018年，根据南宁人力资源市场统计数据，第三产业需求93605人次，所占比重为73.73%，比上年同期的118139人次减少24534人次，下降20.77%。第三产业以服务业为主，提供了大比例的就业岗位，在促进第一、第二产业发展上起到了积极的作用，成为拉动我国经济发展的主力军和吸纳就业的主要渠道。第一产业需求2823人次，所占比重为2.22%，比上年同期的1767人次增加1056人次，增长59.76%。第一产业指以农业为主的各产业，如种植业、林业、畜牧业、水产养殖业等，其岗位需求量增加的原因是南宁市实施积极的就业、扶贫政策和泛北部湾经济圈商贸交流日渐频繁，农业交易量上升带动生产用工需求增长。第二产业需求30526人次，所占比重为24.05%，比上年同期的47247人次减少16721人次，减少35.39%。第二产业主要指加工制造业，体现了我国经济增速放缓的大环境下，企业主动化解产能过剩问题，降成本补短板，按生产需求调控用工量。

商业和服务业人员、生产运输设备操作工是用工需求的主体，所占比重分别为51.13%和29.72%,两者合计占总需求量的80.85%。在求职人员中,人数相对集中的也是商业和服务业、生产运输设备操作这两个职业,所占比重为55.78%和14.55%,两者合计占总求职人数的70.33%。供需匹配保持在一定时期内的稳定状态,常规餐饮服务行业在转型升级的同时,网络消费带来新的经济增长动力,服务行业新兴工种的出现产生了新的用工需求点,如外卖送餐员、淘宝网店客服等。

（五）求职渠道多元化,求职大军仍以中青年为主

2018年,根据南宁人力资源市场统计数据,在所有求职人员中,新成长失业青年、就业转失业人员、其他失业人员是南宁市求职队伍的主体,分别有6040人次、19304人次和16808人次,合计占总求职人数的78.80%。其中,进场求职的新成长失业青年中包含应届高校毕业生1367人次,占新成长失业青年人数的22.63%,占总求职人数的2.56%。应届毕业生进场求职比例不高的主因,一是各种招聘途径增多,部分求职者通过网络应聘工作,减少了到人力资源市场现场求职的次数;二是在创业利好政策的激励下,很多毕业生选择自主创业,通过微商、代购等途径实现初次创业,缓解了毕业生就业问题。

在进场求职总人数中,25岁以上年龄段的求职者占求职总人数的94.25%;本市求职人员为24318人次,占求职总人数的45.46%,市本级以外的外埠求职人员为29172人次,占求职总人数的54.54%。在外埠人员中,市外区内人员为26407人次,占外埠求职人员总数的90.52%,区外人员2765人次,占外埠求职人员总数的9.48%。这反映出随着南宁交通网络的完善,本市及外埠求职人员的流动日趋频繁,外埠流动人员中仍以市外区内人员为主。

三 南宁市就业存在的问题及困难

（一）劳动力供求总量矛盾和就业结构性矛盾同时并存

全市就业总量压力依然存在,就业形态更加多元,就业结构性矛盾持续存在。一方面,企业的用人需求与劳动者的就业意愿不吻合。市场对制造业一线员工的需求比较大,但有意向到这些岗位就业的求职人员偏少。另一方面,企业对劳动者知识技能的要求和劳动者所持有的知识技能之间存在较大差距。企业需要具有实际操作技能和持有特殊工种上岗证的劳动者,而满足条件的劳动者较少,一些有实际操作技能的工人因无技术上岗证达不到应聘要求。随着经济转型升级的推进,劳动力的技能水平和岗位需求不相匹配的结构性矛盾越来越突出,主要表现在两个方面:一是技术技能人才严重短缺,二是部分高校毕业生和低技能劳动者就业困难,随着化解过剩产能、僵尸企业出清等结构调整深入推进,人工智能等新技术的发展,也将对就业带来新的影响和新的挑战。此外,创业带动就业任务繁重,创业环境有待改善;产业发展相对滞后,吸纳劳动力能力有待提高。

(二)企业用工普遍存在招工难、员工流失率高和技术工难招等问题

随着南宁市引进的劳动密集型企业不断增多,对普工的需求量相应增大,当前企业用工普遍存在招工难、员工流失率高和技术工难招等问题。用工企业薪酬相对偏低,劳动强度大,导致人员流动性高,企业在以市场为主导的人力资源配置中缺乏吸引力和竞争性,企业用工长期处于不饱和状态,企业招工难问题依然存在。

(三)创业扶持力度有待增强

一是创业项目库的实际利用率有待提高。项目库的项目资源应随着创业活动的不断活跃和创业成果的不断涌现及时得到补充和更新,供广大创业者参考咨询,但是实际上创业项目库的利用率较低,没有达到创业项目辐射、带动创业的作用。二是农村劳动力创业意识还较为淡薄,创业能力亟待提高,敢于创业的人数偏少,被动的就业谋生型创业居多,主动的发展成长型创业偏少。

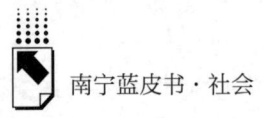

四 2019年就业形势分析及展望

2019年，随着南宁市经济稳中向好，为就业提供了良好的发展环境，同时国家对就业创业政策体系的不断细化完善，将有力地促进劳动者就业创业的积极性。此外，南宁市在全市范围内开展优化营商环境大行动，将有效激发市场主体的活力，为就业创新营造良好的外部环境。

（一）就业形势分析

1. 就业整体形势继续稳定向好

根据2019年南宁市政府工作报告，南宁市经济社会发展主要预期目标是：地区生产总值增长7%以上，财政收入增长6%，固定资产投资增长9%，社会消费品零售总额增长9.5%，规模以上工业增加值增长5.5%，居民人均可支配收入增长8.5%，城镇登记失业率控制在4%以内，城镇新增就业6万人。总体来看，各项经济社会发展预期目标较好，将带动就业形势稳定向好。

2. 劳动年龄人口减少带来用工难

近年来，我国经济发展依赖于人口红利的释放，但最新人口预测显示，未来我国人口增长模式将呈现倒金字塔状，劳动年龄人口数量将呈现下降趋势。在此背景下，南宁市城镇新增就业人数、农村劳动力转移就业人数均呈总体下降趋势。2016~2018年，南宁市城镇新增就业人数分别为7.82万人、7.73万人、6.97万人，南宁市农村劳动力转移就业人数分别为7.27万人、8.11万人、7.13万人。劳动年龄人口的减少、就业需求量的增加，导致少部分企业特别是劳动密集型重点企业用工难，对南宁市经济造成一定程度的影响，预计2019年仍将延续这一趋势。

3. 就业服务创新发展提供更多的就业机会

现有的公共就业服务，主要集中在举办现场招聘会、对企业用工信息进行集中推广推送，侧重于搭建服务平台，让企业与劳动者进行双选，难以有效满足"互联网+"形势下对各类人员提供差异化、精准化服务的需求。目前,市场上涌现出了58同城、赶集网、boss直聘等一系列具备招工用工服务的网站或手机App客户端,既给求职者提供了更及时有效的公共就业服务信息,又能立足求职者需求,提供差异化推荐服务,还兼具便捷性。为更好地服务企业用工及求职者需求,必然要求就业服务创新发展,运用"互联网+"发展就业形态,拓宽就业渠道,助推就业形势稳定向好。

4. 就业创业政策红利将不断得到释放

为了更好地促进就业创业,国家相关部委和各级地方政府密切协作,出台了一系列积极举措。在推进就业与经济社会发展良性互动方面,国家发展改革委等17个部门联合发布《关于大力发展实体经济积极稳定和促进就业的指导意见》,大力发展实体经济,着力稳定和促进就业。在挖掘就业新动能潜力方面,国务院印发《关于推动创新创业高质量发展打造"双创"升级版的意见》,提出提升创业带动就业能力的要求,为加快培育发展新动能、实现更充分就业和经济高质量发展提供坚实保障。南宁市积极贯彻落实《国务院关于做好当前和今后一个时期促进就业工作的若干意见》《广西壮族自治区人民政府关于做好当前和今后一个时期促进就业工作的通知》等一系列就业创业政策,推动政策落地,促进就业稳定。同时,还积极采取降低社保缴费费率、创新创业担保贷款政策等一系列措施,减轻群众创业负担。随着这些政策的逐步推行落实,将有力地激发劳动者就业创业的积极性。

(二)就业趋势展望

1. 适龄劳动人口比例继续下降

受人口自然增长率持续降低、生育率下降等因素影响,南宁市城镇新增就业人数在近年来出现逐年减少的特点。在国家就业创业政策不断出台、就业形态多元化等因素作用下,失业率继续维持在较低水平,城镇登记失业率控制在4%以下。

2. 劳动者就业质量进一步提高

近年来,南宁市通过开展"就业援助月""春风行动""民营企业招聘周""邕城创业行"等就业专项活动,大力推进"岗位拓展计划""创业引领计划""就业服务与援助计划",为高校毕业生、广大农民工、就业困难人员等重点群体,开展职业技能培训、农民工综合培训计划等,南宁市劳动力整体素质和受教育水平不断提高,劳动力逐步由低教育水平向高教育水平过渡和更替,带动了劳动力整体质量的提高,更好地适应了经济结构调整对人才的需要,劳动者就业质量进一步提高。

3.就业困难群体再就业有所增长

根据广西公共就业服务形势统计分析,2019年1~2月,广西失业人员实现再就业和就业困难人员实现就业同比呈增长态势。南宁市各公共就业服务机构实施"就业援助月""春风行动"等专项活动,各地依托粤桂劳务协作机制,通过加强就业创业政策宣传引导、开展多种形式招聘活动、引导农民工返乡创业、开展技能培训、聚焦就业扶贫和加强权益维护等,开展公共就业服务工作,有效促进了失业人员和就业困难人员实现就业。

4.创业创新成为就业增长重要源泉

"大众创业,万众创新",努力搭建创业创新平台,不断完善创业创新支持政策,持续做好创业创新公共服务,催生出一大批新的市场主体,日益成为南宁市创新发展和扩大就业的重要支撑。2018年,全市新发放国家创业担保贷款1102笔9100.8万元。全市共建有创业孵化基地51个,其中2018年新认定创业孵化基地18个,含众创空间型创业孵化基地7个,累计有1000多个企业进驻孵化,累计带动就业人数近万人。创业对于就业的拉动作用明显,成为就业增长重要源泉。

五 2019年促进就业的对策及建议

(一)实施更加积极的就业政策

继续实施就业优先战略和更加积极的就业政策,把稳就业摆在突出的位置,着力解决结构性矛盾,做好重点群体就业创业工作,运用"互联网+"

发展就业形态，促进渠道就业，进一步支持以创业带动就业，实现经济发展与扩大就业良性互动，确保就业形势稳定向好。推动国家、自治区关于做好当前和今后一个时期促进就业工作系列政策文件落实，促进高校毕业生、农民工、退役军人、贫困人员等群体更加充分、更高的质量的就业，更有热情的创业。

（二）统筹促进城乡劳动者就业

坚持把高校毕业生就业放在工作的首位，实现高校毕业生就业稳中有升。坚持城乡统筹，重点做好农村劳动者转移就业工作，实施农民工返乡创业就业扶持政策，引导更多的农村劳动力就地就近转移就业和自主创业。完善就业困难群体的就业援助长效机制。完善和拓展"12333"电话咨询服务热线的功能，扩大就业援助的覆盖面，鼓励就业困难人员自谋职业和灵活就业，推进就业援助长效化、精细化。建立健全城乡一体化的就业失业登记、统计制度，进一步推动公共就业服务均等化。

（三）加大群众创业扶持力度

充分发挥创业带动就业作用，通过开展创业典型宣传、创业事迹宣传活动，推进"邕城创业行"等品牌建设，激发全社会尤其是青年的创业热情；通过落实国家、自治区创业优惠政策，制定出台全市创业扶持政策，重点扶持高校毕业生、农民工等群体创业。通过培育建设创业孵化基地、众创空间等创业服务平台，为创业创新营造良好条件。

（四）强化公共就业创业服务

广泛开展"春风行动""就业援助月""民营企业招聘周"等公共就业服务活动，拓展"互联网＋就业创业"服务平台。完善"城镇15分钟、农村30分钟"公共就业服务圈。探索"互联网＋就业"服务新模式，将经办业务从线下向线上拓展。加强就业创业信息电子数据采集和处理系统的建设与应用。

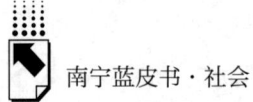

（五）大力推动就业扶贫工作

落实广西、南宁市 2018~2020 年就业扶贫三年行动计划，扎实开展贫困劳动力转移就业、乡村公益性岗位开发、"就业扶贫车间"认定、粤桂扶贫劳务协作等工作，促进贫困群众通过转移就业脱贫。

B.6
2018~2019年南宁市社会保险事业发展状况分析及展望

徐 丽*

摘　要： 本报告介绍了南宁市社会保险的总体现状，梳理了2018年南宁市社会保险领域的突出亮点，包括在全国率先实现零见面申领失业保险金，在全国首创个人医保账户购买商业健康保险线上自由选购平台，创新推进基本医保、大病保险、医疗救助、二次报销"一站式"结算，全面推进社保扶贫政策落地等，同时深度分析当前南宁市社会保险工作面临的形势和困难，提出进一步扩大社会保险覆盖面、拓宽各项社保制度深度广度、加大社保便民服务改革力度、完善智慧风控防控体系、落实社会保险各项优惠政策等系列发展思路和对策。

关键词： 社会保险　智慧社保　社保扶贫

2018年，南宁市坚持以习近平新时代中国特色社会主义思想为指导，深入学习贯彻党的十九大和十九届二中、三中全会精神，全面贯彻习近平总书记视察广西重要讲话精神，按照"兜底线、织密网、建机制"的要求，全面推进南宁市多层次社会保障体系建设，为全市经济社会发展提供强有力的民生保障。

---

* 徐丽，南宁市社会保险事业局办公室科员。

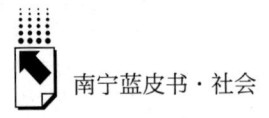

一 2018年南宁市社会保险事业发展状况

(一) 2018年南宁市社会保险基本情况

社会保险包括基本养老保险、基本医疗保险、工伤保险、失业保险和生育保险。

1. 全面超额完成社会保险参保征缴工作目标任务

截至2018年底南宁市社会保险参保总人次1250.65万,完成年度目标任务1193.8万人次的104.76%;其中:基本养老保险、城镇基本医疗保险和工伤、失业和生育保险分别参保369.41万人(职工养老保险149.10万人,居民养老保险220.31万人)、695.85万人(职工医保110.90万人,居民医保584.95万人)、66.05万人、58.01万人、61.33万人,分别完成目标任务352.3万人、665万人、62万人、56万人、58.5万人的104.86%、104.64%、106.53%、103.59%、104.84%。各项社会保险基金总体收入279.92亿元,同比增长20.21%,各项社会保险费征缴收入205.50亿元,同比增长18.63%;其中,城镇社保"五险"征缴收入149.83亿元,完成年度目标任务123.9亿元的120.93%,上年同期增长17.41%(城镇企业职工基本养老、城镇职工基本医疗、工伤、失业和生育保险征缴收入分别为97.47亿元、41.50亿元、3.06亿元、3.79亿元、4.00亿元,分别完成目标任务84亿元、34亿元、1.1亿、2.6亿、2.2亿元的116.04%、122.06%、278.18%、145.77%、181.82%),机关事业单位基本养老保险费征缴41.17亿元,城乡居民基本养老保险费征缴2.22亿元,城乡居民医疗保险费征缴12.28亿元。

2018年南宁市基本养老保险覆盖率达到94.50%以上、基本医疗保险覆盖率达到98.25%以上,基本实现基本养老保险和基本医疗保险"制度全覆盖"及"人员全覆盖"。

2. 积极落实自治区为民办实事项目

(1) 自治区社保惠民工程——城乡居民基本养老保险项目:截至2018

年12月31日，全市220.31万人参加城乡居民基本养老保险，参保率97.72%；全年累计为800.57万人符合条件的居民按时足额发放基础养老保险金，发放率100%，发放金额90982.37万元；累计为19937名符合条件的人员发放丧葬补助金，发放金额1071.39万元。

（2）自治区健康惠民工程——城乡居民基本医疗保险项目：截至2018年12月31日，南宁市城乡居民基本医疗保险参保缴费人数584.95万人，完成自治区任务数565万人的103.53%。

（二）创新服务手段，打通智慧社保经办通道

1. 首创手机"刷脸"申领失业保险待遇，在全国率先实现失业保险金申领"零材料""零跑腿""零见面"

2018年4月26日，南宁市依托"南宁智慧社保"App，创新推出手机"刷脸"申领失业保险待遇服务，在全国率先实现失业人员"零材料""零跑腿""零见面"办理资格审核、待遇申办、待遇领取等事项。预计南宁市每年将减少群众办事材料6万多份，截至2018年12月底，南宁市已有1105名失业人员通过手机App刷脸成功申领失业保险待遇，占当期申报人员的20.08%。《人民日报》对此进行专题报道，并迅速被国家人社部官网、人民网、央广网、新浪网、搜狐网等转载。2018年6月7日，南宁市作为唯一经验介绍代表在全国失业保险经办工作座谈会做交流发言，创新做法得到人社部失业司高度肯定并向全国推广。

2. 深化职工医保"家庭共享"政策，在全国首创个人医保账户购买商业健康保险线上自由选购平台

在2017年率先实施职工医保个人账户"家庭共享"结算医疗费用的基础上，2018年6月1日再推新政，允许职工医保个人账户资金为本人及家庭成员购买商业健康保险和缴纳医保费。为增加群众选择自主性和企业参与公平性，还突破外地普遍指定选购1~2种产品的做法，鼓励各保险公司提供医疗费用补充报销、重大疾病、意外伤害等健康保险产品，让参保群众在"爱南宁App"线上自由选购，真正为职工家庭构筑起包括医保目录外费用

报销、住院津贴等多层面的"立体医保"体系。截至2018年12月底,全市职工个人账户购买商业健康保险共成交2452单,个人账户支出保险费51.49万元。共有2894人为自己或家人代缴了基本医疗保险费,合计3758人次,合计金额157.5万元。

3. 打破人社与民政壁垒,创新推进基本医保、大病保险、医疗救助、二次报销"一站式"结算

为更好落实南宁市在全区率先出台的城乡居民医保"二次报销"政策,南宁市社会保险事业局与民政部门主动打破部门壁垒,将原有的"一站式"结算平台与医疗救助信息联通,拓展打造"基本医保+大病保险+医疗救助+二次报销"综合性"一站式"即时结算平台。综合性"一站式"平台从2018年9月1日正式上线,截至12月底,已为建档立卡贫困人口即时结算医疗总费用约15.01万笔,费用合计约21101.49万元。其中基本医疗保险支付约15191.97万元,大病保险支付约1767.32万元,医疗救助支付约595.20万元,再报销支付约843.26万元,合计为建档立卡贫困人口报销医疗费用18397.75万元。全市农村建档立卡贫困人口由此告别过去"提着材料多头跑、跑了救助跑医保"的历史,迎来放心就医、便捷结算的新体验。

4. 升级失业保险经办服务,创新推出手机"刷脸"申领提升职业技能补贴

为更好服务企业参保职工申领提升职业技能补贴,解决企业职工申领补贴存在的"上班时间没时间办事,休息时间没地方办事"突出矛盾问题,南宁市依托"南宁智慧社保"App,在全区率先推出手机"刷脸"申领失业保险提升职业技能补贴,让企业职工足不出户实现"随时申领""快速获批"。自2018年9月18日南宁市社保局推出该项服务以来至12月底,全市已有454人通过手机"刷脸"申领提升职业技能补贴,占当期申报人员的42.75%。

(三)立足民生保障,全面落实各项社会保险政策

1. 立足让每一个群众享有社会保障,全面夯实社保制度体系

贯彻落实南宁市新出台的《南宁市被征地农民参加基本养老保险实施

办法》，截至2018年12月底，已助推全市5.44万名被征地农民"老有所养"；严格落实建筑企业"按项目参加工伤保险"，截至2018年12月底，全市1890个建筑项目参保，为4.74万名农民工缴纳工伤保险2.33亿元；贯彻执行南宁市在全国率先出台的"就业扶贫车间"从业人员参加工伤保险政策，为建档立卡贫困人口"在家门口"就业脱贫提供坚强保障。全面实施全民参保计划，依托社保信息管理系统与工商行政管理系统有关数据模块互联共享，对未参保登记缴费单位进行精准识别并依法催缴。截至2018年12月底，已有1474家单位到社保经办机构办理参保登记缴费手续，并对识别出的5.7万多家未参保登记缴费单位持续督促参保。加快社保关系转移接续进度，2018年1~12月共为7.35万人次转移接续社保关系，业务量居全区首位。

2. 立足为每一家企业减轻用工成本，全面落实社保减负政策

按照国家、自治区等有关规定，结合《南宁市人民政府关于调整南宁市社会保险费率的通知》（南府规〔2018〕25号）文件精神，严格落实降低社会保险费率政策，从2018年5月1日起南宁市企业承担的社会保险费率降至22.35%~27.35%，与上一阶段降费率相比，减少了0.5个百分点，结合上一阶段（2016年5月至2018年4月）社保降费率政策，2018年1~12月共为3.3万多家企业降低社会保险成本11.34亿元，涉及企业职工81.29万人。

继续执行失业保险稳岗补贴政策，对上年度采取有效措施尽量不裁员或少裁员，稳定用工岗位的企业，通过失业保险基金支出发放稳岗补贴。2018年1~12月，共为3299家企业发放失业保险稳岗补贴5283.63万元，涉及企业职工26.59万人。

此外，为进一步缓解定点医疗机构资金运行压力，南宁市社会保险事业局创新实行周转金协议管理，在实行付费总额控制的基础上，对定点医疗机构中的公立医疗机构、基层医疗卫生机构，采取年初预拨、年终返还清算的形式。2018年共与238家定点医疗机构（其中市本级定点医疗机构135家，五县及武鸣区定点医疗机构103家）签订周转金服务协议，共计拨付2018

年基本医疗保险周转金4.07亿元。

3. 立足让每一个群众共享改革发展成果，全面提高社保待遇水平

全力落实退休人员养老保险待遇。2018年，南宁市企业退休人员养老金实现"十四连涨"，月人均增加130.08元，达到每月2328.36元；截至2018年12月底，南宁市完成机关事业单位养老保险改革后退休人员养老金重新核发8597人，并实现职业年金和基本养老保险待遇同步发放，完成核发率88.71%，除部分政策原因外核发率100%，完成核发率居全区各地市首位。

全力提高参保群众医疗保险待遇。南宁市居民医保、职工医保年度最高限额分别提高到66.99万元、84.01万元，城乡居民大病保险年度起付线由1.5万元统一调低到7000元；拓宽职工医保门诊特殊慢性病种范围，从21个扩大到29个；积极推进按病种收付费改革，127个付费病种全部纳入医保结算范围，按病种收付费共结算6874人次，涉及69个病种，结算医疗费用共计5638.28万元，其中统筹基金支付3596.03万元；率先探索社会保险基金先行支付工作，确保职工在第三方责任人逃逸或拒付等特殊困难情况下，也能及时享受基本医保或工伤救济，截至2018年12月，已按操作程序支付2人，合计支付金额76.37万元。

此外，按规定将全市失业保险金提高至每月1344元~1646元，一次性工亡补助金提高到每人72.79万元，生育保险人均待遇达到9725.7元。1~12月，全市市本级共为369.69万参保群众发放各类社保待遇139.49亿元。

4. 立足防范每一笔社保基金跑冒滴漏，全面强化社保监管措施

始终强化实地监管，确保全程监管"不留空档"。对748家定点医药机构随机抽查，停止2家、终止2家定点医院服务协议，停止2家定点医院住院服务资格，拒付28家定点医院违规金额311.66万元，暂停18名医保医师服务资格，停止23家，终止8家定点药店服务协议；通过实地稽核、签订延期缴费协议等措施，继续做好有关单位应缴未缴社会保险欠费的征缴和清理工作。

不断加强电子监控，确保多维监管"不留死角"。进一步发挥"智慧医保"平台作用，将监控手段从事后监管向事前提示、事中预警推进，实行

对每一笔医疗费用电子分析、对每一次医疗行为实时监控。审核全市医疗费用68.49亿元,系统自动筛查出"疑似违规"费用1.78亿元,辅助提示医院整改涉及费用723.52万元,辅助查实违规并拒付费用330.63万元。

5. 立足全面建成小康不让一人掉队,全面推进社保扶贫政策落地

积极落实缴费补助政策,推动农村建档立卡贫困人员"应保尽保"。截至2018年12月底,南宁市符合条件参加城乡居民基本养老保险的建档立卡贫困人口44.34万人(含2014、2015年退出户),实现100%参保。符合条件参加城乡居民基本医疗保险的62.1万名(含2014、2015年退出户)建档立卡贫困人员100%参保。积极落实医保倾斜政策,全面取消贫困人口住院起付标准,对其住院报销比例提高5%,大病保险起付线降低50%。农村建档立卡贫困人口就医(包括普通门诊、门诊特殊慢性病、住院)结算38.75万人次,涉及医疗费用5.28亿元,基本医疗保险统筹基金支付3.79亿元,大病保险支付3823.26万元。经基本医疗保险、大病保险报销后门诊特殊慢性病平均报销比例达77.45%,住院平均报销比例达79.96%。在全区率先出台针对贫困人口和深度贫困人口的"二次报销"政策,2018年共为贫困人口再减少医疗费用负担2374.24万元。

6. 立足让服务对象方便快捷办结业务,全面提升社保便民服务水平

积极推动"一事通办"改革,编制完成9大项15个子项社保公共服务事项"一事通办"改革清单,其中14项已实现"零跑腿"及"最多跑一次",并已全部实现可通过广西一体化网上政务服务平台进行网上受理。深入推进"减证便民"专项行动,清理各类无谓证明,可通过自治区人社数据共享平台查询的出生证明、死亡证明、户籍信息、社会信用代码等材料,群众无须重复提供,按工作要求,共精简对外服务事项办事材料225项,精简率达38.93%,超过自治区人社厅要求办事材料精简率超过30%的工作要求。积极推进各项社保业务"网上办",截至2018年12月底,南宁市本级累计有3.2万家,月均有1万多家参保单位选择网上办理人员增减、基数申报等社保业务,全局92项对外服务事项中,已有45项通过人社服务大厅、"南宁智慧人社"App、"爱南宁"App、"南宁人社"微信公众号渠道实现

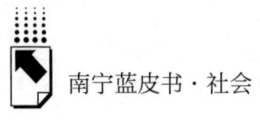

网上办，网上办事率达48%。

全面取消养老保险待遇资格集中认证，开通跨省异地就医住院费用直接结算定点医疗机构扩大至256家（含区本级跨省定点65家），覆盖全市、县两级公立医疗机构，并向有异地就医需求人员多的乡镇级公立医疗机构延伸。总体上，南宁市内有床位的基本医疗保险定点医疗机构已全部纳入跨省异地就医直接结算服务范围。按照统一部署，严格执行南宁市便民事项双休日轮班办理工作制度，2018年9月至12月底，双休日共为群众办理社保业务393笔。

二 南宁市社会保险事业面临的问题和困难

（一）部分群体尚未实现"应保尽保"

由于制度还不够完善，还有部分应保的人群尚未纳入参保范围，许多职业人群特别是民营、私营企业或中小微企业员工、个体工商户、农民工、灵活就业人员和快递业、外卖业、代办服务等新业态从业人员群体参保率较低；社会保障体系在增强公平性、适应流动性、保证可持续性方面有待进一步加强。

（二）社保基金支付压力日益加大

随着南宁市人口老龄化加剧、社会保障范围和力度不断增大，加上社保待遇水平稳步提高以及社保缴费费率调整等重大改革措施持续实施，各项社会保险基金支付压力加大，基金平衡压力日益突出，如退休人员增加，基本养老金水平不断调整，养老保险基金支出增加，全面放开"二孩"政策实施后，生育保险领取待遇人次连创新高，生育保险基金支出进一步增加。

（三）社保精准脱贫工作面临挑战

随着精准脱贫工作进入攻坚期，在脱贫摘帽考核指标进一步细化的形势下，社保精准脱贫工作面临的挑战更加凸显，主要表现在：建档立卡贫困人口底数大，有些社保扶贫的信息统计涉及人群多，部门间信息系统平台不统一、不联通、统计口径不一致导致信息比对不及时不精准，影响精准脱贫的"精度"和时效。根据上级下发文件相关考核指标的要求，由于基层贫困人口流动性大，情况复杂，引导贫困人口全员积极参保、稳定参保续保存在一定困难；受经济下行影响，各县区政府财政兜底机制不够健全，财政兜底进度不平衡，力度仍需加大。

三 2019年南宁市社会保险事业发展的思路与对策

（一）以推动法定人群"应保尽保"为立足点，进一步扩大社会保险覆盖面

推动建立全民参保长效机制，进行动态管理和长效管理，通过"大数据"筛选比对，摸清扩面参保底数，定向开展扩面工作，重点将城镇新生劳动力、进城务工农民、城镇化进程中新增适龄劳动力以及各类灵活就业人员纳入参保范围，引导符合条件的城乡居民积极参保、长期参保，为实现应保尽保创造条件，促进法定人群"应保尽保"。通过增加参保缴费人数，进一步增加基金收入和基金积累，进一步提高抵御风险能力。

（二）以夯实社会保险保障体系为关键点，进一步拓宽各项社保制度深度广度

进一步完善多层次医疗保障体系，落实好增加职工大额医疗统筹支付范围、推行门诊特殊慢性病网上评审和取药"处方共享"政策，并将日间手术纳入按病种付费范围，进一步降低群众看病就医负担；进一步完善退休人员管理服务体系，推进人社、公安、卫计、民政等部门的数据互联共享，进一步拓宽养老保险待遇资格认证渠道。并在完善企业退休人员社会化管理服务的基础上，探索创新将机关事业单位退休人员纳入退休人员社会化管理服务

范围，实现机关、企事业单位退休人员养老金发放社会化发放和社会化管理服务的"双并轨"，从而进一步保障和提高南宁市退休人员晚年的生活质量。

（三）以创新打造南宁市社会保险公共服务平台为突破点，进一步加大社保便民服务改革力度

以社保"一门式"经办服务改革为抓手，依托南宁"智慧人社"项目建设，全面整合社保线上线下服务资源和分散在县区的资源，统一经办模式、经办系统和经办流程，全力构建全市统一的社会保险公共服务平台，形成全市社保"一张网"，实现人社业务"不进门，网上办；进一门，一窗办；简便事，自助办"，努力为人民群众提供优质、高效、便捷的服务，进一步为全区、全国统一社会保险公共服务平台打下坚实基础。进一步拓宽灵活就业人员缴纳社会保险费渠道，推出就业社保便民服务终端机二维码扫码缴纳社会保险费；同时，探索与税务部门合力共建社会保险费便捷缴费平台，通过互设服务窗口、互联手机App缴费数据接口等线下线上服务方式，进一步为参保单位和群众提供方便快捷、形式多样的缴费途径。

（四）以防范社保基金"跑冒滴漏"为根本点，进一步完善智慧风控防控体系

进一步完善"智慧医保"智能监控平台功能，扩大使用事前事中审核模块的医院范围，强化医疗费用定期分析预警，科学化评价、精细化考核的效果。依托"智慧人社"项目建设和新构建的社会保险公共服务平台，通过规则互斥和信息共享等手段，全面升级社保经办风险防控体系，有效防止同时领取失业保险待遇和养老保险待遇等多领、冒领社会保险待遇行为的发生，从源头上防范社保基金"跑冒滴漏"，筑牢社保基金安全制度。

（五）以推动企业"降本减负"为出发点，进一步落实社会保险优惠政策

按照国家和自治区的部署，继续落实好阶段性降低社会保险费率政策，

重点落实好对自治区级及以上产业园区内符合条件的工业企业,由财政部门按其缴纳的企业职工基本养老保险单位缴费比例的5%给予补贴政策,促进企业参保缴费;继续实施发放稳定就业岗位补贴、失业保险支持提升技能补贴等补贴措施,全面促进企业"降本减负"。同时,继续允许经营困难企业缓交社会保险费,减轻经营困难企业的经营压力。

(六)以确保贫困人口充分享有社会保障为落脚点,进一步强化社保扶贫各项政策落实

指导各县区对2014、2015年退出户参保情况进行排查,并根据实际情况制定相应的解决措施,确保符合条件的农村建档立卡贫困人口100%参加社会保险;督促县区落实好医保倾斜政策和"二次报销"政策,进一步完善医保报销民政救助综合式"一站式"结算平台建设,全力减轻建档立卡贫困人口看病就医负担,并提供更加优质便捷的医保服务。

B.7
2018～2019年南宁市扶贫事业发展状况分析及展望

谭 伟*

摘 要： 2018年，南宁市脱贫攻坚工作坚持高位推动、压实责任、精准施策、凝聚合力，决战决胜态势全面形成，脱贫攻坚工作取得阶段性成效。本报告分析了南宁市脱贫攻坚工作的工作亮点，总结出凝聚共识、党建领航、选拔干部、"一体双建"等多条"南宁经验"，并在深入分析脱贫攻坚工作尚存在的问题基础上，提出2019年要构建专项扶贫、行业扶贫、社会扶贫互为补充的大扶贫格局，确保南宁市脱贫攻坚战役取得最终胜利。

关键词： 脱贫攻坚 精准扶贫 大扶贫格局

2018年以来，南宁市深入学习贯彻习近平总书记关于扶贫工作重要论述和视察广西重要讲话精神，贯彻落实中央和自治区决策部署，始终坚持把精准脱贫作为当前最大的政治责任、最大的民生工程、最大的发展机遇，按照"核心是精准、关键在落实、确保可持续"的要求，坚持"六个精准"①，强化措施、压实责任，全市脱贫攻坚合力持续凝聚，决战决胜态势全面形成，脱贫攻坚工作取得了阶段性成效。

---

* 谭伟，南宁市扶贫开发办公室综合科副科长。
① "六个精准"是指扶贫对象精准、措施到户精准、项目安排精准、资金使用精准、因村派人精准、脱贫成效精准。

一 2018年南宁市脱贫攻坚工作基本情况

南宁市辖12个县（区），总面积22112平方公里，全市总人口约770万人，有马山县、隆安县、上林县三个国家扶贫开发工作重点县，邕宁区一个自治区扶贫开发工作重点县（区），共有421个贫困村。2015年底，通过开展精准识别工作，全市共有406466名贫困人口，10.9万贫困户，贫困发生率9.33%。2018年，全市共减少贫困人口105608人，104个贫困村实现摘帽。截至2018年底，全市剩余贫困人口112183人，贫困村112个，贫困发生率下降至2.57%。2019年是南宁市决战决胜脱贫攻坚的关键之年，年度脱贫攻坚目标任务为：计划实现上林、马山、隆安3个贫困县摘帽，101个贫困村摘帽，5.97万贫困人口脱贫。

二 脱贫攻坚主要工作措施和成效

（一）提高政治站位，强化组织领导，始终坚持高位推动责任落实

一是压紧压实责任。认真贯彻党中央确定的"中央统筹、省负总责、市县抓落实"的工作机制和党政"一把手"负总责的领导责任制，坚持市、县、乡、村四级书记齐抓扶贫，压实压紧各级党委、政府抓脱贫攻坚的主体责任，严格落实"一把手"负总责的脱贫攻坚责任制，各级班子中的分管领导担起直接领导责任，其他成员按照职责分工协同抓好脱贫攻坚工作落实。强化政治担当，市委领导带头啃"最硬的骨头"，市委主要领导挂点联系深度贫困县马山县，市政府主要领导挂点联系深度贫困乡都结乡。在市委班子的带动下，37名厅级干部挂点联系56个深度贫困村。目前，南宁市形成了市四家班子主要领导包抓扶贫开发工作重点县（区），其他厅级干部分别包抓2~3个乡镇（覆盖全市有扶贫任务的100个乡镇）、联系1~3个深度贫困村的脱贫攻坚责任体系，确保第一时间了解掌握脱贫攻坚工作中的各

种困难和问题,并及时给予解决。同时,不断强化县级主体责任,实行责任、权力、资金、任务"四到县"制度,层层签订年度《脱贫摘帽承诺书》。严格落实中央要求,坚持把贫困县党政正职"不脱贫不调整、不摘帽不调离"作为一条铁的纪律来执行,保持贫困县党政正职稳定。

二是强化精准施策。结合南宁市实际,有针对性地出台政策和采取有力措施,建立了"1+10"扶贫政策体系,精准发力、精准滴灌,并随着脱贫攻坚不断深入,对教育扶贫、健康扶贫、危旧房改造、易地扶贫搬迁、扶贫小额信贷等方面脱贫攻坚实施方案进行调整完善,推出更具南宁特色、更有"含金量"的政策措施。

三是强力统筹协调。市委严格按照习近平总书记提出的"发挥党委统揽全局、协调各方的作用"要求,积极调动各种资源力量,推动脱贫攻坚的目标确定、项目下达、资金投放、组织动员、监督考核等工作顺利开展。2018年4月,市委专门成立了市脱贫攻坚战前线指挥部,推动指挥前移、力量下沉,解决县(区)脱贫攻坚机制运行不畅、政策落实有偏差、工作推动缓慢等问题,实现脱贫攻坚工作推进更加有效、有力。在资金筹措方面,2018年全市各级财政共筹措扶贫资金27.31亿元,主要用于农村基础设施建设、产业发展、公共服务保障、危旧房改造等,有力推动了脱贫攻坚工作。同时,有效统筹资源,推动以强扶弱,实施中心城区、开发区对口帮扶马山、上林、隆安和邕宁区4个重点县(区)活动,推动先富带动后富。

(二)聚焦精准发力,因地制宜施策,大力实施"七个一批"① "七大工程"②

实施"七个一批":2018年,产业扶贫方面,整合产业扶持资金2.59

---

① "七个一批"是指大力培育扶贫产业,发展生产脱贫一批;健全公共就业服务体系,转移就业脱贫一批;有序推进扶贫移民,异地搬迁脱贫一批;加大贫困地区生态保护,生态补偿脱贫一批;深入实施教育精准扶贫,发展教育脱贫一批;完善医疗卫生服务,医疗救助脱贫一批;落实最低生活保障制度,社会保障兜底脱贫一批。
② 基础建设"七大工程"是指实施脱贫攻坚道路硬化、安全用水、安全用电、危房改造、"互联网+"扶贫、村庄环境建设、文化设施建设。

亿元，安排市财政补助资金1.58亿元用于建设250个贫困村特色产业扶贫示范园项目；南宁·茂名产业扶贫招商合同投资总额2.07亿元；培育新型经营主体3456个，带动37457户贫困户发展特色产业，推广产业扶贫创新典型90例。转移就业方面，建档立卡贫困户劳动力职业培训5613人，召开贫困劳动力专场招聘会100场，通过专场招聘会促进贫困劳动力转移就业9861人次；组织农业技术培训1626场次，培训农民16.61万人次。易地扶贫搬迁方面，2016年、2017年、2018年项目共搬迁入住62302人，搬迁入住率100%。生态补偿方面，完成2672名生态保护人员聘任工作，共计发放补助资金1425.75万元。教育扶持方面，资助建档立卡贫困学生23.58万人次，资助2.01亿元。农村义务教育学生营养改善计划年内受益学生约为42万人，统筹安排市区内29所市级义务教育阶段学校与县（区）级的35所学校结成帮扶对子；2018年全市共成功劝返辍学学生4900人，其中建档立卡贫困户子女898人。医疗救助方面，2018年9月1日起，市城乡医疗救助结算系统、社保结算系统并轨运行，实现了建档立卡贫困人口"一站式"即时结算14.98万笔（含普通门诊、门诊特殊慢性病、住院，其中门诊特殊慢性病及住院合计6.18万笔），涉及医疗费用2.08亿元；医疗救助建档立卡贫困人口25252人次，救助金额1679.6万元。城乡居民基本医疗比例、基本养老比例、贫困人口住院报销比例、慢性病诊疗报销比例全部达标。社会保障方面，全市农村低保对象98615人，其中建档立卡贫困人口60784人；为661名建档立卡贫困人口发放临时救助95.5万元。从2018年7月1日起，各县（区）农村低保标准提高到每人每年3800元。

实施"七大工程"：实施道路硬化工程，建设贫困村通屯道路256条337.768公里，全市已实现所有行政村通村道路硬化、贫困村20户以上自然村（屯）通硬化路。实施安全用水工程，建设农村饮水安全巩固提升工程332处，巩固提升受益人口31.13万人。实施安全用电工程，完成贫困地区电网改造升级工程276个，着力解决台区重过载、低电压等问题，提前两年实现全部行政村通动力电、贫困户100%通生活用电；农村供电可靠率99.77%、电压合格率98.2%，优于国家新一轮农村电网升级目标要求。全市28个易地扶贫搬迁点外部电网配套工程均已完成。实施危房改造工程，危房改造工程7038户全部开工建设，完工4904户，预脱贫户863户全部竣工入住。实施"互联网+"扶贫工程，全市已建成县级电商服务中心6个，农村电商产业园7个，完成村级服务点（体验店）约1800个，有效解决部分山区贫困户小额农产品销售问题。实施村庄环境建设工程，实现421个贫困村生活污水处理设施建设率100%，全市完成改厕项目12.07万个、改厨项目11.91万个。实施文化设施建设工程，实施贫困村有线电视村村通工程53个，全市421个贫困村将实现有线电视信号全覆盖。

（三）凝聚攻坚合力，攻克重点难点，务求"标靶"精确逐个击破

1. 抓深度贫困村

2018年3月9日，在马山县组织召开的全市2018年深度贫困地区脱贫攻坚推进大会，要求市、县、乡、村四级书记扑身脱贫攻坚战一线，对深度贫困地区脱贫攻坚工作进行再动员、再部署，全力破解深度贫困难题。根据南宁市深度贫困地区实际，37名副厅级以上领导挂点联系56个深度贫困村，选派56名优秀科级干部到深度贫困村担任第一书记，协调62家龙头企业结对帮扶56个深度贫困村，广西中烟公司帮扶深度贫困县马山县，华润集团帮扶深度贫困乡隆安县都结乡。市财政按每个深度贫困村补助100万~150万元的标准安排6300万元资金用于56个深度贫困村的产业扶贫项目。出台政策重点支持深度贫困县马山县，2018~2020年，市财政连续3年每年支持马山县脱贫攻坚资金8000万元；选派2名处级干部到马山县挂任副县长（任期2年），选派14名科级干部到马山县相关单位挂职，组建卫生计生、教育教学、特色产业科技人才三支帮扶队伍共计124人到马山县开展帮扶工作；在已协调4家市管国有企业的基础上，再协调9家市管国有企业与马山县14个深度贫困村结对帮扶，确保马山县如期脱贫摘帽。

2. 抓产业扶贫

全面落实"5+2""3+1"特色产业发展，因户施策选准产业，在充分尊重贫困户意愿的基础上，通过科学规划扶持产业；完善扶贫产业"以奖

代补"实施方案,切实为贫困户增加收入,提高扶贫产业贫困户参与度。2018年南宁市第一批贫困村特色产业扶贫示范园补助资金1.58亿元,建设项目266个。指导各县(区)用好用活中央和自治区财政专项扶贫资金,集中投向深度贫困地区集中连片点发展产业,重点投入香樟、桑蚕、晚熟柑橘和贫困村"3+1"特色产业的规模发展。各县(区)利用2018年中央、自治区切块到县(区)的财政专项扶贫资金发展种植项目9.8万亩、家禽养殖110.06万羽、家畜养殖6.41万头、水产养殖约109.53万公斤。全市脱贫村(含2018年脱贫村)产业覆盖率均达到80%以上(无劳动能力或主要劳动力长期外出务工的贫困户除外),2018年104个预脱贫村产业覆盖率达到80%以上,每个村培育致富带头人3人以上;贫困县(区)均建成了1家以上特色现代农业(林业)示范区,引进培育农业龙头企业3家以上;认定就业扶贫车间99家,吸纳农村劳动力9427人,其中建档立卡贫困劳动力1179人;实现已脱贫户和预脱贫户均有1项以上增收产业或1门以上增收技能。

3. 抓易地扶贫搬迁

原则上市委、市政府每旬组织召开一次易地扶贫搬迁专题会,移民搬迁专责小组每旬召开一次小组例会,常态化研究、部署、推进易地扶贫搬迁工作。2016年、2017年、2018年项目建设竣工率和搬迁入住率均达到100%。南宁市易地扶贫搬迁工作项目建设、搬迁入住及综合排名等指标全面完成任务。市委还将解决易地扶贫搬迁集中安置区可持续发展作为年度重大改革课题进行深入研究,制定出台了《南宁市关于促进隆安县易地扶贫搬迁震东集中安置区可持续发展实施方案》,从土地资金、产业发展、组织建设、社会治理、社会保障等11个方面给予政策支持。

4. 抓村级集体经济

成立南宁市发展壮大村级集体经济工作领导小组,并于2018年1月在邕宁区召开南宁市特色产业扶贫暨壮大村级集体经济现场推进会,明确"3+N"产业发展模式,切实推动扶贫产业发展助推村级集体经济壮大。建立每旬一报制度,实行动态管理、跟踪问效,建立"一村一档"台账,通过对合同协议、流水清单等材料进行分析，实施挂图作战，具体掌握每个村集体经济项目运营情况。全市2018年104个预脱贫摘帽村村级集体经济收入全部达3万元以上，其中，达5万元以上的57个；全市421个贫困村村级集体经济收入达3万元以上的418个，达5万元以上的239个。

5. 抓精准帮扶

一是精准选派干部。在建立市领导挂点联系制度的基础上，充分发挥272个定点帮扶或派出第一书记单位的后盾作用，精准选派3656名帮扶干部驻村入户开展工作（其中，工作队长12名、工作分队长102名、第一书记421名、工作队员3121名），40833名"一帮一联"① 干部联系帮扶109432户贫困户，派出294名科技特派员（其中31名派驻深度贫困县马山县）和67名卫计系统业务骨干（其中30名派驻深度贫困县马山县）深入乡镇、村屯开展帮扶工作。全市共配备市、县、乡、村四级信息员3160名，档案员3098名，确保每个贫困村配备1名专职扶贫信息员、非贫困村有兼职信息员。二是深化粤桂协作。建立两地联席会议制度和互访制度，高位推动工作落实。2018年，南宁、茂名两市共开展人才交流414人次，广东省及茂名市共分3批次向南宁市援助财政帮扶资金8490万元用于上林县、马山县、隆安县的产业扶贫、基础设施和新农村建设等类别的15个项目。签订劳务合作框架协议，帮助建档立卡贫困家庭劳动力4448人实现转移就业。依托粤桂扶贫协作，在上林县大力实施"两培两带两促"② 六大行动，创新致富带头人培育模式，并形成了在全国可复制推广的试点经验。

6. 抓党建促脱贫

坚持和加强对脱贫攻坚工作的全面领导，切实从管党治党责任担当的政治高度，强化党委统筹和精准施策，确保脱贫攻坚工作落地见效。严格落实"一把手"责任，书记抓、抓书记，一级抓一级，层层落实脱贫攻坚责任。以队伍素质提升为着力点，对全市421名贫困村第一书记、1547名村（农

---

① "一帮一联"指一名副科级以上领导干部帮扶一名农村党员贫困户、联系一个致富示范户。

② "两培两带两促"行动是指培育创业致富带头人，培育扶贫产业；带动贫困户增收脱贫，带动贫困村提升发展；促进本土人才回引创业，促进农村基层党建。

村社区）党组织书记和各级扶贫干部进行全员培训，共计培训2088人次；年内共组织8个批次447人次参加中组部、自治区党委组织部开展的基层扶贫干部培训。编印应知应会知识"口袋书"共20000册，分发给村干部，督促村干部进一步加强学习，提升水平，强化担当。通过全员培训、学习，切实提高全市扶贫干部队伍和基层党员的综合素质，有效提高了农村基层党组织战斗力和服务水平。同时，加强作风建设，按照国务院、自治区关于开展脱贫攻坚作风建设年的工作部署，印发《关于开展扶贫领域作风问题专项治理实施方案》，召开3次扶贫领域腐败和作风问题专项治理联席会、脱贫攻坚作风建设年推进会等会议，深入乡镇、村屯开展调研，推动扶贫领域作风专项整治向纵深推进。

三 南宁市脱贫攻坚工作亮点

南宁市将脱贫攻坚各项工作抓实、抓好、抓出成效，贡献"南宁智慧"，探索"南宁经验"，积极打造南宁脱贫攻坚工作亮点及工作品牌。2018年12月11日，中共中央政治局常委、全国政协主席汪洋在参加自治区成立60周年大庆活动期间，特别指出"南宁市的扶贫也是有品牌的"，给予南宁市脱贫攻坚工作高度肯定和认可。

（一）高位推动，尽锐出战，凝聚共识形成攻克深度贫困堡垒新火力

以深度贫困地区为主战场，市委书记挂点帮扶深度贫困县、市长挂点帮扶深度贫困乡、其他37名副厅级领导每人挂点帮扶1~3个深度贫困村，并且通过组织上直接点将，从市直单位择优遴选63名优秀干部到3个贫困县和56个深度贫困村历练或担任第一书记。协调62家龙头企业与56个深度贫困村结对帮扶，并从市属国企选派66名第一书记和工作队员驻村工作，选派14名国企联络员到马山县深度贫困村驻点帮扶。全市共选派124名专业干部和技术人才到深度贫困县马山县助推脱贫攻坚，

在最穷地方使最大力气、上最强的队伍，坚决打赢脱贫攻坚战。进一步发挥民主党派智力密集、人才荟萃、联系广泛的优势，共选派8名优秀年轻党外干部（其中副处2名、正科5名、科员1名）脱产参与全市脱贫攻坚工作。

（二）党建领航，高屋建瓴，把四级书记抓扶贫牢记于心贯彻于行

深入实施"先锋引领·脱贫攻坚"大行动，建立市、县、乡、村四级书记抓脱贫攻坚责任落实机制，市委王小东书记带头扛起"一把手"责任，从严落实"书记抓、抓书记"，一级带着一级干；市委副书记、市长周红波身体力行，率先垂范，统筹协调脱贫攻坚工作。市四家班子领导包抓4个贫困县（区），副厅级领导包抓2~3个有脱贫攻坚任务的乡镇、联系1~3个深度贫困村，以更强的力度、更硬的举措推动脱贫攻坚决策部署落实到位。在市、县、乡三级层层建立党建重点工作责任清单，实行市、县、乡、村四级抓基层党建"联述联评联考"制度，并向市、县、乡机关企事业单位拓展延伸，层层落实责任。充分发挥部门或单位优势，拿出精干力量和优质资源投入精准扶贫，421名第一书记中45岁以下年轻干部占87.9%。实施千名村（社区）党组织书记素质提升工程，进一步强化村党支部书记抓党建的主体意识，以党建助推脱贫攻坚。

（三）选贤举能，唯才是用，健全"四个一线"干部培养选拔机制

着眼于激励广大干部新时代新担当新作为，坚持正确的选人用人导向，注重在项目建设一线、改革创新一线、脱贫攻坚一线、维护稳定一线"四个一线"发现、培养、考察和使用干部，探索建立了一套全程跟踪、全程纪实、全程考核干部的机制。选派7名优秀干部到脱贫攻坚一线挂职，选派30名优秀干部到重点项目一线挂职，全程与基层一线干部一起干。大力选拔在"四个一线"特别是在重大任务和关键时刻豁得出、冲得上、顶得住、打得赢的干部。在2015年、2016年选派的421名贫困村第一书记中，优先提拔使用71人。2017年提拔的处级干部中超过60%来

自"四个一线";2018年上半年新提拔的处级干部,来自"四个一线"尤其是脱贫攻坚一线的占91.67%。如曾任中和乡党委书记的赵慧妮,带领全乡打造万亩"香樟小镇",走上"绿色"致富新路子,中和乡连续三年获全市"十佳乡镇"称号,4个贫困村脱贫摘帽,8个集体经济"空壳村"的收入突破3万元,最高预计达30万元。赵慧妮因为扶贫成绩突出、群众公认,2018年6月被提拔为上林县副县长。2018年,全市有23名第一书记、30名工作队员荣获2016~2017年度全区"美丽广西"乡村建设(扶贫)优秀个人。

(四)探索创新,"一体双建",全国首创"双培双带双促"新模式,粤桂扶贫协作效果明显

深化粤桂扶贫协作,在上林县探索出了"一体培育创业致富带头人和扶贫特色产业、一体带动贫困户和贫困村增收脱贫、一体促进本土人才回归和贫困村基层党建"的"双培双带双促"致富带头人培育模式。成立上林县贫困村创业致富带头人服务中心,建设高值渔、山水牛等5个实训孵化基地,设立产业培育基金,带动贫困户大力发展高值渔、山水牛、生态鸡、乡村旅游、光伏发电等"5+X"扶贫产业。广西澳益农业发展有限公司董事长、国务院扶贫办粤桂两省(区)贫困村创业致富带头人培训中心基地主任潘健章联手广东佛山四家水产公司,到上林县成立广西澳益农业发展有限公司,带动全县17个合作社发展高值渔养殖。"双培双带双促"模式已培育贫困村创业致富带头人398人,其中84名为村"两委"①干部;108名党员致富带头人被选拔为村"两委"干部,其中20名担任贫困村党支部书记,打造了一支"不走的扶贫工作队",带动8100户贫困户参与产业发展。2018年3月,全国贫困村创业致富带头人培育工作现场会在上林县召开,将高值渔养殖示范产业创业孵化实训基地的工作成效进行总结并作为全国重点扶贫案例推广。7月5日,上林县在全国东西部扶贫协作工作推

① 村"两委"干部是指村党支部(简称村支委)、村民委员会(简称村委)的成员。

进会上作经验发言；10月17日，上林县荣获2018年全国脱贫攻坚奖组织创新奖，潘健章荣获创新奖。茂名—南宁两地领导互访调研，召开联席会，高位推动粤桂扶贫协作落实。2018年，广东省及茂名市共分3批次向南宁市援助财政帮扶资金8490万元用于马山县电白小学、上林县光伏扶贫电站、隆安县震东易地扶贫搬迁集中安置区粤桂小学等共11个项目。2018年，两市共开展人才交流414人次，其中各选派9名优秀干部互相交流挂职；茂名市选派医护人员39人次、教师135人次到上林县、马山县、隆安县进行医疗援助和支教工作；南宁市派出医护人员42人次、教师180人次到茂名市进修和跟岗学习。签订劳务合作框架协议，举办粤桂扶贫专场招聘会56场，帮助建档立卡贫困家庭劳动力4448人实现广东省转移就业。

（五）全盘谋划，多管齐下，建立健全集中安置区可持续发展机制

震东安置区接纳搬迁人口约为2.5万人，为确保该安置区搬迁群众搬得出、稳得住、能致富，市委、市政府高度重视，将易地扶贫搬迁震东集中安置区可持续发展体制机制项目，列入南宁市全面深化改革2018年重点任务推进，并成立震东集中安置区可持续发展体制机制课题研究领导小组，从安置点总体情况、基层组织建设、社会治理、就业保增收、精神文明和文教卫计等方面开展调研，制定出台《南宁市关于促进隆安县易地扶贫搬迁震东集中安置区可持续发展的实施方案》，2018年至2020年连续三年市财政每年支持隆安县4000万元专项资金，其中2000万元由隆安县统筹用于推进震东安置区可持续发展，2000万元用于支持震东新区教育扶贫；从2019年起连续三年每年专项安排300亩新增建设用地指标给隆安县用于震东新区后续发展。统筹推进震东安置区社区基层党组织、社区委员会建设、综治、户籍、物业管理、文化体育建设、社会保障和民生服务等。加强安置区产业发展和就业服务，加快教育教学配套设施建设等工作。该方案的出台，将对全市其他易地扶贫搬迁安置点可持续发展工作提供有益的经验借鉴，对打赢脱贫攻坚战具有深远意义。

（六）力量下沉，指挥前移，督促一线夯实工作作风协调解决难题

2018年4月，南宁市委、市政府高屋建瓴、重拳出击，从市直部门"70后"副处级干部和历任贫困村第一书记中择优筛选出20名优秀干部（其中处级干部10名、科级干部10名），由市委副书记任指挥长，成立市脱贫攻坚战前线指挥部，下设指挥部办公室以及五县七城区、企业帮扶、统筹协调、资金数据、项目推进、社会扶贫、信息宣传等13个工作小组。各县（区）工作组以脱贫攻坚作风建设年为指导，坚持扑下身子、沉到一线去调查研究、检查指导，主动深入脱贫攻坚问题最突出的地方倾听民意、了解实情，并会同县（区）及时协调解决存在问题，协调解决不了的及时报告市扶贫开发领导小组。自2018年5月7日起，前线指挥部驻县（区）8个工作组指挥员、联络员陆续下村走访指导，已覆盖南宁市有脱贫攻坚任务的102个乡镇。已走访638个（次）乡镇1070个村（次）4561户（次）贫困户，432个（次）项目，27个（次）易地扶贫安置点，共发现10大类约1070个具体问题，并发放126份督查记录表（提醒函），督促各县（区）、市直各部门及帮扶企业限期整改；印发《企业帮扶深度贫困地区督查情况通报》红黑榜各2期，督促被黑榜通报的20家企业限期整改。各工作组下沉一线，督促、指导扶贫一线干部夯实工作作风、压实扶贫责任，指挥部办公室年内共报送各县（区）开展脱贫攻坚工作情况专报18期，为市委、市政府及时掌握一线情况、调整工作部署提供决策参考，为南宁市顺利完成2018年度脱贫摘帽任务奠定了坚实基础。

四 南宁市脱贫攻坚工作存在的问题

（一）产业支撑能力不足

一是自然资源禀赋差。南宁市贫困地区主要集中在大石山区，普遍缺水少地，自然条件恶劣，生产要素贫乏，发展产业成本高、难度大，脱贫

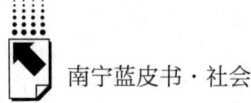

产业覆盖率还不够高。二是缺乏优势产业。贫困地区普遍存在扶贫产业同质化等问题,普遍缺乏有特色、有市场竞争力、高附加值的产业,部分群众经营的产业是周期长、风险大、见效慢的传统种养产业,影响了农民的增收脱贫。

(二)发展村级集体经济的渠道不多

村集体经济底子薄,大多数村集体经营的土地、山林、水塘等资产资源已经分到户,村集体经营"一穷二白",收入来源比较单一。一些贫困村集体经济虽然有收入,但主要也是靠山林土地流转、山塘水库承包等,经营开发性收入很少,发展路径不宽,缺乏发展后劲;一些村集体经济主要通过入股获得收益,不但缺乏"造血"功能,还由于资金投向过于集中,存在较大风险。缺少发展村集体经济的人才,尤其是缺少一批懂经济、有头脑,能够带领一方群众致富的领头人,使得各村在发展壮大集体经济上缺乏必要的办法和措施。

(三)易地扶贫搬迁后续工作压力大

南宁市易地扶贫搬迁大多数依托城镇集中安置,部分群众搬迁后生活成本增高,发展产业、务工就业难度大,持续稳定脱贫的压力较大。另外,南宁市相当大一部分搬迁户是少数民族群众,受故土情结、民情习俗等因素影响,不愿拆除旧房。

(四)激发贫困群众内生动力不够

部分地方帮扶干部对发动群众参与脱贫攻坚的办法不多,组织动员方法单一。少数贫困人口脱贫意识不强,"等靠要"思想不同程度存在,甚至出现了争当贫困户和贫困户不愿脱贫的反常现象。多数贫困人口受教育程度低,自身发展能力、脱贫能力不足。许多外出务工的贫困劳动力既不懂技术,也欠缺快速学习和应用新技术的能力,只能从事最辛苦且报酬很低的工作,致使自身脱贫的内生动力不足,带领家庭脱贫致富举步维艰。

（五）基层干部的攻坚能力和作风有待加强

履职尽责不主动，一些党员干部"四个意识"① 不够强，贯彻中央、自治区和市委关于脱贫攻坚的决策部署不坚决、不到位。担当意识不强，缺乏守土有责意识，干事创业勇气不足，存在畏难情绪、逃避心理。带动引领不善为，一些干部不勤于学习、不善于学习，能力不足、业务不精，对脱贫攻坚政策举措研究不深不透，影响了扶贫质量和工作进度。此外，少数基层干部仍然存在以权谋私、优亲厚友、吃拿卡要、虚报冒领等违规违纪问题，"蝇贪"案件时有发生。

五 2019年南宁市脱贫攻坚工作展望

（一）统揽发展全局，明确任务目标

深入学习领会、全面贯彻落实习近平总书记的重要讲话精神，不折不扣落实中央、自治区脱贫攻坚三年行动实施意见，把脱贫攻坚作为头等大事和第一民生工程，坚持以脱贫攻坚统揽经济社会发展全局，坚决打赢脱贫攻坚战。进一步明确目标任务、重点项目和主要措施，全面落实部门、行业责任，引导市场、社会协同发力，构建专项扶贫、行业扶贫、社会扶贫互为补充的大扶贫格局。根据南宁市脱贫攻坚三年行动实施意见，科学制定目标任务。

（二）及时查漏补缺，全力备战迎检

围绕中央巡视整改、第三方评估、省级党委和政府扶贫开发工作成效考核主要指标内容，抓紧盘点家底，对照往年容易出现的问题重点摸排，对敏感的指标时时监测核查，存在问题抓紧解决。按照要求分类整理脱贫攻坚工

---

① "四个意识"是指政治意识、大局意识、核心意识、看齐意识。

作台账，保存好脱贫攻坚过程中形成的文字、图表、声像、电子数据等有价值的历史记录，做到有据可查、真实可信，脱贫结果经得起历史和人民的检验。同时，确保考核评估时提供的台账材料符合实际、数据准确，不弄虚作假。在准备迎检工作及接受检查考核过程中，各县（区）、各部门要注重凝聚各方力量，加强沟通协调，既要明确各自的迎检工作职责，又要建立联动机制，确保迎检各项工作及时落实。

（三）聚焦重点难点，决胜"五场硬仗"

一是打好深度贫困地区脱贫攻坚硬仗，凝聚合力攻克"困中之困、贫中之贫"，绝不落下一个贫困地区、一个贫困群众。二是打好产业扶贫硬仗，提高产业对贫困户的覆盖率，提高贫困群众发展产业参与度，力争扶贫产业惠及每一户贫困户。三是打好易地扶贫搬迁硬仗，解决好搬迁后的基层党建、产业扶持、创业就业、民生保障等后续发展问题。四是打好村集体经济发展硬仗，创新发展模式，强化收益管理，确保贫困村村级集体经济收入2019年底和2020年底分别达到4万元以上、5万元以上。五是打好粤桂扶贫协作硬仗，推进产业合作、劳务协作、携手奔小康等重点工作，深化协作领域，提升协作水平。

（四）突出重点领域，强化作风整治

坚决查处和纠正脱贫攻坚工作中弄虚作假、急躁蛮干、消极拖延等共性问题，集中力量整治只喊口号不抓落实、贯彻脱贫攻坚部署只见表态不见行动等突出问题，切实转变工作作风，确保脱贫责任落实。以扶贫领域腐败和作风问题易发多发的领域为重点，加大对扶贫资金、项目的监管力度，对惠农补贴、扶贫救济、低保资金管理使用以及危房改造、产业道路等民生实事工程存在的突出问题进行专项整治，从严查处吃拿卡要、与民争利、小官贪腐等违纪违法行为。畅通群众来信、来访、来电渠道，随时受理群众投诉举报，对问题线索及时跟踪查处。及时通报曝光典型案例，持续形成震慑，营造扶贫领域"不能腐、不敢腐"的廉洁氛围。

（五）加强督导检查，健全激励机制

对县（区）脱贫攻坚工作进行明察暗访，研究分析存在问题，建立有奖有罚的奖惩机制。开展财政专项扶贫资金绩效管理评价、行业部门扶贫专项工作绩效考评，并将监督检查结果纳入扶贫成效考核。加强对扶贫一线干部的关爱和激励，注重在脱贫攻坚一线考察考核干部，对工作出色、表现优秀的基层一线干部优先提拔使用，让更多优秀的人才源源不断地投身到脱贫攻坚战役中来。

B.8 2018~2019年南宁市社会治安综合治理分析与展望

胡飞飞*

摘　要： 本报告总结了2018年南宁市社会治安综合治理工作情况及成效，分析了目前存在的主要问题，如扫黑除恶专项斗争还不够扎实深入，群众安全感仍处于全区末位，刑事治安案件仍然高发，社会稳定风险不断聚集，公共安全防控难度大等。针对问题报告提出从持续深入打好"四场硬仗"，持续深入推进矛盾纠纷排查化解，大力推进社会治安治理基础建设，健全完善基层社会治理体制机制，严密防范公共安全风险，着力打造一支堪当首府发展重任的政法队伍等方面着手，努力建设更高水平的平安首府，让人民群众的获得感、幸福感和安全感更加充实、更有保障、更可持续。

关键词： 社会治安　综合治理　公共安全

2018年，南宁市深入贯彻习近平新时代中国特色社会主义思想和中央、全区、市委政法工作会议精神，紧扣抓好改革开放40周年、自治区成立60周年安保维稳这条工作主线，全面打响扫黑除恶、禁毒严打整治、打击传销"三场硬仗"，持续深入开展"强基层、打基础、抓源头、化矛盾"，确保了

---

* 胡飞飞，中共南宁市委政法委员会综治三科副科长。

首府社会大局持续和谐稳定，为"建设壮美广西、共圆复兴梦想"和推进强首府战略再立新功。

一 2018年社会治安综合治理工作情况及成效

（一）坚持高站位严要求，扫黑除恶专项斗争取得阶段性成效

扫黑除恶专项斗争是以习近平同志为核心的党中央作出的重大决策，中共中央、国务院发出《关于开展扫黑除恶专项斗争》的通知后，各地区掀起一场持续扫黑除恶专项斗争的风暴。南宁市按照中央和自治区党委的部署，缜密谋划、科学组织、集中发力、严密实施，扫黑除恶专项斗争取得了阶段性成效。

狠抓侦查打击。全市共刑事拘留涉黑人数229人、涉恶犯罪集团人数228人、涉恶团伙人数2835人；打掉涉黑组织7个、涉恶犯罪集团18个、涉恶团伙394个，其中农村涉黑组织1个、涉恶犯罪集团8个、涉恶团伙39个；缴获涉案枪支28支，敦促投案自首人数187人，查封冻结扣押涉案财产180.84万元；查处公职人员25人，其中村"两委"干部11人。

移送审判起诉。全市共起诉涉黑组织案件6件42人、涉恶犯罪集团案件2件18人、涉恶团伙案件33件220人，其中农村涉黑组织案件5件、涉恶犯罪集团案件2件、涉恶团伙案件9件；一审判决涉黑组织案件3件17人、涉恶集团案件1件14人、涉恶团伙案件27件178人；二审判决涉黑组织案件1件15人、涉恶团伙案件5件16人。

加强线索核查。全市共排查线索数242起，移送纪检监察部门涉腐败线索8条。

强化综合治理。公安机关针对黄赌毒问题，涉枪涉爆安全隐患、传销、电信诈骗、盗抢等治安问题，开展对安吉路苏卢村、五一路等黄赌乱点、宁铁馨园黑旅馆、火车东站强行拉客住店问题等治安乱象进行集中整治21次，

其中统一行动4次，统一行动出动警力67129人次，破获涉黑涉恶案件55起，抓获涉黑涉恶嫌疑人126人。

夯实基层党组织建设。组织部门持续整顿软弱涣散村党组织，完成147个软弱涣散村党组织整顿转化升级，全市获自治区党委组织部命名为星级农村基层党组织578个；扎实开展2017年村"两委"换届"回头看"，抓好村"两委"成员任职资格联审，坚决防范黑恶势力把持基层组织。

（二）坚持出重拳下重手，持续深入开展禁毒严打整治专项行动

强化机制保障。市委、市政府办公厅下发了《加强禁毒工作的实施意见》，作为指导全市禁毒工作的规范依据。根据南宁市毒情工作形势，相继出台印发了《关于推进全市社会禁毒管控体系建设的实施意见》《2018年全市禁毒工作考评办法》等6个规范性文件。

强力打击毒品犯罪活动。公安机关先后组织开展了"夏季风暴"禁毒严打整治、吸毒人员"大排查、大收戒、大管控"、毒驾整治、堵源截流、外流贩毒、易制毒化学品清查、娱乐场所整治、"清零"行动等专项行动。全市破获毒品刑事案件1039起，千克以上案件12起，破获2人以上团伙案件220起，抓获毒品刑事犯罪嫌疑人1287名，逮捕毒品刑事犯罪嫌疑人1117名，同比上升0.89%；移送起诉毒品犯罪嫌疑人1941人次，同比上升26%，联合全国各省市兄弟单位破获公安部目标案件13起，厅目标案件17起；缴获各种毒品388.80千克，其中缴获海洛因127千克，缴获合成毒品261.8千克；全市查处外流贩毒246人，同比下降43.3%，查处吸毒人员10319名，强制隔离戒毒3443名。

持续深入开展禁毒预防宣传。全市举办禁毒宣传活动93场，在各级电视、广播、报纸发表禁毒宣传稿件1172篇，悬挂横幅160多幅，组织新闻媒体记者随警采访3次，举办禁毒新闻通报会10次，发送禁毒短信30万条。全市各学校毒品预防教育基地园地已全部建成，并推出南宁市54中为全国示范毒品预防教育基地。

（三）坚持高压态势凌厉攻势，不断把打击传销工作引向深入

坚持开展常态化打击工作。市委、市政府制定下发了南宁市打击传销攻坚行动工作方案及相关配套文件，明确要求建立打击传销工作新常态，坚持"每天一小打，每周一大打"工作模式。全市共开展清查整治行动638次，出动执法人员23860余人次，清理出租屋3295间，立传销刑事案件273起，破案184起，查获涉嫌传销人员14074人，刑事拘留涉嫌传销人员1393人，逮捕382人，移送起诉485人，打击团伙122个，捣毁窝点262个，教育遣返1.1万余人，罚款15.8万元，成功侦破"18.604""18.720""18.925"等一批聚集型传销案件，成功摧毁了多个盘踞在南宁的聚集型传销团伙。

突出"以房管人"措施。坚持把规范出租屋管理作为打击传销的重要环节，通过综合施策，由公安、工商部门对涉传出租屋主进行行政告诫和行政处罚，房管、住建部门对出租屋进行登记备案，税务部门对出租屋主征收出租屋税费，通过各部门一站式链式治理，最大限度挤压传销生存的空间。全市共立案查处涉传出租屋案件95件，结案22件，罚款6.15万元，有力震慑、教育了出租屋主，铲除了传销滋生的土壤。

坚持打教结合。按照"讲得过、打得赢"的工作思路，抽调各城区精干力量，组建15支打传"反洗脑"宣教队，探索出一套具有南宁本土特色的反洗脑宣传教育和识别传销、现场处置传销人员的方法。全市各级市场监管部门在涉传重点区域设立了23个多媒体反传销宣教室，将查获的传销人员集中在宣教室，由市场监管人员进行针对性、系统性、强制性的反传销宣传教育，全年通过宣教室教育已遣散涉嫌传销人员1.3万人。坚持即时宣教，每次集中查处行动后，将查获的涉传人员集中进行现场宣教，既震慑了涉传人员又教育了周边群众。

（四）坚持以平安创建为抓手，全面落实社会治安综合治理领导责任制

健全责任体系。层层签订综治责任书，建立"纵向到底、横向到边、

上下联动"的责任网络,中国—东盟"两会"、自治区成立60周年等重要敏感时期,组织15万平安志愿者参加治安巡防,实现了"大事不出、中事不出、小事也不在敏感期出"的工作目标。

健全考核体系。市委、市政府两办出台《南宁市社会治安综合治理(平安建设)考核评比办法》,全面规范了县区、市直、乡镇(街道)、村(社区)社会治安综合治理(平安建设)目标管理责任奖评定和考核评价机制。

深化平安创建。按照"谁主管、谁负责"和"条块结合、以块为主"的原则,市综治委牵头深化了"平安校园""平安医院""平安铁路"等系列创建活动,提高了各级各部门参与平安建设的责任意识。

(五)坚持以整治治安突出问题为重点,着力提升群众安全感和政法队伍满意度

加大刑事、治安案件查处力度。坚持以人民为中心,加大对放火、爆炸、劫持、杀人、伤害、强奸、绑架、诈骗、"两抢一盗"等人民群众最恨、最怨、最烦的问题的打击力度,全年共立刑事案件63922起,同比下降2.51%,破案16370起,同比下降6.61%;逮捕8517人,同比上升9.68%;刑事拘留12262人,同比上升8.43%;立治安案件80517起,同比上升9.20%,查处78417起,同比上升10.53%,查处人数28054人,同比上升16.95%;立命案67起,破案67起,破案率100%。通过加大刑事、治安案件查处力度,全市群众安全感达95.71%,同比提升了3.10个百分点,再创历史新高;政法队伍满意度达91.07%,同比提升了3.04个百分点;全市治安问题及时解决率达83.82%,同比提升了4.44个百分点。

加大治安重点地区整治力度。市委政法委组织开展每月一次社会治安综合整治,挂牌督办群众反映强烈的传销、严重精神肇事肇祸、黄赌毒、售卖六合彩资料等治安乱点地区29个,最大程度压缩违法犯罪活动空间。

加大"两抢一盗"案件查处力度。坚持把群众关心、关注的"两抢一盗"案件作为提升群众安全感的着力点,通过全方位、全领域的整治查处,

南宁市"两抢一盗"案件高发多发态势得到有效遏制。全年立抢劫案件381起，同比下降10.35%，破案170起，同比提升6.25%；立抢夺案件439起，同比下降44.22%，破案138起，同比下降25%；立盗窃案件43764起，同比下降8.13%，破案10723起，同比上升4.72%。

全面整治火灾隐患。全年共检查单位火灾隐患7.1万家、整改火灾隐患6.8万处、查封962家、"三停"717家、罚款1042万元，执法数据同比提升30%以上。

（六）坚持以健全和完善防控体系为基点，大力提升社会治安综合治理智能化水平

构建完善"七位一体"社会面防控体系。公安机关将指挥调度、情报研判、视频监控、网络巡查、卡口检查、巡逻防控、反恐处突有机结合，运用流动巡防与定点示警、视频监控与街面巡逻、武装巡逻与群防群治等方式，最大限度屯警街面，提高见警率、管事率。

推动视频探头"大整合"。由政法部门牵头、公安部门主导、各部门协同，近年来在主要道路、大型广场、医院学校等重要公共场所以及村落、城乡结合部、远郊，布建2万多个视频监控探头，联网社会3万余个视频探头，建成电子治安卡口778个，搭建起"雪亮工程"骨干脊梁。

依托"雪亮工程"推进治安防控立体化。在重点部门周边区域内，进行"圈、块、格、线、点"五道纵深布控，打造人像识别、车辆识别、智能抓取网，运用智能系统大数据分析比对，核查人员身份、车辆信息。以综治中心为主干，横向连接已联网的19个市直和150多个县区部门，纵向联网市县乡村四级，全市各级实现了视频信息数据互联互通、资源整合共享共用、服务管理纵横贯通。

（七）坚持以服务管理为重心，不断夯实社会治安综合治理基层基础

示范推动网格化管理向纵深发展。先后完成朝阳街道、福建园街道、仙

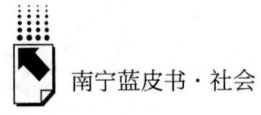

葫开发区、北湖街道、安吉街道网格化管理示范点建设,全市7159名专职网格员依托综治信息系统录入平安云数据1亿多条,通过网格手机上传各类社会治理信息110多万条,办结率98%以上。

强化严重精神障碍患者的管控。通过综治牵头、资源整合、部门联动等形式,将登记在册的3级以上5732名严重精神障碍患者纳入网格化管理和视频云监控,实时掌握肇事肇祸等严重精神障碍患者动向。全市各基层医疗机构成立公共卫生科,设专(兼)职人员,开展建立严重精神障碍患者健康档案、定期随访、健康体检以及项目的门诊药物治疗、应急处置、家属护理教育等工作。

开展精神异常人员的排查和管控工作。市委政法委组织抓好全市精神异常人员(有严重抑郁、自闭、孤僻症状)排查和管控工作,共排查和核准16～45周岁以下的性格孤僻人员383人,自闭症人员337人,严重抑郁人员447人,各县(区)、开发区按要求将此类人员纳入网格化管理,定期掌握其精神动态。

(八)坚持以源头防范和化解为主线,持续深化矛盾纠纷精准排查精细化解

持续深化矛盾纠纷精准排查精细化解。各级政法部门对矛盾纠纷坚持实行每月一排查,敏感时期实行每天一排查、一研判和零报告制度,对重大矛盾纠纷、突出案件和重点稳控人员,逐案落实具体责任人,逐一制订化解方案,逐一落实解决期限或稳控措施。全市共排查各类矛盾纠纷24177起,调解成功23473起,涉及当事人108134人,成功调解17310件,调解率达100%,调解成功率达97%,涉及协议11432.33万元,防止民间纠纷转化为刑事案件106件940人,防止群体性上访140件5025人,防止群体性械斗77件16310人。

抓好信访积案化解。信访部门实行"五下访一回访"制度,即定期下访、定点下访、预约下访、专题下访、联合下访、上门回访,使突出问题处理到位,让信访人思想稳定,无重复信访。全年共办理上级交办和市领导批

办信访事项107件,到期已办结79件,到期办结率100%,在办未到期28件;中央、自治区交办南宁市的35件信访矛盾化解"四大攻坚战"案件于9月底前全部化解,化解率为100%。

强化医院纠纷调处机制建设。卫健部门强化以人民调解为主体,院内调解、人民调解、司法调解、医疗风险分担机制有机结合的"三调解一保险"制度体制建设,全市二级以上医院均增设了医疗纠纷医患沟通办公室或相应职能科室,有专职或兼职人员负责接受医疗服务投诉和处理工作。全年各医疗机构通过自行调解,共处理医患纠纷155起,其中产生赔偿金额10.3万元,医疗纠纷人民调解委员会调解成功20起。

推进安全风险分级管控工作。推动建立健全行业企业安全风险分级管控示范企业,带动行业企业全面推开风险管控工作。目前,矿山、危险化学品、烟花爆竹、交通运输、建筑施工等九大行业开展了风险行业分级管控工作,建立了117家安全风险分级管控示范企业,4136家企业开展了风险点排查辨识和评级,共排查出重大风险点829个,较大风险点2572个,对2970家企业进行了整体风险评级,针对不同风险等级制定了分级管控措施。

创新开展婚姻家庭调解工作。市妇联联合市司法局、市中级人民法院成立南宁市婚调委,指导各县(区)妇联联合各有关部门成立县区级婚调委6个,建立拥有113名律师、心理咨询师、社会工程师等专家的南宁市婚姻家庭调解专家库。

二 存在的主要问题

(一)扫黑除恶专项斗争还不够深入扎实

从整体上看,南宁市还存在相关部门主体责任意识不强、侦查打击质量欠佳、各警种协同作战不足、线索核查办结率低、"伞网"阻力干扰、专案打击进度迟缓、综合治理不够深入、"打财断血"力度不够、办理新型犯罪经验不足、深挖"伞网"力度不够、执纪问责力度不强、行业线索摸排不力、宣传发动力度不强等诸多问题；从行业、部门看，还存在政治站位不高、主体责任不落实、线索摸排深挖不力、宣传发动不给力、综合治理不力等问题，离中央、自治区和人民群众的期待还有较大差距。

（二）群众安全感仍处于全区末位

南宁市群众安全感仍低于全区平均分之下，居于全区末位水平，与首府地位极不相称。

（三）刑事治安案件仍然高发

受大环境影响，全市刑事、治安案件仍处于高位高发，破案率仍然偏低，新的犯罪形态、犯罪手段不断涌现，打击治理的难度不断加大。

（四）社会稳定风险不断聚集

涉众型经济犯罪、房产和物业领域纠纷多、问题多，清理"两违"、企业改制、生活待遇等各种社会问题凸现，涉及人员众多，特定利益群体集体上访常态化、组织化、规模化倾向明显，各类风险关联性、穿透性增强，成为影响社会稳定的重要风险源。

（五）公共安全防控难度大

公共交通领域、地下场所、大型综合体等安全风险隐患大，寄递物流等新兴渠道容易被不法分子利用进行违法犯罪活动，石油、化工等领域起火、爆炸事故隐患增多，高层建筑、"三合一"场所、电动车停放场所、城中村等火灾隐患多。公共安全老问题仍然突出，新问题新矛盾多发高发，发生风险概率大。

（六）重大矛盾纠纷量大面广

全市各类矛盾纠纷总体呈下降趋势，但总量依然较大，尤其是涉500人以上的多起案件时间跨度大、情况复杂、化解难度大，极易激化诱发恶性案件。

（七）社会治安综合治理基层基础仍然薄弱

基层组织仍然薄弱，综治中心实战化运用效果不明显；警力不足仍是影响社会治安成效的突出问题，乡镇（街道）、村（社区）一级的人员还比较短缺。

三　2019年南宁市社会治安综合治理工作思路

坚持以习近平新时代中国特色社会主义思想为指导，牢固树立"四个意识"，坚定"四个自信"，坚持稳中求进工作总基调，按照"三大定位"新使命和"五个扎实"新要求，突出防范化解各种重大安全稳定风险，紧扣为新中国成立70周年营造安全稳定的社会环境这条工作主线，围绕中心、服务大局，持续深入开展"强基层、打基础、抓源头、化矛盾"，坚决打赢扫黑除恶、禁毒严打、打击传销、打击电信网络诈骗"四场硬仗"，努力巩固人民群众安全感、息诉罢访率、政法队伍满意度"三个提升"，努力建设更高水平的平安南宁，让人民群众的获得感、幸福感和安全感更加充实、更有保障、更可持续。

（一）持续深入打好"四场硬仗"

一是打好扫黑除恶专项斗争这场硬仗。按照中央的总体部署，围绕一年治标、二年治根、三年治本的"总蓝图"，有计划、有步骤、有重点地推进专项斗争向纵深发力。坚持打好主动仗、整体仗，把矛头对准人民群众反映强烈的地区和领域，出重拳、下重手，以不破楼兰终不还的决心，持续发力、久久为功。坚持把铲除黑恶势力滋生土壤作为必须打好的攻坚战，加强基层组织建设，扫除宗族黑恶势力，推动基层社会治理创新，努力从根本上遏制黑恶势力滋生蔓延。坚决打响扫黑除恶专项斗争人民战争，通过加强扫黑除恶决策部署的落实、斗争成效的宣传、典型案件的报道，广泛发动群众、鼓励群众参与扫黑除恶专项斗争。坚持把打"伞"破"网"作为2019

年扫黑除恶的重中之重抓紧抓好,对所有涉黑涉恶案件实行"一案三查",对黑恶势力"保护伞"一律一查到底,绝不姑息。进一步深入摸排线索,采取异地式核查、提级式核查、交叉式核查,开展对上级督办线索和群众反复举报线索的质量复核,进一步降低"查否"率,提升线索转案率。制定线索错核追究问责管理办法,传导压力,压实责任。组建市扫黑除恶业务指导专家库,着重在专案研讨、案件会商、提前介入引导取证、线索核查质量集中评审等工作中,发挥业务指导重要作用。进一步强化业务培训,强化政法干警宗旨意识,筑牢思想防线,自觉践行执法为民理念,树立务实担当工作作风,提升全市政法机关的整体专业水平,特别是加强办案人员在侦查谋划、调查取证、侦查技术、合成作战等业务能力方面的专业培训,研究制定南宁市多发涉黑恶案件和新型犯罪案件办案指引,组建扫黑除恶专家团队,不定期对线索核查和涉黑恶案件办理情况进行集中评审,加强全市政法队伍的专业化建设。进一步严明工作纪律,特别是对典型专案查办反映出来的问题严重县(区),严肃追究党政主体责任。对近年来打掉的黑社会性质组织案进行"大起底",对纪检监察机关已经给予党纪、政务处分的重大案件进行"大起底",对"查否"的上级督导线索和群众反复举报重要线索进行"大起底"。二是打好禁毒严打专项整治这场硬仗。坚持将禁毒严打整治与扫黑除恶融合推进,压实工作责任,坚决摧毁制贩毒团伙网络,深挖涉毒黑恶势力及其"保护伞",全力打好零包贩毒、整治娱乐服务场所涉毒、制贩毒、堵源截流、外流贩毒、毒驾整治、吸毒人员大收戒等专项行动,努力实现南宁市入境毒品数量和外流贩毒人数"双下降"目标。加大收治力度,开展吸毒人员大收戒、病残吸毒人员大收治专项行动,建立健全戒毒治疗、康复指导、救助服务相结合的戒毒工作体系,严防吸毒人员肇事肇祸。加大"防"的力度,坚持网上网下相结合,全面推动毒品预防教育进学校、进单位、进家庭、进场所、进社区、进农村,在全社会形成自觉抵制毒品的浓厚氛围。三是打好打击传销这场硬仗。继续保持严打整治高压态势,以端窝点、打团伙、断资金、摧网络为目标,通过高强度、高密度、不间断的清查整治行动,通过一浪高过一浪的叠加式打击收网,打出声势、打出效果,让传销分子"闻邕色变",让传销分子不敢来、不能来,坚决遏制传销活动猖獗势头。持续抓好舆论宣传、联管联治、科技防范、机制健全等基础性工作,通过各部门形成有效的链式治理,不断增强工作合力,确保传销毒瘤得到根治。四是打好整治电信网络诈骗这场硬仗。坚决问题导向和目标导向,细化工作措施,加大协调配合力度,推进打击整治工作向纵深发展。持续强化各级党委、政府的主体责任,坚持定期开展规模化、集成式和运动式的打击整治行动,通过不间断、常态化的打击整治,通过强化综合治理,加快防范、打击、追逃、反制等信息化建设,确保全面完成"今年6月底呈现拐点、年底前大幅下降"的目标。

(二)持续深入推进矛盾纠纷排查化解

坚持常态化、滚动式排查矛盾纠纷,决不放过任何一个漏洞,决不漏掉任何一个盲点,决不留下任何一个隐患。继续大力推进市领导包案化解工作,化解一批重点矛盾纠纷,在去存量的同时,防增量、控变量。对排查出来尚未化解的矛盾问题要盯紧咬住,做实方案、细化措施,明确时限、压实责任,突破重点、攻克难点;对一时解决不了、带有倾向性、全局性的矛盾问题,要逐级挂账备案,统筹资源力量、联合攻关整治,切实把问题解决在基层、把矛盾化解在当地、把隐患消除在萌芽状态,确保问题不上交、矛盾不汇聚、隐患不爆发。继续深化领导干部下访接访活动,完善市县(区)领导干部定期接访、下访机制,既要开门接访,还要主动下访。对一些特定群体,要充分利用节假日、敏感节点,广泛开展下访暖心慰问活动,到重点上访户家中走访调研、嘘寒问暖、倾听呼声。对一些上访缠访闹访群体,下访接访过程中,要摆法规、道政策,对屡教不改、屡戒不听、一意孤行的,坚决依法严厉打击,维护法律权威。

(三)大力推进社会治理基础建设

一是着力抓好市、县(区)、乡镇(街道)三级综治中心应用及运维工作规范化建设和重点村(社区)综治中心建设,推动"权随责走、费随事转"、以奖代补、信息奖励等政策执行。全面推进各级综治中心大数据检索、应用和分析等智能化建设，不断提高各级综治中心实战化水平，各级综治中心初步建成党委政法委牵头、多部门参与、运转规范、实战高效的平安建设指挥调度中心、社会治理信息共享中心、社会治理协调共治中心、非政务类事务服务中心等综合工作平台。二是推动群防群治队伍品牌化建设。健全完善重大敏感时期"红袖章"治安义务大巡防机制，深化平安志愿服务，完善规范化管理，在职责任务、勤务标识、控点力量、培训制度、突发处置和慰问激励等方面明确制度标准，打造首府"红袖章"群防群治闪亮名片。三是全面推动网格化管理向纵深发展。推动禁毒、消防救援、特殊人群管控等工作纳入网格化管理，逐步建立覆盖全市的全科网络。四是加强见义勇为基金会工作，加大善款募捐力度，大张旗鼓地宣扬见义勇为事迹，让全社会充满正气、正义。五是深入实施"七五"普法依法治理。大力推进全民学法知法守法用法，深化公共法律服务体系建设，加快整合律师、仲裁、司法所、人民调解等法律服务资源，尽快建成覆盖全业务、全时空的法律服务网络，切实解决群众法律服务"最后一公里"。

（四）健全完善基层社会治理体制机制

坚持将社会治理作为党委、政府"一把手"工作抓紧抓好，完善党委领导、政府负责、社会协同、公众参与、法治保障的社会治理体制，全面落实社会治理主体责任，及时研究解决重大问题，从人力物力财力上给予充分保障。健全完善社会治理绩效考评指标体系，加强县区级党委政法委力量配置，发挥好统筹协调、督办落实职能作用，充分调动各部门参与社会治理的积极性、主动性，形成各部门齐抓共管的工作格局。完善社会治理"条块协同"机制，加强资源力量手段整合，探索组建乡镇（街道）综治工作、市场监管、综合执法、便民服务平台，提高社会治理效能。广泛吸纳各方力量参与社会治理，打破基层社会治理"自上而下"的线形治理模式，形成市场主体、社会力量广泛参与、分工负责、良性互动的网状治理模式，实现优势互补、无缝协作。

（五）严密防范公共安全风险

扎实抓好反恐防暴工作，坚持凡恐必打、露头就打、打出声威，坚决打赢反恐防暴斗争这场硬仗。强化特殊人群服务管理，加强对扬言报复社会人员、可能铤而走险重点人员的排查和稳控管理，加大对社区服刑人员、刑满释放人员、不良行为青少年、吸毒人员、艾滋病人、易肇事肇祸精神障碍患者等特殊人群教育帮扶力度，严防形成现实危害。密切关注出家庭感情纠纷而引发个人扬言报复行为，防止由一般感情纠纷引发个人极端行为，造成群死群伤的重大案事件。强化公共交通领域、高层建筑、地下场所、大型综合体、危化品场所、电动车停放场所、城中村等安全风险管控，完善高铁、地铁、公交等公共安全安保措施，最大限度预防群死群伤安全事故的发生。

（六）着力打造一支堪当首府发展重任的政法队伍

一是切实加强思想政治建设。坚持把旗帜鲜明讲政治作为根本要求，教育引导广大政法干警进一步增强"四个意识"，坚定"四个自信"，坚决做到"两个维护"，确保政治上绝对忠诚、绝对纯洁、绝对可靠。严守政治纪律和政治规矩，自觉做政治上的明白人，自觉做新时代中国特色社会主义事业建设者和捍卫者。持续开展习近平新时代中国特色社会主义思想大学习大研讨大培训，按市、县（区）和政法各单位系统分层次分批开展政治轮训，实现政法干警学习培训全覆盖。二是切实加强业务能力建设。提高有效防控风险能力，练就从苗头性、倾向性问题中洞察重大隐患的本能，善于在"麻烦"到来之前就"扣动扳机"，把风险化解于无形。提高掌控新媒体的能力，将"三同步"理念内化为思维习惯和行为方式，扩展到政法工作全过程、各环节，努力使政法宣传更积极、政策解读更深入、舆论引导更有效。提高运用法律政策能力，既严格依法办事，又不能简单执法、机械办案，善于从法律视角和社会视角通盘考虑法理、事理、情理，努力实现法律效果和社会效果相统一。提高科技运用能力，加快政法机关信息化建设步伐，构建政法大数据，加强科技应用培训，培养科技信息时代新型人才，提高政法干警运用现代科技新成果解决政法工作难题的能力。三是切实强化纪律作风建设。坚持驰而不息正风肃纪，认真贯彻中央八项规定及实施细则精神，与时俱进健全完善政法机关纪律、条令，切实做到权力运行到哪里、监督触角就延伸到哪里，促进干警清正、队伍清廉、司法清明。持续深入开展全面从严治警"五查五整顿"专项行动，推进全市政法系统纪律作风督查巡查工作，把纪律规矩严起来，把优良作风树起来，重点纠正形式主义、官僚主义等"四风"问题，坚决查处滥用职权、以权谋私、贪赃枉法，为黑恶势力和黄赌毒充当"保护伞"等违纪违法问题，始终保持对执法司法反腐败斗争压倒性态势和"零容忍"态度。严格落实"一案双查"制，对管理监督、执行纪律不到位，造成严重后果的领导干部，严肃问责。

B.9
2018~2019年南宁市民族事业发展状况分析及展望

陆春红*

摘　要： 南宁市长期以来高度重视民族事业的发展，坚定不移贯彻落实党中央、国务院有关民族教育的各项方针政策，取得了令人瞩目的成绩，但仍面临着民族文化传承保护力度不够、少数民族专业化人才不足等问题，本文针对这些问题提出全力打赢脱贫攻坚战、加快民族文化传承与创新、加强民族地区体育文化建设、加强民族地区人才队伍建设等发展建议。

关键词： 民族地区　民族事业　民族团结

南宁市长期以来一直按照党和国家的工作部署大力发展少数民族事业，并取得了长足的进步。2018年，南宁市少数民族事业发展更上一层楼，各族人民相亲相爱、不忘初心、顽强拼搏，共同谱写了南宁市建设发展的新篇章，构筑了各民族团结和谐一家亲的美丽精神家园。

一　2018年南宁市民族事业发展状况

（一）民族经济发展加速提升

扶持民族企业发展。发展民族地区经济，关键在于发展民族企业，扶持民

---

* 陆春红，南宁市民族宗教事务委员会社会发展科副科长（挂职）、中共南宁市委党校经济学教研部副教授。

族特需商品企业发展成为南宁市扶持民族经济的重要举措。2018年,南宁市43家企业向自治区申报并被确定成为"十三五"期间全国民族特需商品定点生产企业,定点企业数量约占全区企业总数119家的36%,位居全区第一。同时安排262万元资金扶持民品企业的技术改造、产品研发,有力地支持了民族产业的发展。

融合民族特色旅游,带动民族地区相关产业的发展。开发特色民族村寨旅游,将各民族文化和旅游结合起来,在特色旅游中融合传统民族服饰、特色民族饮食、民族医药保健、特色民族商品、民族体育休闲运动等元素。在发展特色旅游的同时也带动了民族地区的交通运输、工艺特产、文化娱乐、生活服务、广播宣传等行业的迅速发展,从而促进了民族地区经济的全面发展。

脱贫攻坚成效显著。2018年,南宁市继续紧紧围绕全面打赢脱贫攻坚战的目标,在资金上大力扶持民族贫困地区的发展。2018年,南宁市共落实国家级、自治区级、市本级三级少数民族发展资金4809万元,比2017年增加了535万元,扶持项目达193个,其中扶贫类项目就有176个。受益群众达16.48万人,少数民族受益人口超过12万人,脱贫攻坚取得实效。2018年南宁市加大科技扶贫力度,在贫困地区实施项目33个,其中科技扶贫专项项目25个,投向贫困地区总经费870万元,占全年农业科技经费的52.3%。在贫困村建设了柑橘、土鸡、香芋、桑蚕、中药材、四季蜜芒等各类产业示范基地37个,通过土地流转、务工、合营等方式直接带动农户1090户,其中贫困户654户。2018年在上林县、马山县、邕宁区新增4个科技扶贫示范基地,到目前,南宁市贫困县区成果转化能力强、辐射带动作用大的科技扶贫示范基地达12家。积极落实与扶贫相关的税收优惠政策,发挥税收功能助力扶贫,全市共有704户次享受该项优惠政策,免税额为11195.91万元,助力扶贫项目,从而有力推动了少数民族地区脱贫攻坚。在各方面努力下,2018年南宁市民族贫困地区扶贫工作取得了显著成效。

(二)民族教育事业稳固发展

1. 民族基础教育事业蒸蒸日上

加大民族教育投入,大力推动民族基础教育的发展。党的十八大以来,民族教育事业得到党和国家的更多关注和高度重视,南宁市也不断加大教育对口支援力度,民族教育事业得到长足发展。2018年安排少数民族教育补助资金200万元,项目36个,其中,投入资金23万元解决市壮汉双语教学实验学校的特殊困难和问题;20万元进行少数民族传统体育训练基地建设;15万元用于偏远山区改善教育基础设施等,推动了民族地区教育事业的发展,对于推进教育公平,实现民族地区教育公平和高质量发展具有重要意义。

重视民族文化教育,将民族教育融入学校课堂。一直以来,南宁市坚持贯彻落实《学校民族团结教育指导纲要(试用)》《南宁市民族教育条例》及相关法规政策,通过美术课、音乐课、体育课将民族团结教育内容融入教育全过程,并将广西少数民族的抛绣球、踢毽子传统体育项目纳入中考范围,充分发挥考生特别是少数民族考生的个性与特长。全市各中小学将民族团结教育活动纳入学校文化建设的核心部分,南宁市有18所中小学校被确定为"百所民族文化教育示范学校"创建单位,其中沛鸿民族中学、天桃实验学校等12所学校通过了专家的评估审核验收,正式被确定为"自治区第一批民族文化教育示范学校",2018年,南宁市师范学校附属小学等9所学校申请为自治区第二批民族文化教育示范学校立项建设单位。民族教育融入学校课堂,让学生在民族团结、民族和谐的文化氛围中健康成长。

2.民族干部培训教育工作稳步推进

加强民族干部的学习培训,提高民族干部的履职能力。加强党的民族理论与政策教育是党的民族工作的重要组成部分,是党的干部教育培训工作的重要内容,也是保证民族团结进步事业顺利推进的关键环节。2018年市委组织部对少数民族干部进行有针对性的教育培训和实践锻炼,将少数民族干部培训纳入全市干部教育培训重点项目,保持少数民族干部集中调训的合理比例。全年共选派15名少数民族市管干部参加自治区主体班学习培训,组织举办南宁市科级少数民族干部培训班。加大对民族理论、民族政策法规的培训教育力度,将民族理论民族政策的学习与公务员、专业技术人员培训教育工作结合起来,增强干部处理民族事务的能力。抓好少数民族地区基层专业技术人员的继续教育，采取支教、支医、支农的方式，派出专业技术人员深入少数民族乡镇开展技术支持和人才培训，提高少数民族专业技术人员综合素质和业务水平。

3.加强民族地区农村实用技术培训

继续开展农业实用技术培训和新型职业农民培育工作，2018年全市开展农业实用技术培训626期，培训农民11.21万人次，全年新训、轮训农机实用人才3000人次。通过广泛推广应用型农业科技人才的教育培训，少数民族地区科教兴农工作扎实推进，极大地促进了民族地区经济社会的快速发展。

（三）民族社会事业不断进步

重视少数民族就业，推进各民族平等就业、充分就业。在招考公务员时对少数民族考生给予适当照顾，2018年新招录公务员620人，其中少数民族公务员为345名，占招录总数的55.65%。2018年度共选拔录用了92名选调生，其中少数民族选调生31名，占总数的33.70%。对少数民族就业的政策倾斜确保了少数民族干部队伍源头储备，也激发了广大少数民族干部工作的积极性，为促进民族团结和民族地区经济社会发展提供了坚实的组织保障。贯彻落实国家、自治区关于落实提高南宁市各级编制内少数民族聚居地区工作人员工资福利待遇的政策，切实保障和促进民族地区社会事业发展。

扶持民族地区社会保障工作，重点解决特殊群体社会保障问题。民族地区民生工程一直是民族工作的一个重要内容，2018年南宁市继续加大宣传力度，增强广大少数民族群众参保意识，引导少数民族群众参加社会保险，保障少数民族参保人员的社会保险权益。全市社会保险覆盖面不断扩大，基本医疗卫生服务人人享有，人民群众整体素质和社会文明程度进一步提升。

（四）民族文化繁荣发展

以壮乡特色活动彰显民族文化魅力。南宁市作为壮乡首府，民族特色文化活动丰富多彩。2018年,南宁市以自治区成立60周年为契机,开展丰富多彩的具有民族特色的"壮族三月三·八桂嘉年华"文化活动,营造了首府各族群众手足相亲、守望相助的浓厚氛围。开展民族歌曲进酒店、民族风情进校园、民族传统体育健身项目进机关的民族文化"三进"活动,多渠道营造浓厚民族文化氛围。各县区、各景区组织开展山歌对唱、民族歌舞展演、民族歌舞、民族体育竞赛、民族美食等各具特色的节目,活动数量达50多个。举办"民歌湖畔三月三"文化活动,通过展演与百姓互动体验结合的方式尽展"壮族三月三"无穷魅力。策划两场"广西三月三·南宁欢迎你"的主题公益快闪活动,《广西尼的呀》等独具民族特色的民歌,吸引了众多游客驻足欣赏,营造了浓郁的民族节日氛围,让八方来客在感受少数民族民俗风情的同时,将"壮族三月三"品牌的影响力进一步提升,从而推动首府南宁民族文化事业的大发展大繁荣。

搭建传播平台,加强民族文化国际交流。南宁市积极搭建对外民族文化交流平台,组织艺术院团积极开展对外民族文化交流演出,有效带动了南宁民族文化影响力、辐射力的提升。2018年6月17日~26日组织开展"文化走亲东盟行"活动,赴菲律宾、印度尼西亚和泰国共举办7场戏曲专场演出,3场非物质文化遗产展览,3场文化艺术研讨会,1场中国戏曲专题讲座;与3个国家的9家艺术机构签署了《中国—东盟戏剧合作交流机制谅解备忘录》。南宁电视台与马来西亚、菲律宾、泰国、印度尼西亚等13个国家和地区的19家媒体合作,成功举办《春天的旋律·2018》跨国春节晚会,播出信号辐射亚洲、欧洲、大洋洲、北美洲,覆盖观众超过5亿人,晚会获得2018年首届广西对外传播奖(项目类一等奖),并入选2018年国家新闻出版广电总局"丝绸之路影视桥"工程项目。民族文化的国际交流扩大了南宁市民族文化的知名度和影响力,也为南宁民族文化品位的提高和发展营造了良好的氛围。

(五)民族团结进步事业大发展

南宁市始终把民族团结进步创建活动作为民族工作的重中之重来抓,大力推进团结进步事业发展。2018年,南宁市开展了以"和谐壮乡,团结进步"为主题的民族团结进步宣传月活动,把宣传党的民族政策与节庆活动结合起来,加强民族理论、民族政策、民族法律法规和民族基本知识的宣传教育,推进民族团结进步创建活动进机关、进企业、进社区、进乡镇、进学校、进宗教场所、进家庭、进商业街区,使民族团结、同心共筑中国梦理念深入人心。在西乡塘区衡阳街道办事处中华中路社区、上林县镇圩瑶族乡、南宁市新兴民族学校等地举办以"民族团结一家亲,同心共筑中国梦"为主题的巡回演出,举行文艺演出1224场。南宁电视台推出人脸融合技术"壮族服装秀"小程序互动。市图书馆、市少儿图书馆分别走进学校,为民族地区、民族学校的孩子们送去内容丰富的"绿城讲堂""蒲公英讲堂""汽车图书馆"等文化活动。全市民族团结进步事业焕发出前所未有的新活力,民族团结示范市形象日益凸显。

(六)民族地区生产生活水平得到改善和提升

居住条件不断改善。2018年,南宁市在基础设施建设投资方面优先向少数民族聚集区,特别是三个少数民族乡的项目倾斜。为了给少数民族群众生产生活提供更加便利的条件,对少数民族居住条件差的实施易地扶贫搬迁,其中,马山县里当瑶族乡"金鸡寨",上林县镇圩乡易地扶贫搬迁分别完成投资3010万元和5074.66万元。财政资金的大力扶持,极大地改善了民族地区居民的人居环境,有力地推动了社会主义和谐社会的构建。

基础设施更加完善。按照《2018年"基础便民"专项活动实施方案》,南宁市以持续改善农村人居环境为目标,统筹推进农村垃圾治理、道路通行、饮水安全、村屯特色、住房安全和能源利用水平提升工程,增强供电、通信和公共照明保障能力,全面改善农村生产生活条件。2018年完成"改厕"125303户、"改厨"124700户,超额完成了自治区下达的农村"改厕改厨"各11.87万户的任务,完成照明能力工程147个项目,有效推动了民族地区农村基础设施建设。

二 民族事业发展面临的问题

（一）民族地区扶贫攻坚任务艰巨

南宁市脱贫攻坚工作时间紧迫、任务艰巨，虽然工作取得了显著成效，但仍面临严峻的形势。南宁市有马山县、隆安县、上林县三个国家扶贫开发工作重点县，其中马山县为深度贫困县，隆安县都结乡为深度贫困乡，还有几十个深度贫困村，均属少数民族聚居地区，按照中央2020年全部脱贫摘帽和自治区、南宁市的工作部署，马山县、隆安县、上林县都是2019年计划摘帽的国家扶贫开发工作重点县，时间紧任务重。2019年是南宁市决战决胜脱贫攻坚的关键之年，剩下的大都是条件较差、基础较弱、贫困程度较深的地区和群众，扶贫攻坚任务非常艰巨，三个县的脱贫任务是南宁市脱贫攻坚战的难点重点。

（二）民族文化传承保护力度不够

由于保护传承意识淡化、保护资金不足等原因，少数民族地区文化的传承面临严峻挑战：传承人断层、古文化逐渐消失、民族语言及文字应用越来越少，等等。虽然南宁市对民族文化的传承已经做了大量的工作，但仍然存在一些问题，少数民族语言文字工作管理体制、工作机制不够健全；《南宁市壮文社会使用管理办法》罚则部分的个别条款与《广西少数民族语言文字工作条例》规定相抵触；县区民语工作机构普遍缺乏壮文翻译专业技术人员、少数民族语言文字工作经费不足；武鸣、上林、隆安三县区的壮语广播影视工作本级预算经费投入有限，尤其是上林、隆安均为国家级贫困县，财力有限；壮语标准音的推行使用工作相对滞后等。

（三）民族地区体育文化建设仍需完善

县乡农村民族地区的体育文化建设仍存在一些问题。主要体现在：一是一些县区公共体育设施建设经费投入不足，体育场地布局不合理。县、区一级安排体育设施配建、维护和更新的经费预算总体较少，未能从政府层面进行总体统筹规划，存在"等、靠"上级支持的现象。二是人均体育场地面积仍较低。截至2018年底，南宁市人均体育场地面积约为1.65㎡，与"十三五"规划要求的1.8㎡的目标还有不小差距。三是基本公共体育服务城乡之间、地区之间差距明显，均等化水平亟待提高。四是县、区级体育组织不够健全，目前仅有武鸣区成立了体育总会，其他11个县区均未成立社会体育指导员协会。

（四）少数民族专业化人才队伍建设有待进一步加强

一是少数民族干部选用工作机制还不够健全；二是对少数民族干部成长规律及培养方法的研究还不够深入；三是少数民族干部队伍专业化建设还需加强，特别是熟悉现代金融、企业投融资、城市规划建设、新兴产业、生态环保、民族语言等专业领域的人才欠缺；五是县区民族、宗教状况监测队伍的培训指导有待进一步加强。

三　2019年民族团结进步事业发展展望

（一）全力打赢脱贫攻坚战

当前，南宁市民族地区的扶贫工作已进入攻坚拔寨、啃硬骨头的冲刺阶段，全市各部门全体干部群众必须团结一致，共同努力，打赢精准脱贫攻坚战。

继续加大对少数民族聚集区的项目投资力度，积极向中央和自治区申报项目，争取中央、自治区的专项补助资金，同时加大市本级财政资金投入，加快少数民族地区基础设施建设，不断提高少数民族地区群众的生产生活水平。

实施产业扶贫。扶贫工作重在将扶贫与扶志、扶智相结合，将"输血"

与"造血"相结合,激发他们脱贫的内生动力与活力,才能促进贫困户不断增强自我发展能力,确保脱贫实至名归,因此,南宁市扶贫工作重点要放在产业扶贫上。一是实施农业特色产业科技重大专项和重点研发计划。二是重点指导贫困县区创建农业科技园区,加强贫困地区项目申报指导和立项倾斜力度。三是充分发挥税收优惠政策,积极落实税收优惠政策助力扶贫项目,为扶持少数民族地区经济发展提供有力的税收支撑和保障,助力少数民族地区脱贫攻坚。

(二)加快民族文化传承与创新,激发民族文化活力

少数民族文化是形成民族凝聚力的内在动力,创新和传承民族文化必须成为南宁市发展民族团结事业的重要工作内容。2019年及以后,南宁市的民族文化传承工作重点主要有:一是修正《南宁市壮文社会使用管理办法》与《广西少数民族语言文字工作条例》规定相抵触的内容,使民族语言真正做到合理合法合规运用;二是做好壮文推行使用。如推动"壮族三月三"节庆活动壮语文的应用、开展"跟我学壮文"公益培训、推进交通运输领域壮语文应用;指导武鸣区民宗局(民语局)会同城区法院做好壮汉双语法官评定试点工作;继续做好壮语方言音频资料采集。三是打造原创民族题材剧。积极提炼选取反映民族文化、民族团结等主题内容的题材,进行音乐、舞蹈、小戏、小品的创作,全景展现、积极推广内涵丰厚、色彩斑斓的民族文化。四是加快打造民族文化旅游精品,在特色旅游中创新传承民族文化。继续深入开发特色民族村寨旅游,根据南宁市不同少数民族及其支系特点,选择民族传统文化保存较好的村寨开发旅游,将发展特色旅游和服务业中的相关行业实施产业联动战略,实现资源共享、优势互补、协调发展。五是推动民族特色旅游商品研发,开展"南宁礼物"主题旅游商品设计大赛等活动,甄选出具有南宁地域特色,反映南宁人文历史风貌、民族风情的旅游商品,进一步打造研发、设计、生产、销售一条龙的南宁旅游商品产业链。六是深入挖掘民族文化的内涵,创新民族文化的宣传方式方法,深度挖掘、了解和掌握各民族的文化内涵及其精髓。七是结合美丽乡村建设传承民

族文化。各地结合当地的民风民俗情况，把本地民族的文化精髓贯穿于乡村的发展规划与具体建设中，在建筑风格、村道布局、乡村休闲设施的空间设计等方面体现各自的民族文化，把乡村建设成为自然环境优美、文化风格独特、民族风情浓郁的美丽乡村，使民族传统文化不断创新传承和繁荣发展。

（三）加强民族地区体育文化建设，推进民族体育事业发展

加强民族体育文化建设对于推动民族文化大发展、民族团结进步事业健康繁荣有着重要意义，因此，要大力推进民族地区体育文化建设，不断满足各族群众的健身需求。结合各县区民族体育文化建设存在的问题，南宁市应着力在以下几个方面下功夫：各县区从总体入手，统筹规划，加大经费投入，保障县区特别是农村地区体育设施配建、维护和更新；鼓励和支持各中小学校开展现代体育教学活动，在各级各类学校中培养少数民族传统体育人才；完善体育社会组织架构，辐射少数民族聚居地；继续开展智慧体育建设，为广大人民群众提供智能化的全民健身公共体育服务。大力创新推动广西少数民族运动会的开展，将一系列民俗、服饰、体育、展会、文艺演出等活动串联起来，大力展现和弘扬少数民族文化内涵，着力促进文化体育事业全面繁荣和公共文化服务提质升级。

（四）加强民族地区人才队伍建设，促进民族地区发展

继续完善和健全少数民族干部选用工作机制，加强少数民族人才队伍的培养和选拔，重点扶持民族地区人才工作，组织实施一批少数民族人才开发项目，不断提高少数民族人才队伍的数量与质量。加大干部交流力度，对表现突出，在同一岗位工作时间较长的干部，采取纵向、横向交叉交流的办法，进行轮岗和换岗锻炼，增加阅历和经历，丰富干部不同业务的工作知识和经验，增强实际工作能力。多管齐下，大力发展成人教育、职业教育和专门培训，鼓励各类人才自学成才，尤其是鼓励现在紧缺的现代金融、企业投融资、城市规划建设、新兴产业、生态环保、民族语言等人才的引进和培养。

共享发展报告

Analysis of Sharing Development Report

B.10
南宁建设更高水平生态宜居城市对策研究

梁国禄 李耿民 李 锦 王造兰*

摘 要： 建设更高水平生态宜居城市是生态宜居城市发展到一定阶段提出的更高水平、更高阶段的要求。近年来，南宁市高度重视生态宜居城市建设，采取了强有力措施，持续推动绿城品质升级，为建设更高水平生态宜居城市打下坚实基础。但南宁市在城市规划建设、产业结构、生态环境、城乡公共服务水平、地域文化等方面仍存在亟待解决或改善的问题。文章对建设更高水平生态宜居城市给出了完善城市规划设计、打造生态产业体系、加强生态保护修复、提升设施建管标准、推进城市治理现代化、塑造特色民族风貌等对策建议。

---

* 梁国禄，南宁市委副秘书长、南宁市委政研室（改革办）主任；李耿民，南宁市委政研室（改革办）副主任；李锦，南宁市委政研室（改革办）城建科副科长；王造兰，南宁市委党校副教授。

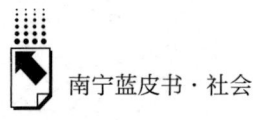

南宁蓝皮书·社会

关键词： 绿城　生态文明　生态宜居

党的十九大报告指出，绿水青山就是金山银山，必须坚定地走生产发展、生活富裕、生态良好的文明发展道路，建设美丽中国。南宁地处亚热带季风区，气候温和，一年四季绿荫如盖、繁花似锦，"半城绿树半城楼"，素有"中国绿城"的美誉。生态宜居是南宁的优势所在，也是南宁的显著特征。2016年9月，南宁市第十二次党代会提出，要推动绿城品质升级，建设生态宜居城市。2017年4月，习近平总书记视察广西时强调，广西生态优势金不换，要坚持节约优先、保护优先、自然恢复作为基本方针，把人与自然和谐相处作为基本目标，使八桂大地青山常在、清水长流、空气常新，让良好生态环境成为人民生活质量的增长点、成为展现美丽形象的发力点。为适应新形势新要求，推动南宁生态宜居城市建设再上新台阶，市委政研室成立课题组，深入开展专题研究，形成本课题报告。

一　生态宜居城市建设的科学内涵

（一）宜居城市、生态宜居城市的定义

宜居城市，主要是指拥有良好居住环境的城市，不仅可以满足居民物质文化和精神文化的需要，同时城市的经济、文化、社会环境可以协调发展，而且也是一个适应人类工作和生活的城市。2005年1月，国务院批复北京城市总体规划，首次出现宜居城市的概念。同年7月，国务院在全国城市规划工作会议上要求各地把宜居城市作为城市规划的重要内容，宜居至此成为我国新的城市理念。目前，宜居城市尚未有明确定义和公认界定标准。国内比较认同的宜居城市含义是：人居环境良好，居民的物质和精神文化生活得到较好满足，适宜人类生产和生活居住的城市。

生态宜居城市是"生态城市"和"宜居城市"的统一，是坚持以人为

本，建设人与自然、人与人、人与社会和谐相处，协调可持续发展的城市。其内涵要素包含着经济、社会、文化、自然等均得到全面、协调、持续发展的含义，着眼于居民的长久幸福和子孙后代的永续发展，惠及市民眼前利益及长远利益，是城市发展的出发点和落脚点。简而言之，生态宜居城市就是生态环境良好，坚持绿色低碳循环发展，人的各种需求得到较好满足，适宜人类生产生活居住的城市。

（二）建设更高水平生态宜居城市的内涵

建设更高水平生态宜居城市是生态宜居城市发展到一定阶段提出的更高水平、更高阶段的要求。它不是单纯追求自然环境的美化，以建设花园城市、卫生城市为目标，简单地改善环境、增加绿化，也不是出于招商或政绩之需的伪生态城市，更不是靠金钱和技术堆砌的"生态城市"。其丰富内涵主要包括以下几方面：

一是经济生态更加繁荣。主要表现为一种爱护资源、善待地球的经济发展模式，即经济增长健康平稳，经济结构不断优化，生态经济占比较大，生态与经济深度融合。经济生态倡导绿色适度消费，崇尚节约资源的理念，绿色低碳环保的生产生活方式深入人心，经济实现可持续发展、高质量发展。

二是社会生态更加和谐。主要表现为人们的居住城市更加舒适、健康、安全、便捷，即城市社会安定有序，执法公正公平，治安状况良好，城乡平衡发展，社会保障完善，邻里友善互助，有良好的人文社会环境。城市水、电、医疗、教育等各项基础设施建设完善及全面覆盖并得到有效维护，满足居民生产生活需要。

三是环境生态更加良好。主要表现为自然生态环境优美、整洁，人与自然和谐共生，即自然生态系统稳定，原生生态完好保护，生态保护亮点突出，生态功能有效发挥，城乡环境质量优良，绿地景观亲人宜人，形成富有特色的、可持续的生态景观。

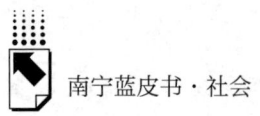

二 建设更高水平生态宜居城市的重要意义

（一）建设更高水平生态宜居城市是贯彻落实习近平生态文明思想的重要体现

党的十八大以来，以习近平同志为核心的党中央，以高度理论自觉和实践自觉，把生态文明建设纳入中国特色社会主义事业"五位一体"总体布局之中。2018年5月召开的全国生态环境保护大会，全面系统地总结并确立了习近平生态文明思想。习近平生态文明思想内涵丰富、博大精深，对生态文明建设进行了顶层设计和全面部署，深刻回答了为什么建设生态文明、建设什么样的生态文明、怎样建设生态文明等重大理论和实践问题，是推进生态文明、建设美丽中国的强大思想武器。因此，南宁始终坚持将生态文明放在突出位置，着力建设更高水平的生态宜居城市，努力走人与自然和谐共生的绿色发展之路，是贯彻落实习近平生态文明思想的重要体现。

（二）建设更高水平生态宜居城市是推进城市可持续发展的战略选择

随着城市化进程不断加快，南宁建成区面积从2000年的110.2平方公里扩大到2017年的292.22平方公里，城市面貌发生了翻天覆地的变化。与此同时，市区常住人口从2000年的267万人增加到2017年的376.31万人（不含武鸣区）。城市规模的迅速扩张，造成区域环境容量有限，可开发利用的土地资源不足、水资源匮乏，资源环境承载力与发展的需要不相适应，发展和保护的矛盾十分突出。因此，必须转变依靠规模扩张的粗放式发展模式，切实走集约型、节约型、生态型发展道路。建设更高水平的生态宜居城市，是推进南宁城市可持续发展的重要手段，更是必要的战略选择。

（三）建设更高水平生态宜居城市是提升城市品质、满足人民群众日益增长优美环境需要的必然要求

习近平总书记强调，良好的生态环境是最普惠的民生福祉。大气污染、水污染、生态破坏、交通拥堵等各种城市病的暴露，严重影响了居民的幸福感、安全感和获得感，考验着城市的发展和政府的智慧。如果一座城市人居环境差，公共设施不齐全，道路拥堵不堪，在这样的城市中生活也就不会幸福，宜居也便无从谈起。建设更高水平生态宜居城市，完善城市功能，提高城市品质，是回应人民群众所想、所盼、所急，不断满足人民群众优美生态环境需要的必然选择。

三 南宁市生态宜居城市建设的实践与成效

近年来，南宁市高度重视生态宜居城市建设，积极践行绿水青山就是金山银山的理念，坚持"治水、建城、为民"的城市工作主线，扎实推进生态文明建设，持续推动绿城品质升级，进一步巩固提升了首府生态优势。南宁市荣获联合国人居奖、全国文明城市、全国卫生城市、全国城市环境综合整治优秀城市、国家园林城市、中国优秀旅游城市、中国人居环境奖、全国绿化模范城市、全国十大宜居城市、国家森林城市、国家生态园林城市等多项殊荣，为建设更高水平生态宜居城市打下了坚实的基础。

（一）城市环境质量持续改善

全面实施大气、水、土壤污染防治行动计划，深入推进城乡环境综合治理，加大城市生态系统保护和修复，保持首府天蓝地绿水清。坚决打好"蓝天保卫战"，持之以恒推进扬尘污染专项治理，市区空气质量优良率从2013年的74.8%提升到2017年的92.3%（见表1），环境空气质量保持在全国省会城市前列。实行最严格的水资源管理制度，全面落实河长制和湖长制，全力推进黑臭水体整治，地表水源水质达标率保持100%。推进岩溶地

区石漠化综合治理,仅2017年全市治理石漠化岩溶面积就达129.78平方公里、石漠化面积77.05平方公里。坚持不懈推进城市道路、公园等绿化美化,2017年全市森林覆盖率达47.66%,建成区绿化覆盖率达43.1%,人均公园绿地面积12.01平方米。"美丽南宁"乡村建设深入实施,建成一批生态综合示范村,培育创建了300个市级"绿色村屯",其中有110个村屯被评为广西"绿色村屯"。

表1 2013~2017年南宁市空气质量状况

年份	年优良率(%)	优的天数(天)	良的天数(天)	优良天数合计(天)
2013	74.8	104	169	273
2014	80.0	90	202	292
2015	88.8	137	187	324
2016	95.1	149	199	348
2017	92.3	191	146	337

资料来源:市委政研室整理。

(二)生态循环经济发展加快

坚持将发展和环境保护结合起来,以供给侧结构性改革为主线,大力推进产业转型升级,加快转变经济发展方式,推进节能低碳城市建设,生态循环经济比重不断提高。坚定不移淘汰落后产能,2015~2017年关停了11家重点高耗能企业,单位地区生产总值能耗累计下降13.13%;2017年全市单位地区生产总值能耗低于全区平均水平40个百分点,低于全国平均水平42个百分点。大力发展生态产业、高新技术产业以及战略性新兴产业,2018年上半年电子信息、先进装备制造、生物医药三大重点产业产值占全市规模拟上工业总产值的41.9%,高技术产业产值同比增长19.7%。坚持"产村互动、农旅融合",建成一批现代特色农业示范区,打造了古辣香米、茉莉花茶、山水牛、澳洲龙虾等一批生态农业品牌。生态服务业不断壮大,2017年接待旅游总人数突破1亿人次,旅游总消费突破1000亿元。

（三）城市功能日臻完善

按照"以邕江为轴线，西建东扩、完善江北、提升江南、重点向南"的城市发展战略，狠抓重大基础设施建设，完善城市功能，城市综合承载能力不断提升。加快城市交通基础设施建设，轨道交通1、2号线建成运营，"四纵四横"的城市交通网络体系基本形成。五象新区基础设施和配套设施不断完善，产城融合步伐加快，基本实现"核心区基本建成型"的目标，大大拓展了城市的空间。优化提升旧城功能，历史街区、危旧房等一批旧城改造项目建设稳步推进，其中"三街两巷"一期项目改造完成（见图1）。深入推进邕江两岸及18条内河水系综合整治，进一步提升相思湖、明月湖、民歌湖、南湖等城市湖泊生态景观水平，那考河湿地公园获"中国人居环境奖"范例奖并获得习近平总书记充分肯定，"百里秀美邕江"全面展现。

图1　南宁市"三街两巷"历史街区改造示意

（四）城市管理水平不断提升

坚持从广大市民的需求出发，着力完善城市管理和服务，努力为老百姓营造良好的城市环境。以"美丽南宁·整洁畅通有序大行动"为重要抓手，建立"纵向到底、横向到边"的网格管理体系，探索形成了电动自行车管理、泥头车管理、农贸市场管理等一批"南宁经验"。推进城市智慧管理，打造"互联网＋政务服务"、智慧社保、智慧医疗、智慧生活等一批方便群众的项目，如打造的"爱南宁App"，为市民提供交通出行、城市生活、医疗社保、政务服务等领域的一站式服务窗口。推进诚信南宁建设，建立全市公共信用信息共享平台及相关制度，营造了诚实守信的社会氛围，南宁市综合信用指数在36个城市（省会、直辖市及副省级城市）中由2017年的第31名跃升为目前的第17名。深入推进法治南宁、平安南宁建设，连续三次获得全国社会管理综合治理"长安杯"，形成了安定有序、团结和睦的良好局面。

（五）城市人文环境明显改善

多年来，南宁着力营造良好的人文环境，宜居宜业的城市形象日益凸显。充分利用中国—东盟博览会永久举办地的优势，大力宣传和积极参与中国面向东盟开放合作以及"一带一路"建设，营造了开放包容的城市环境。深入开展城乡文明创建活动、创新开展礼让斑马线等活动，积极发动各类志愿者参与文明乘车引导、环境卫生保洁、社区服务等志愿服务活动，形成了"能帮就帮"良好风尚。基本建成市、县、乡、村四级公共文化服务网络，形成了南宁国际民歌艺术节、民歌湖"周周演"等文化品牌，骆越文化、壮文化、广府文化、东南亚文化等多元文化共生相融的城市形象正在逐渐形成。同时，通过创建国家森林城市、筹办第十二届中国（南宁）国际园林博览会、开展"美丽南宁"乡村建设等活动，进一步增强了广大居民的生态环保意识。

（六）民生保障得到加强

始终坚持发展为了人民，将公共财政支出更多地向民生倾斜，2017年民生支出达到500.73亿元，占一般公共预算支出的77.48%，完成了一批民办实事项目。脱贫攻坚工作成效明显,2016年以来累计减少贫困人口21.17万人。教育、医疗、社保、就业、养老等民生事业不断发展,仅2017年就建成公办中小学校、幼儿园36所,城乡居民基本养老保险和基本医疗保险参保率分别达到95%、98.95%,城镇登记失业率2.63%,超额完成自治区下达的公共租赁住房建设和分配入住任务。

四 当前建设更高水平生态宜居城市面临的主要问题

南宁为建设生态宜居城市采取了有力的措施,取得了积极的成效,但仍旧面临着一些问题,主要体现在以下方面:

(一)城市规划建设有待进一步改进

由于存在"重建设轻管理""重外延扩张轻内涵提高"等观念,以及城市快速扩张的原因,城市规划建设对自然规律和生态规律的重视不够。对城市山水林田湖等生态资源的保护性开发利用不到位,比如规划前瞻性不够,没有预留足够的城市生态功能用地;建设中许多城市湖泊被填平、山体被铲平,自然生态系统被破坏,导致城市内涝等问题发生。城市环境保护设施建设速度无法满足节能减排和污染治理要求,一些旧城区的改造项目对"公共环境优先"原则的落实还不够彻底,旧区与新区的环境存在较大差距。基础设施建设不能满足城市快速发展需要,交通拥堵、停车难、"马路拉链"等"城市病"仍未根治。比如旧城区以及凤岭片区容积率与道路通行能力严重不匹配,道路节点过多,极易造成拥堵。

(二)产业结构有待进一步优化

长期以来,经济发展主要依靠资源型产业,在资源要素制约趋紧、加速淘汰落后产能等情况下,新能源、清洁能源汽车、先进装备制造、电子信息、生物医药等生态产业和战略性新兴产业还处于培育阶段,新旧动能转换还未完成,处于"青黄不接"的阶段。同时,南宁的生态优势没有充分发挥出来，生态循环养殖、乡村农业休闲游等生态农业产业仍处于起步阶段，产业基础仍然薄弱。

（三）环境突出问题有待进一步解决

随着南宁建成区面积和人口规模的剧增，南宁资源环境容量压力加大。一是黑臭水体整治任务艰巨，一些河段水质尚未得到根本性改善。比如亭子冲河上面已经覆盖有很多建筑，加之区域内缺少截污纳管、雨污不分流等多种原因，改造难度很大。二是大气污染治理仍是"易碎品"，南宁工地建设、汽车保有量、采石场等都比较多，治理难度大，扬尘污染治理长效机制仍需进一步建立健全，比如不少采石场粉尘、噪声等污染较重，严重影响了附近居民的生产生活。三是农村面源污染管控难，普遍存在化肥、农药过量施用，畜禽粪便无序排放，农业废弃物综合利用率低等问题。四是局部地区石漠化严重，比如马山县、上林县、武鸣区等县区受石漠化脆弱性影响较大，生态修复艰难漫长，环境承载力下降，环境瓶颈日益凸显。

（四）城乡公共服务水平有待进一步提升

尽管近年来南宁市公共服务有了较大发展，但是居民在上学、就医、养老等方面仍然面临不少难题。比如优质教育资源配置在城乡、区域、校际之间还不均衡，城乡一体化的教育发展机制尚待健全；医疗卫生资源供给不足、分布不合理，无法满足人民群众对优质医疗卫生资源的需要，"看病难""看病贵"的现象仍然凸显；老龄化程度比较高，但是养老服务设施建设滞后，养老问题日益突出。同时，城市精细化、智慧化管理仍需加强，比如"互联网+城管""互联网+政务"等信息化管理手段亟须进一步强化升级，以适应城市现代化发展的需要。

（五）地域文化有待进一步培育

随着城市的迅速扩张，南宁一些传统文化特色存在消失的风险，比如曾经满大街的骑楼建筑，随着危旧房改造的加快而变得越来越少。由于对传统文化挖掘不深，以及受到外来文化元素的影响，南宁在文化传承中没能形成自身文化发展主轴，丧失了城市文化个性。同时，南宁的文化资源开发利用不足，现代文化与民族文化结合度不够，文化产业市场竞争力不强，文化品牌影响力不高。

（六）生态环保意识有待进一步增强

由于历史的原因，个别地方和部门对生态环保工作仍然意识不强，认识不高，重视不够，不能正确处理保护环境与发展经济的关系，比如存在以牺牲环境为代价换取眼前利益的现象，引进了一些污染行业和被淘汰产业，成了生态环境的负担。同时，全社会的环境意识、生态理念还有待进一步增强，绿色生活和消费模式推广不够深入，生态文化的根基还不够牢固。如不少市民日常购物中习惯于由商家提供塑料袋，限塑令没能有效发挥作用。

五 国内建设生态宜居城市的经验启示

各地十分重视生态宜居城市建设，结合实际，大胆创新，探索积累了不少成功经验，值得南宁学习借鉴。

（一）注重践行绿色发展理念

外地市将生态文明建设和环境保护作为全局性、战略性举措来抓，坚定不移实施生态绿色发展战略，努力实现城市可持续发展。如信阳市坚持"以绿荫城、以水润城、以文化城、以业兴城"的理念，着力构建和谐宜居、富有活力、特色鲜明的现代化文明城市。三亚市坚持生态立市，将生态环境质量"只能更好、不能变差"作为责任的底线和红线，把生态文明建设融入全市经济建设、生态环境建设、国际旅游城市建设、城镇化建设和社会主义新农村建设之中，不断提升生态宜居水平。昆明市坚持"创优质发展环境，建美好生活空间"理念，努力将昆明建设成森林式、环保型、园林化、可持续发展的高原湖滨特色生态城市。

（二）注重生态文明建设

外地市坚持把生态文明建设放到突出位置，推动生态文明理念融入城市建设发展的方方面面，走生态文明的科学发展之路。一是优先规划生态空间。外地市坚持"山、水、林、城"一体化规划，引导城市转变发展方式，有序集约发展。如，信阳市始终坚守生态红线，明确市辖区内五分之一的区域不得开发。在新区规划中，更多地为生态建设留白。三亚市抓住海南省开展省域"多规合一"改革试点的契机，划定山、海、河、林、田等生态红线，划定产业园区和水、电、路、气、光等"五网"基础设施的建设范围，协调各类规划的冲突，优化城市的空间布局。二是推动城市生态建设。外地市将人文景观、基础设施与绿色生态相结合，成为提升社会效益和经济效益的有力支撑。如，三亚市通过加快建设市政公园、绿道，有力提升了城市生态功能及宜居指数。昆明市围绕营造"人在园中走、车在丛中行、楼在花丛卧、闹市森林中"的景象，在主城范围内进行拆违拆临建绿透绿，提升城市景观提高城市绿地率和绿化覆盖率，努力实现"市民步行5分钟或500米就能到达绿地广场"。三是着力发展生态产业。外地市把生态环境建设与经济结构调整升级结合起来，从生态的角度对产业进行定位，着力推进产业发展生态化、生态建设产业化。如，信阳市作为茶的故乡，重点打造了以广义茶坊等为代表的十大茶坊，并通过"茶+经贸""茶+旅游"，延长了茶产业链条。昆明依托滇池、古滇国文化遗址等资源，着力打造集文化体验、旅游观光、休闲养生、商务会展等功能于一体的"七彩云南·古滇文化旅游名城"，推动文化、旅游、经济、生态等要素深度融合。

（三）注重推进城市"双修"

各地市将城市"双修"作为提升城市品质的重要举措。如三亚市于2015年被列为全国首个生态修复城市修补（以下简称城市"双修"）试点城市以来，在生态修复上，以治理内河水系为中心，特别抓住三亚河生态修复，系统推进山、海、河生态修复，河流水质已由劣五类提升为四类，有的河段水质达到三类甚至二类标准；在城市修补上，将原为城市建设用地置换回来改造成为城市绿地，种植龙眼、荔枝、波罗蜜等热带果树，建成市民共同享用的百果园，丰富环境景观资源。昆明市在生态修复中狠抓滇池流域水环境综合治理，全面建立了以环湖截污、外流域引水、入湖河道整治、农村面源污染治理、生态修复与建设、生态清淤"六大工程"为主线的综合治理体系，2017年滇池全年水质首度由劣五类提升为五类。信阳市在城市修补上对中心城区266条背街小巷、25个农贸市场进行升级改造，有效改善贫困村和城市社区的人居环境。

（四）注重推进城市治理精细化

外地市积极创新城市管理，努力创建更加整洁、安全、干净、有序、公正的城市环境。信阳市充分发挥数字城管作用，采用"高位监督、扁平指挥"的运行模式，纳入48个处置部门，对市民反映的各类投诉、突发事件，实现第一时间接收登记、第一时间通知责任部门处理、第一时间将处理情况反馈给市民。三亚市结合旅游城市定位，成立三亚市民游客服务中心，将三亚旅游圈资源展示、散客咨询、投诉举报受理、一日游定制、应急指挥与综合分析功能集于一体，构建"一二四"旅游市场综合治理体系，实现旅游治理各个环节的联动和无死角、全覆盖。

（五）注重推动特色文化融入城市发展

外地市通过保护历史文化古迹，挖掘城市文化内涵，实现城市建设与城市文化融合发展，使城市更具人文宜居魅力。信阳市作为中原文化与楚文化交融地，注重发展豫风楚韵文化、根亲文化、红色文化，打造了独具特色的淮上文化风情。昆明在尊重山水环境特征基础上，强化与山体相协调的天际线轮廓，在中心城区和呈贡新区塑造"远山大城"的景观风貌特色。同时加大历史文化保护，深度挖掘古滇国历史文化，有序推进翠湖、讲武堂等历史文化街区的整体保护，传承历史文脉。

六 南宁建设更高水平生态宜居城市的对策建议

建设更高水平生态宜居城市，目标就是要建设环境更加优美友好、经济发展质量更高、社会更加和谐稳定、文化更加丰富厚重、生活更加舒适便捷的统一体，其重点是改善生态环境，形成节约资源和保护环境的空间格局、产业结构、生产方式、生活方式，实现人与自然和谐共生。要以习近平生态文明思想为指导，积极践行绿色发展理念，坚持"治水、建城、为民"的城市工作主线，进一步推动"中国绿城"品质升级，加快建设具有浓郁壮乡特色和亚热带风情的生态宜居城市，打造更高水平的生态宜居城市。

（一）完善城市规划设计，优化空间发展布局

规划是生态宜居城市建设和发展的龙头，在城市发展中起着战略引领和刚性控制的重要作用，建设更高水平生态宜居城市必须坚持规划先行。在实施新一轮的城市总体规划修编中，坚持以资源环境承载能力为刚性约束条件，确定南宁人口总量上限、生态控制线、城市开发边界，实现由扩张性规划转向优化空间结构的规划。优化城市功能和空间布局，科学划定生产空间、生活空间、生态空间，更多地为生态建设留白，引导城市转变发展方式，促进城市有序集约发展。强化生态基底硬约束，科学划定山水林田湖草等生态保护红线，制定并严格实施有关保护措施，建议在武鸣区等新的区域规划中，充分考虑区域内生态系统和生态屏障的保护建设，将传统零散的生态保护转向打造生态环境优美的复合型功能区域。坚持全域规划，在南宁市域范围内实行城乡统一规划管理，做到一本规划、一张蓝图覆盖全域，引导区域协调发展。

（二）大力推动产业转型升级，打造生态产业体系

建设更高水平的生态宜居城市就要坚持把循环经济理念贯穿于经济社会发展全过程，按照"产业发展生态化、生态建设产业化"的理念，加快转

变经济发展方式，推动产业转型升级，着力把生态优势变成经济优势，构建生态农业、生态工业、生态服务业融合发展的产业体系。一是构建生态效益型的特色农业体系。以深入实施"10+3"特色农业产业提升行动为重要抓手，着力发展桑蚕、果蔬、茶叶、食用菌、花卉、林下养殖等生态种养业，培育形成更多的富硒、有机农业品牌。推广种养结合、立体养殖、循环利用等生态种养技术，逐步降低种养业污染。推动现代特色农业示范区提档升级，发展休闲农业，增强示范带动作用。二是构建低碳节能的生态工业体系。抓好去产能工作，支持一批企业开展节能技术改造，淘汰一批落后的低端低效产能。着力改造提升食品加工、建材等传统产业，积极培育发展新能源和清洁能源汽车、节能环保、生物医药、高端装备制造、新型建材、新一代信息技术、新材料等新兴生态产业，积极引进和扶持创新能力强的企业发展关联制造业。深入实施创新驱动发展战略，进一步发挥南宁·中关村创新示范基地示范引领和辐射带动作用，继续培育和引进一批科技领军企业，打造更多更强的创新平台。推进资源节约集约利用，加快南宁经开区、东盟经开区、六景工业园区等生态化改造和循环经济示范园区的建设，努力建设生态型园区，持续提升资源利用效率和环境质量。三是构建以生态旅游为重点的生态服务业体系。比如，依托南宁的生态资源优势，不断提升生态旅游产业化水平，建设和提升五象岭、大明山、良凤江、大王滩、西津等一批公园，打造南宁中医药健康旅游示范区等一批国际休闲养老健康养生基地，建设和完善"美丽南方"等一批适合城市居民短期休闲娱乐、度假观光、劳动和饮食体验的生态旅游基地，以优美的生态环境吸引海内外游客。

（三）加强生态保护修复，提升城市环境质量

要坚持生态优先，加强自然生态系统保护和修复，持续开展绿化美化和城乡环境综合整治，不断提升环境生态品质，打造宜人宜居美丽家园。一是加快解决环境突出问题。以中央环保督察反馈问题整改为重点，全面实施大气、水、土壤污染防治行动计划，切实打好污染防治攻坚战。坚决打赢蓝天保卫战，强化预警预报和联防联控，持续深入实施扬尘污染治理，严控城市

南宁蓝皮书·社会

扬尘、机动车尾气、工业企业排放、餐饮油烟、秸秆焚烧等领域污染，让"南宁蓝"保持常态。系统治理水污染，推进黑臭水体的治理和农村面源污染整治，加快污水处理设施建设与改造，特别是要科学布局建成区的污水处理厂，全面加强配套管网建设，推进雨污分流，提高城乡污水收集处理能力。狠抓土壤污染治理，严控新增污染、逐步减少存量，切实保住一方净土。二是修复自然生态。扎实推进马山县、上林县国家重点生态功能区生态环境建设，严格执行产业准入负面清单，规范各类开发建设活动。加强重点流域生态修复，大力实施山水林田湖草生态保护和修复工程，特别是加强采石场的综合管理，加大对石漠化、受损山体等改造力度，提升自然生态系统稳定性和生态服务功能。三是改善城乡环境卫生。继续开展"美丽南宁·整洁畅通有序大行动"，推进"美丽南宁"乡村建设，持续深化城乡环境综合整治。全面推行生活垃圾分类，加快建成分类投放、分类收集、分类运输和分类处理的垃圾处理系统。加快江南循环经济产业园等垃圾处理设施建设，提升垃圾无害化处理水平。坚持推进农村"厕所革命"，不断完善农村环境基础设施，有效控制农业面源污染，推动村屯"硬化、净化、绿化、亮化、美化"。

（四）提升设施建管标准，营造便捷舒适环境

城市基础设施是一座城市的命脉，直接关系到城市发展水平、可持续发展潜力，以及城市居民的生活水准和幸福指数。一是完善交通基础设施。优先发展公共交通，统筹公共汽车、地铁等多种类型公共交通协调发展，缓解城市交通压力。加强城市综合交通枢纽建设，促进不同运输方式和城市内外交通之间的顺畅衔接、便捷换乘。优化街区路网结构，打通"断头路"，大力推广街区制，建立市内道路微循环系统。加强自行车道和步行道系统建设，倡导绿色出行。合理配置停车设施，鼓励社会参与，放宽市场准入，逐步缓解停车难问题。二是加强公共服务设施建设。增强中心城区公共服务功能，高标准增设城市类生活性服务设施。进一步巩固国家生态园林城市建设成果，持续打造南宁园博园、青秀山风景区、五象岭森林公园等公园，构建

以城市公园、片区公园、社区游园和街旁绿地为核心的四级公共绿地，提高公园绿地服务半径覆盖率。打造和管理好"百里秀美邕江"，推进"海绵城市"建设，复制推广那考河生态模式治理城市内河，满足市民亲水、近水、观江的需求。三是加强市政基础设施的维护改造。加强道路路况维护管理，推进实施市政道路"白改黑"和"人行道改造"工程。推进城市防洪排涝设施建设，整治建成区易涝点，提高城市防内涝能力。抓好城市广场超限运行设施和老旧设施的更新和改造，满足居民文娱生活需求。

（五）推进城市治理现代化，提高管理服务水平

坚持人民城市为人民、人民城市人民建、人民城市人民治，推进城市治理体系和治理能力现代化。一是推进城市管理精细化。扎实推进城市治理"制度建设年"工作，固化"美丽南宁·整洁畅通有序大行动"成功经验，加快形成城市治理成效机制。总结梳理城市网格化管理、电动自行车治理、泥头车整治等精细化管理的经验和做法，量化细化城市管理标准，促进城市管理从单一变为综合、滞后变为实时、粗放变为精细，推动城市管理手段和模式的转变，使管理和服务延伸到城市的每一个角落。二是推进城市管理智慧化。继续推进城市大数据开放、信息共享和集成运用，加强市政设施运行管理、交通管理、环境管理、城市管理、应急管理等城市管理数字化平台建设和功能整合，提高城市管理服务的精准度和便捷性。推进"互联网＋政务服务"，加快审批智能化、服务自动化、办事移动化建设，推广应用网上审批大厅系统及"一站式"社会服务管理平台，实现政务服务事项全流程网上办理，构建便民服务"一张网"，让信息多跑路、群众少跑腿。三是提升综合民生服务水平。持续加大民生保障投入，统筹城乡社会公共事业协调发展，推进城乡基本公共服务均等化，不断提高人民生活满意度和幸福感。要坚持以人为本的原则，着力解决人民群众迫切需要解决的现实问题，重点从就业、教育、医疗、住房、社保等方面改善民生，在实现幼有所育、学有所教、劳有所得、病有所医、老有所养、住有所居、弱有所扶等方面不断取得新进展。如探索包括政府保障性住房、租赁住房、共有产权房等在内的多

种形式的住房供应，有效满足不同群体的居住需求。深入推进法治南宁、平安南宁建设，进一步加强社会治安综合治理、扫黑除恶等重点工作，着力解决治安突出问题，不断提升群众安全感。

（六）塑造特色民族风貌，彰显城市人文底蕴

文化是建设更高水平生态宜居城市之魂。要深入发掘和利用历史文化资源，打造符合生态宜居城市特征的特色民族风貌，形成个性鲜明、崇尚生态的城市文化品位，充分彰显首府南宁人文底蕴。一是凸显地方建筑特色。传承骑楼等地方建筑风格，充分利用铜鼓、朱瑾等地方建筑符号，从建筑布局、材料、色彩等方面对各控制片区内的新建和改建建筑进行控制引导，塑造城市特色风貌。有序实施城市修补，解决老城区环境品质下降、空间秩序混乱、历史文化遗产损毁等问题，促进建筑物、街道立面、天际线、色彩和环境更加协调、优美。以文化建城推动旧城改造，坚持"修旧如旧"，既要做到"立新"又不"废旧"，推进新旧融合发展。二要保护历史文化风貌。加强对历史文化、文物和遗产的保护，以及历史文化名镇、文化名村和传统村落保护，特别是保护修缮好南宁市"三街两巷"、古城墙、古建筑，留住城市文化脉络和记忆。持续推进邕江两岸文物保护，重点抓好三个新石器贝丘文化遗址（豹子头遗址、石船头遗址、灰窑田遗址）、两个窑址类遗址（三岸明代窑址、缸瓦窑古窑址）、一个红色革命遗址（林景云故居）和南宁铁路桥遗址公园等保护工作。三是提升文化影响力。依托南宁市人文历史、青山秀水、民风民俗等资源，深入挖掘文化内涵，塑造文化品牌，将丰富的文化资源转化为发展优势。依托中国—东盟博览会等平台，推动文化"走出去""请进来"，提升南宁文化影响力。四是提升市民文明素质。巩固和深化全国文明城市创建成果，加强公民道德建设，大力弘扬南宁精神，引导全社会形成遵德守礼、崇德向善的良好风尚。培育市民生态环保意识，要将生态文明理念融入践行社会主义核心价值观的具体行动中，扎实推进绿色企业、绿色机关、绿色学校、绿色社区、绿色乡村建设活动，引导群众增强生态意识、节约意识、环保意识。全力推行资源节约、环境友好的消费文

化，反对奢侈浪费和不合理消费，倡导勤俭节约、绿色低碳、文明健康的生活方式。

参考文献

[1] 张文忠：《中国宜居城市建设的理论研究及实践思考》，《国际城市规划》2016年第5期。

[2] 许力飞：《我国城市生态文明建设评价指标体系研究》，中国地质大学博士学位论文，2014。

[3] 蒋慧鸾、年福华：《苏州市生态宜居社区评价指标体系研究》，《资源节约与环保》2014年第3期。

[4] 李家凯：《中国宜居城市建设与改造研究》，中央民族大学博士学位论文，2013。

[5] 伍学进：《城市社区公共空间宜居性研究》，华中师范大学博士学位论文，2010。

[6] 姜煜华、甄峰、魏宗财：《国外宜居城市建设实践及其启示》，《国际城市规划》2009年第4期。

[7] 赵勇：《国内"宜居城市"概念研究综述》，《城市问题》2007年第10期。

[8] 高峰：《宜居城市理论与实践研究》，兰州大学硕士学位论文，2006。

[9] 王小双、张雪花、雷喆：《天津市生态宜居城市建设指标与评价研究》，《中国人口·资源与环境》2013年第5期。

B.11
南宁市水环境综合治理工作状况及展望

杨涟 蒙金城 朱业宗*

摘 要: 2018年,南宁市围绕"治水、建城、为民"的城市工作主线,全面、系统地开展水环境综合治理工作,取得了阶段性良好成效。本报告分析了南宁市水流域基本情况及特点,介绍了南宁市开展水环境综合治理的具体实践,以及在综合治理工作中发现的主要问题,据此,提出加快提升污水处理能力、补齐污水收集设施短板、加强流域综合治理、构建治理技术体系、建立综合治理长效机制等水环境综合治理的对策及建议。

关键词: 城市水环境 综合整治 海绵城市

2018年以来,南宁市坚决落实国家生态环境部、住房城乡建设部关于黑臭水体治理的重大决策部署,紧紧围绕国务院"水十条"[①]和《城市黑臭水体治理攻坚战实施方案》提出的目标要求,紧紧围绕"治水、建城、

---

* 杨涟,南宁市水环境综合治理工作指挥部副指挥长、南宁市城市内河管理处党组书记;蒙金城,南宁市水环境综合治理工作指挥部综合协调组文秘小组副组长、南宁市城市内河管理处综合科副科长;朱业宗,南宁市水环境综合治理工作指挥部综合协调组文秘小组成员、南宁市发展研究中心农村发展研究科副主任科员(执笔人)。
① 《水污染防治行动计划》简称"水十条",主要内容包括全面控制污染物排放、推动经济结构转型升级、着力节约保护水资源、强化科技支撑、充分发挥市场机制作用、严格环境执法监管、切实加强水环境管理、全力保障水生态环境安全、明确和落实各方责任、强化公众参与和社会监督。

为民"的城市工作主线，以高度的政治自觉、坚决有力的整改措施、雷厉风行的工作作风，强化工作部署、强化治理措施、强化责任落实，全面、系统地开展南宁水环境综合治理，取得了阶段性良好成效。截至2018年底，消除黑臭水体35个，未消除黑臭水体3个，消除比例达92.1%。

一 南宁市水流域基本情况

南宁建成区共有内河18条，流域面积4444.7km^2，境内河长459.8km，其中建成区河长141.1km，近郊河长117.4km，远郊河长202.3km。上游共有各类水库74座，总库容15.4亿m^3，水利库容5.62亿m^3，其中大型水库2座，中型水库5座，其余67座为小型水库。流域范围内林地110.66万公顷（其中公益林面积32.33万公顷，商品林面积78.33万公顷），农田89.3万亩，其中水田52.7万亩，旱田36.6万亩。

（一）建成区排水管网管道基本情况

全市市政道路排水管网总长度4969km，其中污水管网1320km，雨水及雨污合流管（含明渠）长度3649km。20m以上市政道路污水管缺失总长度约410km；20m以下市政道路污水管缺失总长度约749km。通过排查发现，市政污水管道断头管429处，淤堵点225处，错接混接点近万个（小区和单位红线内除外）。长期满管运行的污水管长度230km，满管的雨水管长度24km。管道淤积总长度1159km，其中轻微淤积长度744km，占64.19%，中度淤积长度209km，占18.03%，严重淤积长度206km，占17.78%。管道功能性、结构性缺陷涉及需修复长度约128km。

（二）内河流域污染点源基本情况

根据排查情况，全市流域范围内共有城中村62个，共5.54万户，19.4万人；沿河农村57个共3.37万户，17.4万人；生活小区2748个；持证排污工业企业1396家；"小散乱污"① 企业6418家；医疗机构2048家（其中有检测科和床位的医疗机构145家）；畜禽养殖户666家（1公里以内）。经测算，建成区厕所及化粪池每天平均产生粪水约1000m³、粪渣约300m³。各类垃圾约3800吨，其中餐厨垃圾、厨余垃圾、农贸市场垃圾等湿垃圾约1700吨。

（三）各类污染物处理能力基本情况

2018年全市自来水供应量157万吨/日，已投入运营的污水处理厂6座，总处理能力95万m³/日，污水处理能力缺口量保守测算70万吨/日以上（按2024年规划，污水缺口量保守测算100万吨/日以上）。餐厨垃圾处理能力为240吨/日。目前河道淤泥总量近100万吨，污水处理厂日产生污泥量近500吨，淤泥处理设施尚未建成，污泥处理尚未达到安全稳定。

（四）水安全和水生态基本情况

朝阳溪、心圩江、细冲沟、亭子冲、水塘江等5条内河不同程度地存在低于50年一遇自排或外江（邕江）雨洪同期20年一遇排涝标准的情况，部分建成区尚存在局部内涝问题。除八尺江、水塘江、四塘江外，其余15条内河基本不能满足河道生态基流。水土流失较严重，据估计，水库集雨范围内水源涵养林60%以上为速生桉。

二 2018年南宁市水环境综合治理工作状况

结合内河的水质、水量、排口分布以及流域雨污管网布局、排水能力，坚持以问题为导向，按照"控源截污、内源治理、生态修复、活水保质"全流域系统治理思路，统筹岸上岸下、上游下游开展全要素治理，推进了河道水质有效改善。

---

① "小散乱污"企业主要指规模小，工艺差，分布散乱，易造成环境污染的企业。

（一）全面强化组织领导，黑臭水体治理工作机制高效运转

一是强化组织保障，加快问题协调。成立了南宁市水环境综合治理工作领导小组和南宁市水环境综合治理工作指挥部，建立"三项会议"协调机制，加快解决项目推进中出现的问题，共召开领导小组会议1次，指挥长会议4次，指挥部工作例会24次，专题会100多次，协调解决了排口整治、污水厂建设、管网建设、征地拆迁等一大批重点难点问题。二是强化部门责任，形成攻坚合力。制定了《南宁市城市黑臭水体治理攻坚战实施方案》和"五大攻坚战"方案，即《2018~2020年南宁市水环境综合治理新建和改扩建污水处理场攻坚战工作方案》《2018~2020年南宁市水环境综合治理黑臭水体征地拆迁、房屋征收与用地保障攻坚战实施方案》《2018~2020年南宁市水环境综合治理排水管网建设及管养维护攻坚战工作方案》《2018~2020年南宁市水环境综合治理河湖清淤及岸线垃圾清理攻坚战工作方案》《2018~2020年南宁市水环境综合治理城市内河沿河村庄及生态修复攻坚战工作方案》，以及黑臭水体治理60天攻坚战方案，实行清单式管理，明确各级各部门、项目业主责任，形成上下联动、左右协同的工作格局。三是强化督查督办，严格问责问效。每周深入一线开展项目督查，逐一对账销账，对不按要求开展工作和没完成任务的严肃追究责任，并将重点工作任务完成情况每周在《南宁日报》上进行通报；四是将黑臭水体整治工作列入城区（开发区）年度绩效考评，加强对PPP项目公司的监管，严格按照合同对4个PPP项目进行建设期绩效考核。

（二）重点加快污水处理设施建设，污水处理能力不断提升

完成沙江河污水处理厂、三塘污水处理厂新增2万吨处理能力提升工程建设，仙葫开发区3个一体化污水处理站投入运营。开工建设心圩江上游、心圩江下游等7个污水处理厂，完成那平江污水处理厂选址，加快建设埌东污水处理厂四期、江南污水处理厂提标及三期、三塘污水处理厂提标及二期等3个污水厂改扩建项目。通过工艺改进，有效提升一体化设施处理能力、出水

水质。亭子冲、细冲沟物化站新增生物曝气滤池，凤凰江、朝阳溪等物化站通过SBR工艺提标，出水水质达到一级B标准。同时，通过开展江水倒灌口整治及流域污水管网排外水、自来水漏损整治，修补供水管道漏损点12处，修补的漏损量约2万吨/日；埌东污水处理厂提质增效工作取得了初步成效，2018年12月15日起，埌东污水处理厂日处理量从39万吨降至35.5万吨，所产生的间接经济效益约8000万元，相当于建成投产一座处理能力为3.5万吨/日的污水处理厂。在进水量下降的同时，埌东污水处理厂进水cod浓度从日均110mg/L左右上升至160mg/L左右，最高达到了200mg/L，进水氨氮浓度保持20mg/L以上。另外，那平江通过管网改造建设和排口整治等工作，将污水提升至三塘污水处理厂，加上那平江新增一体化污水处理设施的污水处理量，目前污水可处理总量为6.65万吨/日，实际处理量约6万吨/日。

（三）突出抓好管网建设及改造，污水收集效益不断提升

一是加快建成区排水管网专项普查。完成主城区内市政道路管网、排口普查工作，完成调查各内河流域排水口2931个，完成探测及检测管网长度4920公里，发现错接混接点8149个。开展道路两侧地块内部管网普查，完成盛天华府等共计40个小区地块内部管网普查外业工作。二是加快污水管网建设及移交。完成新建污水管网约128公里，移交管网514.4公里，移交完成率约为74%。同时，逐步开展埌东污水处理厂"厂－网－河（湖）"一体化试点。三是加快雨污管网错接混接改造。完成改造的经营性场所错混接点367个，工地错混接点214个，公厕错混接点31个，垃圾转运站错混接点8个，住宅小区错混接点21个。其中，市中心最大排水干渠——七一总干渠雨污综合改造提升工程（一期）通过竣工验收，最大限度地减少了对竹排江水质的污染。四是加快打通断头管。建成高坡岭、凤岭北路泵站，打通高坡岭路、凤岭北路等6条断头管。

（四）开展污染源头排查整治，污水直排问题得到有效控制

全面排查整治"小散乱污"，组织开展工业企业排污治理、学校医院公

建排污治理、住宅小区排污治理、商贸物流排污治理、农村排污治理等5个专项行动，杜绝污水直排入河。一是抓工业企业排污排查整治。完成1396户重点工业企业排污持证情况排查和6418户用水用电异常户、企业"小散乱污"甄别排查，整改排污问题企业（小作坊）107户。二是抓沿河畜禽养殖排查整治。排查出内河沿岸500米范围内的畜禽养殖户共444家，于2018年12月24日前全部取缔，涉及养殖猪总数3.52万头，养殖鸡、鸭总数6205羽。同时，为进一步巩固、扩大排查整治成果，将排查范围500米不断往外延伸，共发现目标任务外的179家养殖户，涉及养殖猪1.25万头、养殖鸡鸭鸽共4.96万羽、养殖羊35只。截至2019年1月10日，共取缔非法养殖户115家。三是抓菜市场、洗车场、发廊、餐饮、住宿等场所的排查整治。完成一批经营性违法排污行为的清理整治，进一步改善河道水质。四是抓卫生医疗机构废水排放排查整治。对全市约2000多家医疗卫生机构进行排污排查整治，严格医疗废水达标排放。五是抓建筑工地黄泥水排查整治。共计检查工地300个，对黄泥水排放行为进行查处整改。六是抓城中村和村庄环境卫生排查整治。沿岸村庄需要进行"两改"（改厕改厨）工作的农户共有456户，开工建设216户，完工163户；以河长制为抓手，开展建成区外内河沿河村庄环境整治行动，总计清理岸线垃圾8944.98吨、打捞水面漂浮物2924.29吨、清理菜地28.29万平方米、拆违28.95万平方米。七是抓排污许可。要求新建楼盘小区完成排污设施建设，不出现生活污水直排方能交付使用。同时，编制了《南宁市建成区黑臭水体治理工业企业长效管理工作方案》，对工业企业核发排污许可，严厉打击超标排污、偷排等违规行为。

（五）全面推进河道治理，建成区内河水体水质不断改善

一是加强重点河段补水。江北引水干渠投入使用，西明江、石埠河、心圩江、凤凰江、马巢河等河段实现补水，极大地改善了河道水质。凤凰江凤凰湖3个拍门改造已完工，可避免河水倒灌进入管网；其他河段已根据年度补水任务要求完成补水工作。二是加强河道清淤。全面铺开可利江、石埠河等19个重点河段清淤工作，所清淤泥送至平里静脉产业园进行无害化处理。

其中，黄泥沟a段通过开展清淤，削减了底泥对水体的污染。三是加强直排口溢流口整治。分类制定直排口、溢流口整治方案，分期落实整治。督察通报中新增的53个直排口，完成整治37个；50个旱天有溢流的雨污合流口，完成整改44个。同时，完成竹排江民歌湖下游6个江水倒灌排口整治，降低竹排江沿岸排口溢流风险。四是加强一体化污水处理设施监管。进一步强化项目企业的履约检查机制，加大对PPP项目公司履约情况的监督力度和检查密度，开展了沙江河、水塘江、心圩江及黑臭水体治理等4个PPP项目建设期绩效考核工作。同时，强化实施"项目部日检、分公司周检、总公司月检、环保监督抽测、主管部门随时抽测"的检查制度，强化对一体化污水处理设备的运行检查。目前，全市正在运行的一体化污水处理设施共有32座，日处理能力约34万吨。

（六）强化征地拆迁，为开展项目施工提供空间保障

为确保污水处理厂、管网铺设的施工空间，南宁市结合最新水系、绿地及黑臭水体治理情况，对现有蓝线图、绿线图进行更新，加快对黑臭水体治理项目蓝线、绿线范围内存在的违法占地和违法建设行为进行调查、认定和拆除。全市范围内黑臭水体治理需征拆121.44万平方米，截至2018年底，完成征拆21.34万平方米，完成率17.57%；需征地1.47万亩，截至2018年底，完成征地1.07万亩，完成率72.79%。

（七）推进海绵城市建设，助力黑臭水体治理

按照全流域治理理念，结合黑臭水体治理设施建设，扎实有序地推进海绵城市试点建设，累计实施海绵项目203个，实际完成总投资106.8亿元，投资完成比121.78%，涵盖水生态修复、公园绿地、道路广场、公共建筑、居住小区、排水管网六大类型，重点建设以那考河湿地公园、南湖公园、石门森林公园、青秀山风景区以及五象湖公园等为代表的生态景观，打造"山、水、林、田、湖、草"生态格局，54.6平方公里示范区内的黑臭水体和内涝点全部消除，生态环境不断改善，三年试点建设任务已基本完成，海

绵城市建设逐步显效。其中那考河流域治理效果得到习近平总书记的肯定，那考河、石门森林公园等项目入选国家海绵城市建设典型案例，那考河海绵城市建设项目荣获"中国人居环境奖"范例奖。

（八）强化宣传造势，营造浓厚氛围

紧跟全国、全区、全市形势，围绕"治水、建城、为民"主线，通过多种形式，大力宣传本市贯彻习近平生态文明思想，扎实开展水环境治理各项工作的措施与亮点经验，营造"开门治水、人人参与"的良好氛围，为完成中心工作任务目标提供强大的精神动力和舆论支持。2018年，依托各级报纸、电视、广播、网站、公众号等媒体平台开展动态报道、专题宣传、舆情监测引导，刊播各类稿件1260余篇；利用户外公共广告牌、出租车电子屏、公交站亭、地铁移动屏等张贴宣传海报标语、播放短视频，营造浓厚治水氛围；通过印发宣传折页，开展有奖知识问答、设立答疑解惑台、入户宣传等形式，组织开展宣传进社区、进校园、进工地、进广场活动，向群众持续宣传生态理念、增强环境保护意识；探索发挥"民间河长"作用和环境问题举报奖励机制，发动志愿者和广大群众参与到黑臭水体治理工作中来。

三 南宁市水环境综合治理工作存在的问题

（一）征地拆迁进度滞后

一是部分项目涉及中直单位及企业、区直单位及企业、大中专院校及科研机构用地问题，征拆工作难度大。二是黄泥沟b段、亭子冲等项目受方案设计进度影响，征拆工作未有进展。三是那平江流域治理工程（一期）因村民要价过高，部分地勘钻孔无法进场。

（二）管网建设困难较多

一是管网普查难度大。存在部分管网淤堵满管、部分小区进入困难、排

水管网竣工图纸不齐、普查任务繁重等问题。二是市政污水管网不健全，多个区域需要新建污水管或对原有管道进行提升改造。三是管网建设进度缓慢，20米以上道路污水管道开工率仅为26%，20米以下道路污水管道基本没有开工。四是市政道路管网移交工作难，一些老旧项目由于后续的改造，出现管线走向与图纸不符等问题。

（三）雨污管网错混接改造任务艰巨

一是南宁市现有管网存在错接、混接、断头管、主管缺失、淤堵、满管等诸多问题，改造难度大。二是错混接改造任务繁重，已发现错接混接点8406个，断头、缺管429处，淤堵点225处。三是公园公厕改造、小区改造中均存在经费难以保障的问题。四是部分小区原有的管网图纸缺失，短期内难以查清雨污管网的铺设情况。

（四）流域治理仍存在一些问题

一是方案编制时间长，基础资料收集难、编制人员及经验不足、方案多次修改等；二是方案修改反复，影响前期进度；三是项目审批流程时间长。

（五）已消除黑臭河段水质仍不够稳定

在目前污水处理厂处理能力不足的情况下，每逢降雨天气，就有污水溢流入河，导致水体容易返黑返臭，短期内水体水质巩固难度大；部分河段污水管满管、溢流时有发生；部分河段或河段上游暗渠正在实施清淤，导致水质指标受影响；邕宁水利枢纽开始下闸蓄水后，邕江水位提高，导致部分水体流动性差，溶解氧偏低。

（六）综合执法有待加强

部分河段责任单位不负责、属地监管部门监管执法不严格，有些企业或个体户仍存在偷排偷放、超标排污等环境违法行为，同时对屡教不改的企业给予重罚的力度不够，有些处罚措施只是蜻蜓点水，没有真正起到警示和震慑作用。综合执法机制不够健全，未能统筹做好工程建设、施工协调、综合执法、工艺指导、项目验收等专业领域的具体责任监督工作。

四　2019年南宁市水环境综合治理工作展望

南宁市将深入贯彻落实习近平生态文明思想，紧紧围绕国家"水十条"和《城市黑臭水体治理攻坚战实施方案》《广西城市黑臭水体治理攻坚战实施方案》提出的目标要求，真抓实干、狠抓落实，全力推进水环境综合治理工作，确保黑臭水体治理年度目标全面完成，以优异成绩迎接新中国成立70周年。

（一）狠抓污水处理设施建设，加快提升污水处理能力

加快8个新建污水处理厂和4个改扩建污水处理厂建设，年内建成投入运营新建污水处理厂4座和改扩建污水处理厂3座，新增污水处理能力40万吨/日以上。同时，进一步强化现有一体化污水处理设备的运营管理，强化监督检查，加快问题整改，不断优化一体化设备处理工艺技术路线，确保一体化污水处理设备出水水质稳定达标。

（二）狠抓排污管网建设改造，补齐污水收集设施短板

扎实推进全市建成区污水管网建设，逐步实现建成区污水管网全覆盖、全收集、全处理。加快重点区域管网建设，加快推进污水管网的衔接改造、分流改造和错混接改造。协调中直单位及企业、区直单位及企业、大中专院校及科研机构红线范围内的错混接改造及雨污分流工作；开展暗涵的清淤、疏堵及修复工作；对供水管网开展查漏、修复、整改、旧管改造；出台小区和单位红线内《二次供水管理办法》，对用户表后管网开展查漏、修复、改造；加快推进污水直排口和合流溢流口改造，着力打通断头管，完成对严重淤堵、结构性功能缺陷管段的清淤及修复。加快推进市政污水管管网资产移

交，分类开展排涝设施、污水泵站设施移交和运维，加快推进埌东污水处理厂"厂—网—河（湖）"一体化试点。

（三）狠抓流域综合治理，有效降低河道水体污染

狠抓控源截污，建立"小散乱污"排查整治工作机制，使控源截污工作常态化、制度化，杜绝污水直排入河。进一步管控工业企业排污，严厉打击超标排污、偷排等违规行为；进一步强化农业农村污染控制，加快推进改厕改厨工作，持续推进村庄环境卫生排查整治及沿河两岸环境卫生排查整治，农业种植、畜禽养殖面源污染的排查整治；进一步加强对各种公共场所和各类经营性场所的排污整治，强化施工场地污水、黄泥水排放整治监管。狠抓内源治理，在2019年汛期前基本完成21个重点河段（湖）的清淤工作，对淤泥进行无害化处理，推进淤泥资源化利用。开展河道生态修复，河道岸线生态化改造，落实和实施五线规划，建设湿地公园调蓄水量和净化水质，开挖建设河道，满足水安全、开发水资源、营造景观和休闲空间。对上游水库进行扩容改造、实现环境生态用水功能调度，加强流域水资源的统筹管理，对有条件的河道进行补水，逐步恢复水体生态基流，实施重点河段补水工程，不断改善河道水质。

（四）狠抓资金筹措，增强公共财政支撑功能

进一步统筹整合市财政资金，保证黑臭水体治理重点项目顺利实施。研究完善污水处理收费政策，严格污水处理费用征收使用管理。积极开展全国黑臭水体治理示范市申报工作，力争国家资金政策支持。研究鼓励金融机构为市场化运作的黑臭水体治理项目提供信贷支持，探索开展治污设备融资租赁业务发展。指导建宁水务集团、广西绿城水务公司开展项目筹融资，为项目实施提供资金支持。

（五）狠抓运维管理，确保出水水质稳定达标

结合"五大攻坚战"方案，进一步完善督查年度稽查计划，按"五不

放过"① 原则，狠抓治理责任落实和问题整改，发挥监督作用，全面落实黑臭水体治理攻坚任务。推进水务一体化改革，明确绩效考核指标，加大考核力度，按效付费管理。加强城市生活污水处理设施运营监管，切实保障其稳定运行。推进机械化清扫，逐步减少道路冲洗污水排入管网。进一步强化对 38 个河段水质的监测，继续按照每月 2 次的监测频率，实事求是开展水体水质监测，切实采取针对性措施，加速问题整改。

（六）增强技术力量，构建治理技术体系

邀请专家组建工作站，邀请国内高水平专业团队，全过程参与黑臭水体治理，提供全方位服务，不断强化技术保障。不断完善技术标准，逐步建立本市黑臭水体治理技术体系。加强本土人才队伍建设，培养业务骨干，建立一支本地专业技术人才队伍。

（七）狠抓综合执法，推进黑臭水体治理有效实施

组建综合执法组，强化水环境污染综合执法，进一步推进黑臭水体治理有效实施。组织开展联合执法行动，对水环境污染行为依法进行调查取证，对违法主体高限处罚；严厉打击违法偷排污水行为；对辖区内工地泥浆水乱排、工业企业违法排污、违法设置排口、小散乱污、医疗废水、非法养殖、私宰等各类水环境违法违规行为予以严肃查处。

（八）狠抓制度建设，建立综合治理长效机制

坚持当前治理与长效管理相结合，强化黑臭水体治理的制度体系建设，完善协调机制，加强治理过程规范化管理，用制度保护城市水体。注重城市水体的监测、清淤、保洁等工作的长效机制建设，实行合同环境服务，鼓励

---

① "五不放过原则"指问题不查清不放过、认识不到位不放过、整改不到位不放过、责任不落实不放过、群众不满意不放过。

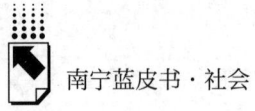

专业化公司对城市水体进行日常维护和管理。严格落实河湖长制，严格落实监督考核奖惩机制，补齐短板，消除漏洞，确保已消除黑臭水体黑臭现象不反弹。进一步健全预警应对、信息公开等机制，鼓励公众参与，接受社会监督，借助媒体曝光等新手段，建立现场督查、舆论监督、社会举报相结合的全方位监督检查工作机制。

B.12
乡村振兴背景下"美丽南宁"乡村建设发展状况及展望

罗展胡　农佳梅　黄思琪　莫艳艳*

摘　要： 2018年南宁市以实施乡村振兴战略为统领，统筹衔接脱贫攻坚、农村人居环境整治三年行动、乡村风貌提升三年行动，持续开展"美丽南宁"乡村建设活动，全面改善了农村人居环境，提升了农民群众生活水平。同时仍存在乡村环境卫生"脏、乱、差"时有反弹、长效机制落实不到位等问题，2019年"美丽南宁"乡村建设将从加大农村人居环境整治力度、实施乡村风貌提升三年行动、加强资金投入保障、坚持明查暗访问责问效等方面持续推进。

关键词： 乡村振兴　美丽南宁　宜居乡村　幸福乡村

2018年，南宁市在全面完成上一年宜居乡村"三民"专项活动年度目标任务的基础上，继续强化组织领导，细化责任分工，强化提升清洁乡村和生态乡村成效，扎实推进宜居乡村活动，实现全市农村"产业兴、服务优、基础强、环境美"，助推乡村振兴，让村民有更多的获得感、幸福感和自豪感。

---

* 罗展胡，南宁市"美丽南宁"乡村建设领导小组办公室综合组材料信息组组长；农佳梅，南宁市"美丽南宁"乡村建设领导小组办公室综合组材料信息组副组长；黄思琪，南宁市"美丽南宁"乡村建设领导小组办公室综合组材料信息组工作人员；莫艳艳，南宁市"美丽南宁"乡村建设领导小组办公室综合组材料信息组工作人员。

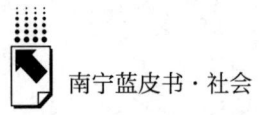

南宁蓝皮书·社会

一 2018年"美丽南宁"乡村建设活动回顾

（一）扎实推进宜居乡村活动，农村生产生活条件日益改善

1. 深入拓展"产业富民"专项活动，促进农民增收致富

南宁市重点建立农村产业、生产、经营体系，提高农村产业质量效益和竞争力，促进农民增收致富。一是围绕"五个一"目标，深入推进"五化"①建设；二是全力开展十项进村行动，主要包括"产业富民和村级集体经济谋划、种植业结构调整和'三品'（品牌品种品质）提升、生态养殖、林下经济提升、新型经营主体、农旅结合休闲农业、科技推广和改革创新、农产品保鲜加工和冷链物流、电子商务、社会化服务提质"十项进村行动，促进农村产业转型升级和提质增效。截至2018年底，南宁市"五个一"目标两年任务量已提前超额完成，完成了1个村级经济发展计划，全市1383个行政村全部达成；制定发展1个村级集体经济项目已超额完成，完成率达132.91%；打造1个现代农业生产示范基地，总数已达1774个；培育1个带动农户增收的新型农业经营主体，完成率达118.26%；建设1个农村电子商务服务点目标完成率达103.9%，电商服务点达1900个。"十项进村行动"进展顺利：新增7个"三品一标"农产品，13个富硒农产品通过认证，打造富硒品牌15个；完成309家畜禽现代生态养殖场认证；建成12个"产业富民"林下经济示范基地；依托南宁市供销电商公司"供销优品"平台累计完成电子商务销售额9965万元；开展农村转移就业劳动者创业培训1433人等。

2. 深入实施"服务惠民"专项活动，提升农村公共服务水平

南宁市不断完善乡村公共服务载体（平台），通过整合现有村级公共服务中心、农村社区服务站等场所，建设村级综合服务中心，做好"村级就

---

① 农村产业规模化、标准化、组织化、市场化、品牌化建设。

业、社保经办、教育助学、卫生健康、群众文化体育、法律"六项服务，让农民群众办事不出村，在家门口就能享受到便捷的基本公共服务，更好地满足农民群众多样化的公共服务需求，不断推动城乡基本公共服务均等化。2018年底，全市1383个行政村全部建成并挂牌村级综合服务中心，农村便民"六项服务"有效开展。就业服务：就业服务工作实现100%全覆盖。社保服务：城乡居民养老保险参保率97.66%，城乡居民医疗保险参保率95%以上，符合条件的60周岁以上老年人享受养老待遇达100%。符合救助条件的建档立卡贫困户或非贫困户，均按程序100%纳入最低生活保障范围。行政村村级儿童福利督导员配备率达100%。教育助学服务：免除本辖区普通高中建档立卡等家庭经济困难学生学杂费；对符合条件的农村家庭经济困难寄宿生在义务教育阶段100%落实生活补助。卫生健康服务：乡镇卫生院所在地行政村除外，其余行政村100%建立卫生室，并至少配备有1名乡村医生。行政村均配备1名康复协调员。文化体育服务：平均每月至少免费放映1场电影；每年至少组织1场文艺演出。已组织扶持的文艺队伍演出6538场，"送戏下基层"演出300场，农村公益电影放映16728场；广播和电视综合覆盖率达到98%以上。法律服务：各村（社区）调委会每月至少开展1次矛盾纠纷排查，年民间矛盾纠纷调解率达100%，调解成功率95%以上，法律援助工作全覆盖。

3. 加快推进"基础便民"专项活动，改善农村基础设施条件

切实开展好"三改、六提、三增"①的"363"工程，加强农村基础便民设施建设，为农村群众创造良好的生产生活条件，稳步提升南宁市农村人居环境水平。截至2018年底，"三改"项目方面，改厕项目开工125303户，完工率105.56%；改厨项目开工124700户，完工率105.05%；改圈3户已全部完工并通过验收。"六提"建设方面，共排查出43处非正规垃圾堆放点并对其进行清运整治，硬化集中居住20户以上的水库移民村屯道路，开

---

① 三改：农村改厕、改厨、改圈；六提：农村垃圾治理、道路通行、饮水安全、村屯特色、住房安全和能源利用水平提升工程；三增：增强供电、通信和公共照明保障能力。

展超过60个"一事一议"资金补助自然村的屯内道路硬化项目；建设5个镇级污水处理厂（设施），其中3个已完工并投入使用；实施102个农村生活污水整治项目；推进市级生态宜居特色小（城）镇续建和新建项目4个；建设37个自治区乡土特色示范村并完成市级验收；新建5个市级综合示范村；开展农村危房改造工程项目6184户；实施14个粪污处理项目。"三增"建设方面：新建35千瓦变电站，2座均已完成主体工程建设；新增及更换配电变压器累计540台；新建及改造输配电线路累计完成1090.7公里；完成电表一户一表改造16150户，完工率146.82%；完成114个行政村实施宽带通信村村通工程；完成照明能力工程147个项目。

（二）持续拓展深化清洁乡村、生态乡村活动内容，促进农村人居环境工作提档升级

1. 大力开展乡村环境突出问题集中整治行动，进一步提升村容村貌

南宁市出台了《南宁市开展乡村环境突出问题集中整治行动实施方案》，以"三禁止三规范"为重点内容，开展乡村环境突出问题集中整治行动，建立健全农村环境整治长效管理机制，在全市掀起新一轮乡村环境突出问题集中整治的热潮，各县（区）、开发区每月开展一次集中整治，市级多次组织明察暗访，确保活动有序开展，成效明显。做好环广西公路自行车世界巡回赛南宁赛道沿线环境综合整治工作，通过采取"一清二拆三整理"[①]措施，建成武鸣区独具特色文化的壮乡赛道和马山县"最美赛道"，营造出洁净、绿色、宜人、优美的赛道沿线和交通道路环境。

2. 持续开展"三清洁"活动，实现乡村整洁靓丽

深入开展"四清理四整治"活动，集中开展农村生活垃圾、生产废弃物等环境卫生综合整治，按照现有村庄规划实施乡村建设和后续管理，保持活动常态化。清洁田园方面：持续开展"田间地头顺手捡"集中行动，共

---

① 清理垃圾，拆除违章建筑和乱搭乱盖、拆除有碍观瞻的临时建筑和闲置建筑，整理房前屋后环境、整理杂物、整理村庄环境。

组建工作队1137支人数9313人,累计进村144216人次,清捡田园面积299.84万亩,清洁技术推广面积384.73万亩,回收农药瓶122.83万个,清捡废弃物(秧盘、薄膜等)330.27吨。清洁水源方面:深入开展畜禽、水产养殖污染整治,完成右江、邕江等流域禁养区畜禽养殖清理整治;规范已建成污水处理设施运维管理工作,完善运维工作绩效监督考核机制。清洁家园方面:制定了《2018年南宁市"清洁家园"巩固提升行动工作方案》,组织开展"清洁家园"巩固提升工作,做好检查指导、技术服务、经验总结推广工作;督促、指导各县(区)、开发区开展乡镇环境卫生执法队伍建设管理并分2批开展培训工作364人次;印发《南宁市农村生活垃圾分类工作方案》,建立健全农村垃圾处理体系及环卫设施使用、运行、维护管理工作。

3. 持续开展"三化"专项活动,优化乡村生态环境

南宁市集中开展"基础便民"专项活动,全面提升道路通行、饮水安全、住房安全、能源利用水平等,同时着力抓好"三化"专项活动项目(设施)建成后的运行维护管理,建立完善后续管护机制,明确监管责任单位,落实监管责任和管护经费保障,确保项目(设施)常态管理、有效使用,发挥应有作用。村屯绿化方面:积极申请财政专项管护资金,落实了2017~2019年绿化示范村屯每年每村500元的管护经费。开展季度专项督查检查,督促整改,巩固绿化成果。结合义务植树、"绿色村屯"创建、"绿化乡村"村屯绿化景观提升等活动,动员村民植树绿化。饮水净化方面:2018年全市农村饮水安全巩固提升工程224处项目已全部开工,农村饮水集中供水率达到85.2%,巩固提升受益人口6.26万人。同时加快推进乡镇集中式饮用水水源保护区建设,完善饮用水水源保护区管理标识和保护设施。道路硬化方面:完成农村公路隐患整治隐患里程60.2公里,完成率120.4%;完成281个脱贫摘帽贫困村20户以上通屯道路255条共339.02公里。

(三)乡村建设措施有力,成效明显亮点纷呈

1. 注重统筹谋划,组织领导坚强有力

一是领导高度重视。南宁市委、市政府高度重视"美丽南宁·宜居乡

村"活动，通过召开会议、实地走访调研和审定出台文件等方式，统筹指导南宁市乡村建设工作。市委、市政府主要领导多次对乡村建设工作作出重要指示，强调要抓实抓细抓好乡村建设各项工作。市四家班子其他领导坚持深入一线调查研究，及时协调解决活动中遇到的问题和困难。二是召开会议部署。2018年南宁市召开了"美丽南宁"乡村建设领导小组会议、全市"美丽南宁"乡村建设活动工作推进会、全市（县域和城区）乡村办主任工作会、2018年"美丽南宁"乡村建设活动专项工作会议、现场会等会议，对乡村建设工作进行部署。三是明确责任分工。印发了《2018年"美丽南宁·宜居乡村"活动工作要点》《"美丽南宁·宜居乡村"活动2018年工作任务分解表》和《南宁市市级美丽乡村建设示范典型申报认定和运行监督管理办法（试行）》等指导性文件，将全年的任务进行细化量化，落实责任主体，制定措施标准，确保活动常态有序开展。

2. 注重宣传引导，群众参与乡村建设工作热情高涨

一是多样化宣传。充分利用电视、报纸、政府网站、微信公众号、宣传栏等融媒体宣传平台，大力开展宣传活动，及时总结推广做法经验和先进典型、工作亮点和阶段性成果，其中《人民日报》整版报道南宁市建设村史室、传承乡村记忆的做法经验，获得了良好的社会反响。二是宣传氛围浓厚。《农民日报》等中央媒体及自治区党委办公厅《每天汇报》、自治区乡村办《简报专刊》先后刊登了南宁市乡村建设的突出成效和有效经验做法，营造了领导重视、部门合力、县（区）开发区推进、社会关注、群众参与的良好氛围。三是群众参与率高。通过采取宣传发动、项目倾斜、"一事一议"财政奖补政策等多种方式，充分调动群众参与活动的主动性、积极性，让群众在活动中真正得到实惠。组织开展"喜看南宁新变化·寻找首府最美乡村"、乡村建设"十佳范例"、百佳农户"美丽庭院"评选和"村美民富幸福来"主题征文等群众喜闻乐见的活动，引起社会更广泛的关注，吸引更多的社会投资，促进农旅融合、产业兴旺、农民增收、生活富裕，让村民有更多的获得感、幸福感和自豪感，助推乡村振兴。

3. 注重协调联动，部门协作形成强大合力

南宁市建立健全各级党政部门、事业单位、国有企业与村结对共建机制，充分发挥共青团、妇联、工会、工商联等组织以及农村基层党组织、贫困村党组织第一书记和广大脱贫攻坚（乡村振兴）工作队员在乡村建设活动中的重要作用，各部门各司其职、通力协作，充分发挥各自部门职能优势，全力推动宜居乡村活动开展。市农业农村局、人社局、住房和城乡建设局作为"产业富民""服务惠民""基础便民"专项活动牵头单位，主动担当、统筹谋划、压实责任，通过细化任务清单、强化服务保障、实地督查指导等多管齐下扎实推进全市"三民"专项活动有序开展。市林业局强化绿化村屯的日常维护管理，及时除杂、补植死亡树木，动员村民打造房前屋后"四小"① 等，进一步提升绿化效果。市城市管理综合行政执法局积极指导各县（区）、开发区开展环卫设施使用、运行、维护管理工作，并纳入常态化督查，每季度至少督查一次以上。市委组织部成立了市发展壮大村级集体经济工作领导小组，共同推动发展壮大村级集体经济工作，并在邕宁区召开南宁市特色产业扶贫暨壮大村级集体经济现场推进会，明确提出"3+N"的产业发展模式，在全市范围内推广。市教育局深入开展"小手拉大手"活动，动员学生积极投身到"美丽南宁"的社会实践活动和志愿服务活动中，充分发挥"小手拉大手"的作用，共同维护公共环境和良好秩序。

4. 注重资源整合，乡村建设资金得到有效保障

完善政府主导、农民参与、社会支持的投入机制，采取"争取上级支持、市级补助、县（区）、开发区配套"的方式，加大资金投入。充分发挥财政资金"四两拨千斤"杠杆作用，撬动金融资本、社会和城市工商资本投向乡村建设。2017年1月至2018年11月，全市共计划筹措"美丽南宁·宜居乡村"活动资金339288.13万元，其中：自治区下达"美丽广西·宜居乡村"专项资金共23635.4万元；市级财政下达"美丽南宁"专项资金27221.53万元；各县（区）、开发区已安排专项资金55149.36万元，

---

① 小菜园、小花园、小果园、小庭院。

收到捐赠资金19.68万元。南宁市乡村办组织开展乡村建设活动经费管理年中专项检查,加强专项资金的使用管理,确保专款专用、安全高效。各县(区)、开发区均能按照市级项目建设方案要求,多方筹措、足额投入、合理使用活动资金,为项目建设提供了有效保障。市财政局制定了《南宁市财政局2018年服务"美丽南宁·宜居乡村"活动工作方案》,将各项任务落实到具体科室,明确时间节点要求,并安排专门科室负责汇总工作推进情况,确保各项工作任务顺利完成。江南区自我加压,筹措资金,按照示范坡100万元/坡、重点坡40万元/坡、贫困村50万元/村、非贫困村40万元/村的标准,投入5841万元建设44个生态文明村项目、73个生态文明村垃圾污水处理项目。

5. 注重创建示范典型,带动乡村整体发展

南宁市坚持把培育创建示范典型作为推动宜居乡村活动深入开展的"先手棋"。一是创建示范典型。培育打造自治区级宜居乡村活动综合示范县(区)、开发区2个,专项示范县(区)、开发区3个,创建完成并认定市级宜居乡村活动综合示范县(区)、开发区2个、乡镇6个、村屯12个和"三民"专项活动示范县(区)、开发区3个,乡镇18个,村屯36个以及"产业富民"专项活动示范片区5个。二是制定指导性方案。印发了《南宁市生态宜居特色小城镇创建实施方案》,在上年选定横县六景镇、青秀区伶俐镇作为第一批试点的基础上,增加创建马山县古零镇和江南区江西镇市级生态宜居特色小城镇。同时,在本市五县、武鸣区和东盟经开区开展"美丽县城(城镇)"创建工作,每半年考评奖励1次。

6. 注重督查检查,实现长效常态化管理

一是严格考评标准。南宁市先后出台了《"美丽南宁"乡村建设项目管理暂行办法》《关于印发2018年"美丽南宁·宜居乡村"活动和乡村建设重点项目推进完成时间节点及考评要求的通知》《"美丽南宁·宜居乡村"活动示范创建系列考核验收标准》《关于修订印发"美丽南宁"乡村建设活动明察暗访督查考评结果运用的通知》等一系列指导性文件,为各县(区)、开发区推进乡村建设项目提供依据和标准,确保各项工作有章可循,

落地见效。二是严格问责问效。南宁市始终坚持督查考评、问责问效贯穿乡村建设活动全过程,重新修订完善考评办法和细则,对没能完成自治区下达的年度任务指标或市级乡村建设重点项目的实行一票否决,取消其当年下半年(含全年)工作目标专项考评获奖名次(含"十佳乡镇"评选资格),对工作进度严重滞后的启动追责问责机制。三是严格落实三级预警机制。定期组织开展明察暗访,每月对县(区)、开发区(季度内不重复)进行一次暗访抽查,每两个月对各县(区)、开发区进行一次专项检查暗访,并委托考评第三方每半年实测四次,对问题突出的,视情形给予下发督办函、整改通知书或启动预警,编发舆情摘报,避免反弹现象发生。

二 "美丽南宁"乡村建设中存在的问题

(一)工作推动力度有所减弱

由于乡村建设活动项目比较多,持续时间比较长,加上基层脱贫攻坚任务较重等原因,导致部分县(区)、开发区推动乡村建设工作的热情不够高涨,力度有所减弱,思想有些疲沓。

(二)乡村环境卫生"脏乱差"时有反弹

部分县(区)、开发区环境卫生长效保洁机制落实不到位,管理松懈,保洁力度不足,整治的死角和盲点仍不同程度出现"脏乱差"有所反弹现象,甚至还出现隆安县城厢镇由于环境卫生综合问题连续启动Ⅱ级预警自动升级Ⅲ级预警等情况。

(三)市本级乡村建设活动资金较往年有所减少

2019年度南宁市"美丽南宁"乡村建设专项经费压缩了10%,即比预算减少了将近500万元,各类涉农资金也有所减少,对推动项目落地形成较大压力。

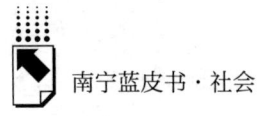

（四）公共基础设施后续管护不够到位

近年来，建设完成了一批惠及于民的公共基础设施，但其运行维护管理所面临的压力也随之增大，后续运行维护资金普遍短缺，导致部分项目设施建成后，无法正常运行，也得不到有效维护，难以发挥设施应有作用。

（五）长效机制落实还有不到位的地方

个别地方宣传贯彻落实《广西壮族自治区乡村清洁条例》力度不够，部分村屯未按要求将《条例》相关内容纳入村规民约，《条例》和村规民约等乡村机制起到的引导、约束作用还有待加强，有些地方保洁员到岗到位情况也不乐观。

三 "美丽南宁"乡村建设展望及对策建议

南宁市将在巩固提升前三个阶段"美丽南宁·清洁乡村""美丽南宁·生态乡村""美丽南宁·宜居乡村"成果的基础上，着力开展"美丽南宁·幸福乡村"活动，以"环境秀美、生活甜美、乡村和美"三个专项活动为重点，全面提升农村物质、精神、生态文明水平，为南宁市在全区率先全面建成小康社会打下坚实的基础。

（一）深入学习贯彻中央、自治区相关文件及会议精神，谋划乡村建设新篇章

深入学习贯彻习近平总书记关于做好"三农"工作的重要论述和中央农村工作会议精神，按照自治区的部署要求，坚持农业农村优先发展、高质量发展，把打赢脱贫攻坚战和实施乡村振兴战略紧密结合起来，扎实推进"美丽南宁·幸福乡村"建设。认真贯彻学习2019年中央一号文件精神和浙江"千万工程"经验，持续深入推进厕所革命，突出抓好农村生活垃圾污水治理、村容村貌提升、农村人居环境整治，坚决打好实施乡村振兴战略第一仗。

（二）加快推进"美丽南宁·幸福乡村"活动各项工作

召开全市农村工作会议暨"美丽南宁·幸福乡村"活动动员大会后，尽快审定研究出台"美丽南宁·幸福乡村"活动"一意见三指南"等一系列文件，以"幸福乡村"中的"三美"活动为基础，明确工作目标、明确各部门职责、分解具体任务和梳理重要时间节点，扎实推进各项任务顺利落地实施。

（三）进一步加大农村人居环境整治

结合深入学习推广浙江"千万工程"经验全面扎实推进农村人居环境整治工作，组织召开高规格的全市乡村振兴暨农村人居环境整治工作推进会，由市委、市政府主要领导再动员、再部署，将乡村振兴和农村人居环境整治三年行动工作纳入市委常委会和市政府常务会议重要议程，以及半年和年底市委、市政府重点工作督查范围。由市委、市政府领导带队率南宁市党政考察团到先进省市特别是浙江省学习考察乡村振兴和农村人居环境整治工作做法经验，开阔眼界、取长补短、吸收借鉴，并结合实际统筹谋划做好南宁市乡村振兴和农村人居环境整治工作。

（四）谋划实施乡村风貌提升三年行动

尽快审定印发《南宁市乡村风貌提升三年行动实施方案》，以便县（区）、开发区能够按照乡村风貌提升三年行动工作的有关要求，把旧村改造与环境整治相结合，扎实开展乡村规划"三落实"、特色风貌"三提升"、乡村文明"三治理"、基础设施"七改造"和公共服务"十完善"等五大行动，扎实推进农房风貌改造等生态宜居项目建设，树立标杆，引领带动全市村容村貌不断提升。

（五）开展南宁市"村屯整治"助推乡村生态振兴行动

结合《南宁市"村屯整治"助推乡村生态振兴行动实施方案》，以"全面铺开、大力整治、持续推进、巩固提升、屯屯过关"为原则，结合全市实施乡村振兴战略、农村人居环境整治和乡村风貌提升三年行动方案，通过改善环境，保护生态，重点整治，带动一般，长效管理，实现村屯环境整洁干净、生态良好、生活舒适、产业发展、农民增收的目标，2018～2020年，在全市所有自然村屯全面启动环境综合整治，重点在市级各类综合示范村、提质升级村屯、特色打造村屯、行政村村委所在村屯和城市内河流域沿线村屯实施环境综合整治，并影响带动一般村屯的整治。

（六）配合打好黑臭水体治理攻坚战

认真贯彻落实市水环境综合治理工作领导小组会议暨黑臭水体治理攻坚战推进会、市水环境综合治理工作指挥部指挥长第一、二次会议精神，按照60天攻坚战方案和《2018～2020年南宁市城市内河沿河村庄河段生态恢复攻坚战工作方案》的要求，抓好城市建成区外涉及黑臭水体的18条内河上游流域及沿河村屯的治理工作，及时组织开展全面排查、集中整治行动和日常巡查督办工作，确保及早整治、及早见效。

（七）开展示范创建打造一批特色亮点

及时总结推广宜居乡村活动示范创建经验，强化试点先行，开展一批幸福乡村活动示范创建项目，持续打造一批美丽乡村特色品牌。组织实施"十百千万"创建工作，在已完成部分创建工程基础上，2018～2020年，建成一批市级生态宜居特色小城镇、市级生态宜居综合示范村、市级生态宜居提质升级村屯。同时，在全市各自然村屯启动实施"村屯整治"助推乡村生态振兴行动，并通过持续推进，巩固提升，力争屯屯过关，到2025年陆续打造一批美丽乡村特色品牌。

（八）落实乡村振兴和幸福乡村项目资金保障

2019年中央一号文件提出，优先保障"三农"资金投入，坚持把农业农村作为财政优先保障领域和金融优先服务领域，公共财政更大力度向"三农"倾斜。南宁市将认真做好乡村振兴和幸福乡村项目资金保障工作，加大财政支持力度，将活动所需经费纳入财政预算；各有关部门要按照规定科学有效统筹各类涉农建设资金用于乡村建设,提高资金使用效益。拓宽融资渠道,落实好项目审批及税收、土地等方面优惠政策,通过市场运作方式,按照"谁投资、谁经营、谁受益"的原则,鼓励各类市场主体以独资、合资、承包、租赁等多种形式参与乡村建设。充分发挥财政资金的引领和导向作用,鼓励企业、乡贤通过冠名认捐、成立专项基金等方式支持乡村建设。

(九)持续营造乡村振兴和幸福乡村活动良好宣传氛围

及时印制并指导督促县(区)、开发区更新幸福乡村活动宣传提纲、宣传标语,发放宣传折页等宣传品,为幸福乡村活动全面推进做好舆论铺垫,并组织开展集中学习培训、巡回宣讲、进村入户宣传,营造浓厚氛围,吸引社会各界参与到乡村建设中。广泛动员党员干部群众积极参与宣传,建立健全乡村建设民主参与、监督机制,完善项目建设推进机制和村务公开制度,充分发挥村规民约和《广西壮族自治区乡村清洁条例》的约束作用,引导村民全程参与项目规划、建设、管理和监督。

(十)坚持明查暗访问责问效

进一步健全完善检查、通报、曝光、约谈问责等制度,严格落实督查整改和三级预警机制,定期到县(区)、开发区乡镇开展环境卫生整治暗访检查,坚决做到不用基层提前准备、不用提供迎检材料、不用汇报、不用陪同、不用接待,避免因暗访检查增加基层负担。根据幸福乡村活动新目标、新任务,进一步修改完善工作目标专项考评办法,定期组织开展考评,严格落实考评结果运用机制,及时兑现奖惩,对工作进度严重滞后、拖全市后腿的,还要对相关责任人启动追责问责机制。

B.13
南宁市"智慧健康"建设发展研究

龚可奉*

摘　要： 南宁市将"智慧健康"信息工程建设作为推动全市医药卫生体制深化改革的重要抓手，大力推进健康医疗服务的个性化、智能化和便捷化，让人民群众在信息化发展中有更多获得感、幸福感、安全感。但同时也存在医疗卫生信息化整体水平不高、数据整合难度大、管理运行机制不完善等问题，建议从建立完善市级医疗卫生健康大数据管理平台、推动"互联网+医疗健康"纵深发展、构建分级诊疗服务支撑体系、完善远程医疗服务应用系统、健全医疗卫生监管与数据分析利用机制等方面推进南宁市"智慧健康"建设。

关键词： 信息化建设　智慧健康　医疗卫生

一　"智慧健康"建设发展现状

近年来，南宁市全力推进健康南宁建设，将卫生健康信息化建设工作纳入"智慧南宁"建设的总体部署中，以政府为民办实事为抓手，借助大数据云平台技术，通过建立和完善南宁市智慧健康服务体系，稳步推进智慧健康信息平台建设并取得显著实绩，对提高医疗服务质量和卫生管理水平提供了重要支撑。目前，南宁市"智慧健康"信息系统已实现包括人口健康信

---

* 龚可奉，南宁市卫生健康委员会办公室副主任。

息、电子病历采集、自助预约挂号、远程监测诊断、急救移动指挥、临床用血信息互通、医疗医保系统整合等"一卡通""一站式"服务,极大提高了健康服务水平和效率。其中,建成南宁市智慧健康信息云平台,采集完成超过200万人口的健康信息和电子病历数据,实现了市直属医疗机构电子病历和检验检查结果共享调阅全覆盖。建立智慧健康公众健康服务平台,为群众提供自助预约挂号、健康档案查询等多项线上线下服务。37家二级以上公立医院及121个乡镇卫生院实现了区域影像、心电诊断等平台联通,全市52家医疗机构开通远程会诊业务。建成急救医疗指挥中心,为全市33家院前急救网络医院全部配备了车载调度导航系统及建立车载移动急救平台、车载监控系统,急救车辆信息与医院医疗信息实时互通、大型活动现场与指挥中心画面实时对接回传,展示了高效的急救医疗和应急保障服务能力,已在环广西公路自行车世界巡回赛等重大赛事和大型活动保障服务方面取得较好效果。血液管理系统实现与医院临床用血信息的互联互通。建成市级远程胎监诊断会诊系统,为孕妇提供实时远程胎心监测、诊断及指导服务。

二 "智慧健康"建设做法及成效

(一)完善信息化建设规划布局

完善"智慧南宁"统筹管理机制,由市发改委总牵头,负责编制"智慧南宁"总体规划,整合全市"智慧南宁"各类资源,防止出现重复建设和信息孤岛。在"智慧南宁"大框架下,优先规划和布局"智慧健康"建设,由市卫健委牵头,突出重点优先智慧健康规划和布局,率先在全区将"智慧健康"纳入市政府为民办实事工程,作为全市公共服务智慧应用体系重点建设项目。在市发改委统筹下,加强不同行业、系统、部门数据融合、信息共享和业务协同,打破"信息烟囱"和"信息孤岛",推动全市卫生健康与"智慧社区""智慧社保"等各类信息资源整合发展。

（二）完善智慧健康信息化专业平台

2017年起，南宁市有计划、分年度推进"智慧健康"信息平台建设，重点建设5个专业应用系统。

一是完善基础数据应用系统。投入资金920万元，建设电子健康档案、电子病历、人口信息等三大基础数据资源中心，从市级拓展到县、乡医疗卫生单位互联互通，并与自治区基层医疗机构信息管理系统对接。区域卫生健康数据中心主要实现了南宁市内医疗卫生机构数据的采集、互通与共享等功能，把分散在各基层医疗机构应用系统里的数据，按需集中到南宁市卫生健康数据中心，并对数据信息进行统一的处理、分析、整合、管理与应用。数据共享与交换平台采用面向服务的体系结构，是市级全民健康信息平台与国家、自治区全民健康信息平台，与全市各医疗卫生机构的业务应用系统交互的服务总线，为任何授权应用服务访问提供统一入口。目前，已实现对南宁市13家市属二三级医院的互联互通和数据采集，实现与广西全民健康信息平台的对接，实现对门户网站、手机App、微信公众号等互联网+应用的接入。随着业务的开展，后续会陆续接入南宁市基层医疗机构平台，接入各区县级医院、自治区级医院以及民营医院，接入疾控、血站、卫监、急救医疗等公共卫生机构以及公安、民政、社保等外部机构。同时在信息安全的前提下，将居民健康档案信息向第三方应用开放接口，引导企业与政府共建南宁市"智慧城市"百花齐放的应用生态。

二是搭建分级诊疗平台。投入1600万元"智慧健康"工程（二期）经费，重点建设分级诊疗应用平台，推进全市各二级以上公立医疗医院进行网上预约、双向转诊、远程会诊，开展市级区域影像、心电、病理远程诊断和胎心监测等应用服务。通过南宁市分级诊疗平台，社区居民可在社区医院进行影像学检查，如X光拍片等。影像的诊断则由社区医院提交至诊断中心（二三级医院），由诊断中心为影像提供诊断服务。最后影像诊断报告仍旧传回社区医院并交付病人。对某些二级医院无法完成诊断的病例，可通过区影像中心平台传送至三级医院进行联动会诊。这样既免去了病患的奔波之苦，同时也降低了二三级医院的常见病、多发病诊治负担。

三是整合基层公共卫生平台。投入1500万资金，在社区卫生服务中心建设"健康小屋"慢性病管理平台，完成200多万人口健康信息和电子病历数据采集。健康档案业务整合了基本信息、公共卫生、医疗服务、儿童保健、妇女保健、疾病控制、疾病管理等信息资料。通过整合信息，可实现对卫生服务需求和供给中能力、水平和质量的实时动态监测和监管，实现多角度、多维度的分析和利用，满足对医疗卫生各类各项服务评估的需求，实现卫生管理和决策的信息化、现代化。

四是搭建应急卫生指挥平台。建设医疗应急指挥大厅和120急救指挥调度中心远程系统，主要包括急救受理信息子系统升级、急救信息综合管理子系统升级、地理信息子系统升级、急救辅助决策系统、突发事件卫生应急指挥中心平台。开通南宁市"微急救"平台，利用"一键报警"功能，通过GPS定位系统，为医疗救援、救护车出警、急救医疗提供技术支持，提高120调度员的接警派车效率，现场急救人员可以准确定位报警人位置，人民身体健康和生命安全多了一道保障。同时，每年投入2000万元资金，连续三年实施基层医疗急救体系惠民项目，建成由33家医院和49家乡镇卫生院标准化急救点组成的院前急救体系，为抢救人民群众生命提供了宝贵时间和设施保障。

五是搭建血液管理平台。血液管理系统实现与各医院临床用血信息互联互通，为医院提供输血管理和报销费用管理，提高了用血效率和安全保障。目前已有48家驻邕医院使用医院输血管理系统进行网上订血及临床输血管理，9家驻邕医院使用医院报销血费管理系统为献血者办理血费直报业务，极大减少了血液报废数量，提高了血液产品安全性。

（三）整合推动信息资源共享

全面整合各级各医疗卫生信息资源，整合内部，打通外部，推进信息资源共建共享共融。

一是实现跨部门跨层级信息整合。将近年与往年、卫生健康系统与其他部门、市级与各级建设的信息系统打通整合，推动医疗卫生机构流程和数据整合，形成"大健康"格局。南宁市智慧健康信息平台建设了市级医疗健康数据中心，全市13家直属医院的病历资料、检验检查结果实现共享调阅，在医生工作站可以实时调阅患者的健康档案和在其他医院的就诊记录和检验检查结果，医生能够全面了解患者的电子病历资料和目前的诊疗情况，有利于更好地进行诊疗；患者也可以避免不必要的重复检查、用药，不需要带着纸质病历资料在不同医院间来回奔波。

二是实现医疗与公卫信息整合。将医院信息与公共卫生信息系统有效整合，提高居民健康档案应用率，居民在家门口便可享受到二、三级医院健康管理服务。将医院系统与急救指挥系统联通，医院第一时间掌握院前患者状态，提前开通绿色通道，实现无缝对接。南宁市居民通过智慧健康微信平台、App等多个应用，使用快速预约、健康档案查询、信息咨询等服务，让数据多跑路，群众少跑腿，实现对个人医疗健康信息全掌握，群众提供了"记录一生""管理一生""服务一生"的全面医疗健康服务。

三是实现医疗与医保信息整合。市卫生计生与市人社两个部门密切沟通，通力协作，破除部门壁垒，消除技术障碍，率先在全区完成医疗卫生、医保支付、民政救助等结算系统整合，实现从预约挂号、住院治疗、出院结算等"一站式"即时服务。

四是实现人口与医改监测系统整合。将人口计生与医改监测信息系统并入全市卫生计生目标考核系统，率先在全区实现卫生计生目标责任制的合并综合考核。同时，整合了药品采购、疫苗管理等信息系统，提高了服务效率。通过信息化建设，促进了远程医疗信息系统的应用和普及，可不受地域、时间的限制，充分有效利用二三级大医院专家作用，为基层患者提供优质的诊疗服务，将优质医疗卫生资源以及先进医疗技术能力向基层医疗卫生机构延伸，实现上下级医疗卫生资源互通共享和优势互补，使得经验丰富的医疗专家能更多地为社会服务，既充分利用了优质医疗卫生资源，又可为患者节省医疗费用支出，对进一步缓解医疗资源不足、分布不合理等状况都具有积极作用。

三 "智慧健康"建设存在的主要问题

由于建设初期缺乏总体规划设计，没有标准支撑，导致整个卫生信息化建设和服务工作缺乏统一管理，造成"孤岛"信息和"烟囱"系统等问题，虽然经过近几年的努力，有了较大的改观，但与人民群众对健康服务的需要相比还存在不少的问题。

（一）信息化整体水平不高

由于资金投入不足和技术人员短缺等原因，南宁市医疗卫生信息化建设水平与其他省会城市及其他行业相比，总体水平不高。各家医院的信息系统主要以自筹资金自行建设为主，参与建设的开发商众多，水平参差不齐，各个系统采用的数据标准、技术标准不一，数据互联互通程度不高，全市目前还没有一家医疗机构通过国家医疗健康信息互联互通标准化成熟度测评。乡镇级卫生院、社区卫生机构由于人才、经费等方面制约，医疗卫生信息化发展水平普遍较低，在信息惠民便民方面应用不多，还不能给老百姓带来明显的感受。另外由于信息化水平不高，管理部门对卫生健康信息掌握不够及时和全面，缺乏对卫生相关事件的事前预警机制，医疗卫生资源的统一调度使用缺乏有效的监控和管理。

（二）各单位的系统互联互通和数据整合的难度大

全市各个医疗卫生机构相对独立开展业务，各自信息系统相对封闭，各个信息系统由各个开发商自行建设，各个系统采用的数据标准、技术标准不一，不利于全市范围内医疗卫生信息的共享与交换。虽然医院信息管理系统、疫情网络报告系统、妇幼健康保健系统、应急医疗指挥系统等建设大大提高了医疗卫生部门的管理水平和应急反应处理速度，但是不少信息系统是垂直建设的，使得原本分割的业务部门在信息数据互通上变得困难和复杂，形成大量"信息烟囱"和"信息孤岛"，造成信息资源浪费以及群众看病就医的不便。医疗信息化建设是涉及多部门的、多层次和多业务类别的综合工作。建立市级平台的难点是实现各医疗系统的互联互通，目前，全市各医院的信息化发展水平参差不齐，院内信息系统众多，实现信息完全的互联互通难度较大。

（三）各医疗机构信息化建设所需资金缺口大

医院信息系统建设和升级改造费用较大。由于不少医院的HIS系统建设时间早，功能相对落后，业务覆盖面狭窄，缺乏创新和突破，缺乏统一规划，忽视信息的标准化及系统的大规模集成，信息孤岛现象严重，已建立的信息系统"包袱"越来越大，从根本上限制了医院信息系统未来的规划和发展，因此，对医院信息系统的重新规划建设已经迫在眉睫。一方面，部分二级公立医院的信息系统较为落后，每个医院重建系统需要的资金投入较大；部分医院从投入产出效益方面考虑，对信息系统软硬件投入费用有所顾虑，主动投入的积极性不高。另一方面自治区和南宁市在推进智慧健康工程中，要实现各医院信息的互联互通，就要求医院对原有系统进行升级改造，需要大量的经费投入。部分医院投入系统建设时投入少，没有占据系统的主动权，较易被软件开发商捆绑。

（四）支撑医疗卫生信息化建设的人才队伍保障和管理运行的机制尚未建立

南宁市医疗卫生系统的信息化专业人才普遍匮乏。各级医疗卫生人才队伍薄弱，专业技术能力不高，无法很好地承担起信息化系统的建设和应用推广工作，如市卫生计生宣传信息中心实际从事信息技术工作的只有3人、各县区卫生计生局基本上没有专职的信息技术人员、部分二级医院的信息科不能独立承担系统日常维护巡检工作、不少乡镇卫生院甚至连电脑网络维护人员都没有。各单位在信息化工作上普遍存在管理体制不完善、机构性质不明确、人员待遇偏低和编制限制、人员变动频繁等问题，在信息化人才的培养、选拔和使用等方面也缺乏相关的配套政策，人才队伍不稳定，人才结构和布局不尽合理,人才缺口问题突出,直接制约了医疗卫生信息化工作的开展。同时,大部分单位缺乏具有信息化管理理念、既熟悉医疗卫生业务又具有信息化系统建设经验的高层次复合型人才,由于薪酬制度没有体现信息化专业人才价值、医院信息化队伍编制不确定等原因,如何留住高素质的专业信息化人才是各医院面临的难题。

(五)网络信息安全工作亟待加强

由于经费保障机制不健全,信息化投入不到位,相当一部分医院在信息化建设中优先考虑业务系统的建设,重建设轻防护,普遍忽略信息安全或将安全设备的投入放在次要地位,没有采取必要的安全防护措施,公民个人隐私安全和系统稳定运行没有得到有力保障。部分医院由于信息化人才的缺乏和技术能力的不足而过度依赖和受制于软件公司,将系统软件和数据库的管理权限开放给软件公司,给信息安全保护带来隐患,同时也不利于在日常维护中及时发现系统问题和及时处理系统故障,制定的应急处理方案不能得到有效落实。而医疗过程产生海量数据,包括个人健康信息、医护人员工作信息、药品设备信息等,如果没有采取严密的安全防范措施,没有配备安全设备,将存在一定的安全隐患。

四 "智慧健康"建设的主要思路

(一)加强顶层设计,宏观规划智慧健康工程

在智慧健康工程推进中,必须发挥政府的主导作用,协调各相关部门共同参与、积极配合。在南宁的所有医疗机构包括公立医院(市级医院、社区医院、省级医院)、私立医院及公私合营医院都应纳入智慧健康建设规划中,单个医院所能收集到的医疗数据毕竟是有限的,真正实现健康医疗大数据应用发展,还需要大力推动政府健康医疗信息系统和公众健康医疗数据互联融合、开放共享。这样才能实现全社会的智慧健康,让智慧健康造福于民。

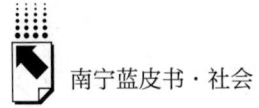

（二）加强多部门协调联合，实现医疗大数据发展和保障信息安全之间的平衡

南宁市开展智慧健康建设不仅包括医疗机构、卫生行政机关等利益相关部门，还包括软硬件服务提供商、银行等间接利益相关方。要从顶层设计上理顺各利益相关方之间的关系，使得组织成员在利益方面达成共识，明确其利益共享和责任分担机制，最后形成各参与方相互配合以达到联动的模式。要将全市县、城区纳入构建智慧健康中进行通盘考虑。特别是县一级的区域平台，是实现全市智慧健康的基础，在进行补助时，要充分考虑到县级平台建设的资金筹备问题，将有限的财政资源运用到真正需要的地方。法律法规的建立健全是涉及体制机制的重大问题，关系到行业标准的设立及纠纷冲突处理时的依据，应该依据国家和省级卫生信息化相关文件，借鉴兄弟城市的经验和做法，加强法制建设，出台相应的卫生信息化建设指导意见和实施方案，以标准的贯彻落实和行业管理为重点，依据国家标准，制定适合南宁市的卫生信息标准测试管理办法，指导企业开发符合标准的卫生信息标准管理系统，实现标准的动态管理和更新，以配套政策和标准化保证建设方案的落实。

（三）持续保持投入，多种方式筹措资金

从智慧健康的可持续发展角度进行考量，单纯依靠南宁市卫健委等行政部门对智慧健康建设的大包大揽，不仅制约智慧健康的持续发展，对政府部门而言也是沉重的负担。政府部门要营造公平、公正的市场和制度环境，鼓励社会资本参与卫生计生系统信息化项目建设。

（四）加大信息化人才引进及培养力度

当前全市卫生计生系统的信息化人才匮乏，难于支撑信息化应用，必须加大信息化人才引进及培养力度，以保障智慧健康工程的有效实施及可持续发展。

(五)加强城市社区医院建设,提高基层市民基础医疗服务水准

要实现市民选择社区医院就近就医,社区医院与省市大医院能即时会诊。在建设智慧健康工程的同时,社区医院除了需要加强医疗信息技术、设施建设外,还要注重医护人员队伍建设,培养或引进业务水平较高的社区医生。

(六)加强智慧健康服务的宣传普及

让市民了解到智慧健康的便捷,逐渐改变市民的就医习惯,小病就近在社区医院解决,大病由社区医院通过区域智慧健康系统信息共享会诊转诊至大医院,中途无须挂号,重复检查,直接治疗。大医院还能通过信息共享平台与社区医院、基层卫生院等建立合作,做好慢性病患者的全病程管理。这样可以缓解看病难问题,也使医疗资源得到充分使用。

五 "智慧健康"建设发展的对策建议

(一)建立完善市级医疗卫生健康大数据管理平台

加快推进医疗卫生健康信息数据的互通共享。通过进一步完善市级全员人口信息、电子健康档案和电子病历三大数据库,推进医疗服务、公共卫生、医疗保障、药品管理、计划生育、综合管理等六大项业务系统的应用及互通融合,逐步推进形成覆盖各级各类医疗卫生机构高效统一的人口健康信息网络,对上连接自治区、国家的全民健康信息平台。建立各级各部门、各区域及各行业之间数据共享通道,深化区域医疗健康大数据的应用,扩大业务协同服务范围,丰富便民惠民服务内容和项目,为打造健康南宁、深化医改、提升医疗卫生服务水平和效率提供有力支撑。

(二)推动"互联网+医疗健康"纵深发展

提升公众健康服务应用。推进居民电子健康卡建设,通过卫生健康部门

的门户网站、微信平台和智慧健康App等多种途径，实现区域内全员人口信息、电子健康档案和电子病历信息、医疗卫生服务资源信息的共享利用，为居民提供统一便捷的健康信息推送，实现网上预约挂号、健康档案和检验检查结果查询、家庭医生签约、健康咨询、移动支付、相关证件办理、服务评价、家庭医生签约服务、远程关怀等一系列便民服务。

（三）构建分级诊疗服务支撑体系

建立双向转诊系统平台，按照"基层首诊、双向转诊、急慢分治、尊重群众意愿、上下联动、资源共享、全程无缝"等七个原则构建以信息资源纵向整合为特点的分级诊疗服务支撑体系，真正实现"首诊在基层、大病到医院、康复回基层"的就诊模式，将优质医疗资源能真正下沉到基层，使广大群众在"家门口"就能够看上病、能够看好病，使基层医疗机构的"网底"作用充分发挥，促进分级诊疗和有序就医格局的形成，进一步提升远程医疗服务能力，让健康数据"多跑路"、让群众"少跑腿"，为群众提供更加便捷的医疗服务。

（四）完善远程医疗服务应用系统

完善南宁市智慧健康信息平台，深化区域医疗协同服务（如区域LIS、区域PACS、区域心电、区域病理）和远程医疗服务应用，建设区域临床检验、影像、心电和病理诊断中心，依托大型医疗机构或者专业机构，为区域内的基层医疗卫生机构提供专业化服务，提升医疗技术水平，提高检验诊断质量，减少基层投入。建立以信息资源纵向整合为特点的分级诊疗服务支撑体系，促进有序就医。

（五）健全医疗卫生监管与数据分析利用机制

建立南宁市智慧医疗公共卫生及综合管理决策系统。建设市级卫生综合管理和决策支持系统平台，整合全市医疗服务、公共卫生、基本药物、医疗保障等业务信息资源，通过信息整合，实施医改数据监测，规范诊疗行为，严格医疗服务质量控制，加强事中事后监管，保障医疗卫生服务质量和安全。开展医疗卫生健康大数据的挖掘分析利用工作,利用基于人工智能技术、移动智能设备,开展疾病预警、慢性病筛查,实现个人健康信息实时监测评估和主动干预。完善医疗卫生服务信息数据向公众开放的功能,聚合不同的业务信息,进行灵活、快捷、易操作的业务信息展现和访问,提升卫生健康行政部门综合管理和信息服务能力,为群众提供更为方便、快捷的服务。

B.14
南宁市社会信用体系建设状况分析与展望

夏秋峥　庞宇晓*

摘　要： 2018年，南宁市积极建设社会信用体系，逐步形成具有工作合力、平台功能完善、创新活力充沛、行业应用丰富、富有南宁特色的社会信用体系，但在深入建设社会信用体系的过程中仍然存在信用制度不健全、信息共享程度不高、部门协同度不够以及缺乏大数据应用等问题。根据南宁市社会信用体系建设存在的问题，本文在信用制度建设、信用信息归集、健全信用奖惩机制、拓展信用领域以及推进信用建设区域合作方面提出相应的对策建议，为建设南宁市社会信用体系提供有益借鉴。

关键词： 社会信用　体系建设　信息共享

2018年，南宁市以国家《社会信用体系建设规划纲要（2014～2020年）》为引领，围绕创建第三批全国社会信用体系建设示范城市，注重顶层设计，强化工作创新，以"钉钉子"的精神推动信用南宁建设，积极打造"智慧城市＋信用南宁"的智信城市之路。经过一年的克难攻坚，砥砺奋进，南宁市信用体系建设工作硕果累累，社会信用体系建设工作位列全区之首，根据国家发展改革委最新《城市信用监测月报》，南宁市以综合指数

---

* 夏秋峥，南宁市发展和改革委员会财金科科长；庞宇晓，南宁市发展和改革委员会信用办科员。

85.43，位居全国第 14 名，年度跃升 17 名，成为 2018 年全国进步最大的城市，获得国家发展改革委公开点名表扬。

一 南宁市信用体系建设的现状

（一）凝聚工作合力，打造顶层设计新格局

1. 信用制度建设情况

依据《南宁市建立现代信用体系规划》，南宁市政府制定印发《南宁市企业信用信息征集和发布管理办法》《南宁市个人信用信息征集使用管理办法》《南宁市公共信用信息目录（2017 年版）》《关于加强和规范守信联合激励和失信联合惩戒工作的通知》等顶层设计文件。通过印发实施年度工作要点，细化任务，落实责任，加快推进 12 个试点部门建立基于互联网架构的事前信用承诺制度。通过印发《关于认真开展南宁市信用制度建设相关工作的通知》，要求各部门以国家公布的 153 项信用制度清单为纲，建章立制并推动实施，加强指导各行业主管部门建立各自行业领域的红黑名单制度，截至 2018 年，南宁市已经在国土、环保、金融、道路交通、食品药品安全、旅游、广告行业等 21 个领域出台信用"红黑名单"制度。通过印发实施规范行政处罚信息的信用修复流程和管理文件，在配套制度方面，进一步加强了在行政管理事项中使用信用记录和信用报告文件以及加强政务诚信建设、个人诚信体系建设。同时，电子商务领域诚信建设的实施方案和公共信用信息目录等文件也正在编制与修订。

2. 建立组织工作机制

南宁市高度重视信用体系建设工作。2018 年，根据工作需要扩大市信用体系建设工作领导小组成员单位覆盖面，调整后成员单位由 68 个增至 78 个。为进一步建立健全组织工作机制充实领导小组办公室力量，南宁市印发实施领导小组工作制度，制定市信用体系建设工作领导小组办公室设置方案。2018 年 11 月 7 日，南宁市召开全面推进社会信用体系建设工作会议，

全市上下凝心聚力，南宁市信用体系建设工作建设再上新台阶。

3. 建立绩效考核机制

南宁市把社会信用体系建设各项重点工作纳入市绩效考评年度目标责任考核内容，编制全面的绩效考评指标体系，建立月度跟踪考核等机制，以考核体系督促各单位形成齐抓共管的良好局面。南宁市社会信用体系建设绩效考评对象涵盖了市信用体系建设工作领导小组各成员单位，考评指标覆盖信用建设基础工作、信用建设重点工作、信用数据归集及共享、全面推动信用信息应用等内容，通过量化指标，突出了阶段性工作任务，延展了考评维度，为深入推进南宁市信用体系建设提供了强有力的保障，为南宁市创建全国社会信用体系建设示范城市打下了坚实基础。

（二）完善平台功能，信息开放共享呈现多元化

1. 公共信用信息共享平台建设

南宁市按照国家一体化标准改版升级建设市级公共信用信息平台，该平台于2018年底正式建成投用。平台具备信息采集、数据清洗、数据交换、多点发布、实时查询、出具信用记录报告、信息共享等功能。公共信息信用系统还是广西区内率先开发且功能最完善的平台，其还具有联合奖惩系统、信用绩效考评系统、信用工作信息报送系统、信用状况监测等系统，并且在广西首届公共信用信息共享平台评比和2018年第二届全国信用信息共享平台评比中分别获得第1名和第12名的佳绩。

2. 信用信息数据的归集与共享

（1）公共信用信息归集

开展南宁市公共信用信息目录修订工作，强力推动信用信息的收集汇总，截至2018年12月，共归集信用信息3074万条，初步为全市40万户企业、770万个人建立了信用档案。实现信息归集覆盖全市企业和自然人，是全区首个建成实现信息归集全覆盖的平台，信息归集总量位居全区第一。不断完善"信用中国（广西南宁）"网站功能，依托网站开展信用信息公示并提供公共信用信息"一站式"查询，累计访问量超过350万。

（2）信用信息共享平台一体化建设

南宁市信用信息共享平台继续迭代开发功能完善，打造"三库、双网、多平台"，上连自治区、国家，下连县（区）、开发区，横向连接市直各部门，数据端口开放，与公安人口库直连，与市委政法委、公安交警、行政审批、中级人民法院等部门达成系统衔接意向，初步实现"信用一张网"格局。为数据共享实现多维应用打下坚实基础，已经成为南宁市开展政府联动监管和提供公共信用服务的有效载体。在升级改造的基础上，南宁市继续对平台进行功能完善，实现与自治区公共信用信息共享平台进行数据交换，加快推动与市直部门业务系统进行直连。

（3）行政许可、行政处罚"双公示"

按照南宁市人民政府办公厅《关于印发南宁市推行行政许可和行政处罚等信用信息公示工作实施方案的通知》（南府办函〔2015〕338号）要求，在作出行政许可决定之日起7个工作日内，将行政许可信息上传至南宁市信用信息双公示系统、市行政审批局网站、国家企业信用信息公示系统向社会公布，全面落实行政许可信息公示制度。据统计，2018年1~11月，南宁市共对外公示了95323条行政许可信息。2018年，南宁市行政许可和行政处罚等"双公示"信用信息按时全量上网公示，同步推送至自治区、国家累计130余万条，数据量位居全区之首。

3. 联合奖惩子平台

南宁市信用信息共享平台联合奖惩子平台实现了"四化"。一是奖惩措施目录化，把国家出台的37个联合奖惩备忘录的具体措施分解到位，形成了南宁市的奖惩措施目录库；第二是奖惩对象动态化，在"奖惩对象名单"里面，对系统归集的红黑名单进行动态管理，把信用修复的黑名单归入重点关注名单；第三是用户提示主动化，红黑名单和奖惩措施目录实现自动关联，在红黑名单的管理和使用的时候实现主动提示和自动拦截；四是奖惩结果反馈化，系统设置了"奖惩成效反馈"，对奖惩措施落实情况进行动态监管，并自动形成联合奖惩案例。

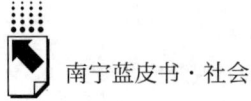

4. 门户网站

2018年,"信用中国"(广西南宁)网站改版升级并投入使用,网站栏目丰富,保持常态化更新,发布社会信用体系建设资讯,开展信用信息公示并向全社会提供"一站式"信用信息查询服务,可一键下载打印信用记录报告,具有信用信息公示与查询、信用报告、异议信息申诉等功能。访问浏览量达362万,成为南宁市以信用为纽带沟通社情民意的"总窗口"。信用数据通过管理系统入库即同步到信用门户网站和共享平台,并自动生成相应的信用报告,支持一键下载及打印,信用报告上有可校验真伪的二维码,确保信用报告的真实性。门户网站支持在线的异议处理,如果企业或个人对网站上公示的信用信息有异议,可直接通过网站进行精准申述,申述成功后该条异议信息会实时同步、自动更新在平台和网站上。

截至2018年底,信用中国(广西南宁)网站采用各部门报送工作信息12730篇,被全国信用监测平台采用工作信息2197篇,南宁市发改委信用工作信息被市属主流媒体采用47篇,被信用中国网站采用5篇,南宁新闻网信用专栏刊登974篇,"南宁新闻"播放信用工作新闻4条。

(三)创新信用治理,编织联合奖惩一张网

南宁市各行业主管部门结合实际,制定完善事前信用承诺、红黑名单和信用评价等制度,简化事前审批流程,强化事中信用分类、分级监管,构建事后守信联合激励和失信联合惩戒工作机制,初步形成了全市信用治理一张网格局。2017年12月,南宁市印发实施《关于加强和规范守信联合激励和失信联合惩戒工作的通知》,建立了联合奖惩工作机制,各领域奖惩全面铺开,在失信被执行人、重大税收违法案件当事人等6个重点领域开展,形成事前事中事后监管闭环。向国家报送联合奖惩案例30个,核对国家层面涉及南宁市黑名单1743个。

全市签署公示10358份信用承诺书,全市累计产生红黑名单共计50469条,其中红名单9855条,黑名单40614条,失信被执行人、重大税收违法案件当事人等6个领域开展联合奖惩,奖惩措施清单共计166条。按要求开展"双随机、一公开"工作,印发《南宁市政府部门随机抽查事项清单》,

建立了 66 万户市场主体名录库和 6166 人检查人员名录库。探索建立南宁市商品房预售资金分级监管制度；积极搭建家政服务领域信用服务平台和园林企业信用评价管理平台；开展纳税信用等级评定工作，2017 年纳入市税务局信用管理户数为 254893 户，共评出 A 级纳税人 6416 户；市人社与住建、发改等部门携手建立劳动保障失信联合惩戒机制；住建部门对涉黑名单在竣工验收，办理商品房预售等给予限制。同时，加快推进打击非法传销、泥头车治理、共享单车管理的城市管理难点问题的路径和方向。截至 2018 年 12 月，全市累计在公司登记环节拦截失信被执行人任职申请 1261 人次，列入并公示经营异常名录企业 15.2 万户次，发布失信被执行人自然人 3.9 万人次，法人 6600 个次，被查出有行贿犯罪档案记录不得参与招投标活动的 21 人次。

（四）深化信用应用，行业信用建设百花齐放

南宁市加快推进行政管理事项中使用信用记录和信用报告，通过信用管理助力全市"最多跑一次"改革。在"证照分离"改革中实施行政许可事项告知承诺，在行政审批中对基本条件具备、主要申请材料齐全且符合法定形式，但次要条件或申请材料欠缺的政务服务事项，申请人签署信用承诺书后，允许"容缺受理"，明确对诚实守信者实行优先办理、简化程序，实施"绿色通道"等服务措施，有效提升了事项办理的进度。推行公务员、事业单位招录考生签署考前承诺，建立公务员考生诚信档案，真正实现"诚信考试"。积极开展商务诚信示范创建活动，持续推进"诚信经营·放心消费"创建活动，重点打造旅游、家装建材、电子商务、汽车销售、交通物流等放心消费行业，积极开展涉金融领域失信治理，大力推进打击侵权假冒工作，全市办结侵权假冒违法违规案件 53 件，涉案金额 21.09 万元。实现统一社会信用代码存量代码转换及新增赋码全量向社会公示，组织开展南宁市 2018 年首府南宁窗口服务行业"创城达标竞赛"活动，将诚信建设作为衡量优质服务的重要测评内容，开展信用修复培训，已累计为 87 家企业开展行政处罚信息的信用修复工作。在司法领域已建立涉企失信被执行人名单公布制度，实现与民航、金融、铁路等企业的信息共享，建立司法鉴定工作

人员、公证从业人员、律师事务所和律师、基层法律服务所和基层法律服务工作者等重点职业人群信用档案，完善检务公开制度，实现案件程序性信息、重要案件信息公开终结性法律文书网上公开、网上查询。

（五）强化信用宣传，诚实守信氛围浓厚

南宁市通过报纸、电视、广播、网络等媒体，多渠道、多方式广泛宣传信用体系建设，其中：信用中国（广西南宁）网站、《南宁日报》头版"诚信建设万里行"专栏，南宁新闻网站"信用南宁"宣传专栏，信用体系建设宣传动漫片等，真正做到报纸有文字、广播有声音、电视有画面、网站有图片。2018年，南宁市信用宣传工作完成"三个首次"，首部信用体系建设宣传动漫片《守信处处受益　失信寸步难行》制作完毕并播出，首次向全市征集诚信示范典型，共征集48个，首次在南宁新闻网首页醒目位置开设"信用南宁"信息宣传专栏，宣传信用资讯达871篇。诚信宣传方式多样，诚实守信的氛围渐浓。印发实施市信用建设工作信息报送制度，要求各部门加强信用建设工作信息的报送和发布，先后两次召开信用信息报送及撰写培训会，指导相关部门开展此项工作。

深入开展"百城万店讲诚信"活动，加强学生诚信教育，开展"诚信感恩教育月"活动。围绕"3.15消费者权益日""4月份税收宣传月""6.14信用记录关爱日"等重要时间节点，集中开展诚信宣传教育活动。持续开展"我推荐、我评议身边好人"活动，不断加大身边好人的推荐力度，叶燕凤、姚美华2人荣登"中国好人"榜，成为诚实守信类"中国好人"。深入开展"诚信建设万里行"宣传活动，信用中国（广西南宁）网站、《南宁日报》头版开辟"诚信建设万里行"专栏，采取正面宣传与舆论监督相结合的方式，大力营造"知信、用信、守信"的良好氛围。

（六）注重特色创新，"信用南宁"突破发展

1. "智慧城市+信用南宁"融合发展

南宁市积极打造"智慧城市+信用南宁"模式，努力探索一条新型的

智信城市之路。2017年，统筹指导12个试点部门建立基于互联网架构的事前信用承诺制度，经过一年多的试行，成效显著，市公安局交警支队与美团点评集团达成协议，与网络共享即时配送服务人员签订道路交通安全事前信用承诺书。南宁市政府主导建设推出的城市服务软件"爱南宁App"，以公共信用信息为基础，构建城市信用评价模型，南宁市民的城市信用分"宝宝诚信分"已经上线，以政府为主导的信易停车、信易租房、信易诊疗、信易借书等一系列"信易+"场景正在打造，信用分高的市民将会在出行、租赁、旅游、医疗等方面享受一系列信用红利。

2. 第三方信用服务机构助力信用体系建设

2018年7月，南宁市信用联合会正式成立，41家本土优质协会和龙头企业加入联合会，联合会将充分发挥社会化信用服务机构的作用，推动重点行业信用建设。加大对第三方信用服务机构的扶持力度，累计为南宁市200余家企业提供第三方信用评级服务，鼓励南宁市"两台一会"中小企业贷款平台解决企业融资难融资贵问题，累计通过融资服务为南宁市中小企业解决贷款155亿元。

3. 积极融入跨区域信用合作

南宁市作为首批城市正式加入"一带一路"国际合作城市信用联盟，开启跨国信用合作新篇章。在自治区发展改革委的指导下，主动向有条件、有意向的柳州、桂林、梧州等广西区内城市发出了邀约，积极推进区内信用合作，携手共建美好的北部湾信用生态圈。与国内南京等10个城市达成信用合作意向，共同推进信用信息共享平台互连，实现信用报告异地申请、异地自助打印，得到国家发展和改革委员会的大力支持。与杭州市达成合作意向，共同推进两个城市的诚信分互认，加快推进南宁市信用联合会与杭州信用促进会开展多方位的信用合作。

4. 不断拓展信用记录和信用报告应用领域

南宁市发展改革委草拟完成南宁市进一步加强在行政管理事项中使用信用记录和信用报告的通知初稿，正在就使用信用记录和信用报告的行政管理事项开展行业主管部门调研，将尽快梳理完成首批行政管理事项清单，加大

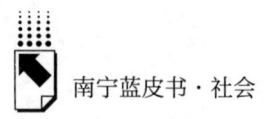

重点领域信用信息应用力度，提高信用信息在评优评先、市场准入、行政审批、政府采购等环节的应用效果。

二 南宁市社会信用体系建设存在的困难与问题

（一）宏观层面立法欠缺行业信用制度不全

国家高度重视信用的立法工作，社会信用立法目前已经纳入全国人大立法规划，一些先进地市已经出台信用地方性法规，但南宁市信用立法基础薄弱。对照国家需建立的153项信用管理制度，截至2019年2月中旬，南宁市仅完成33项，远低于36个省会及副省级以上城市平均水平的55项。红黑名单管理制度少，本地发布的红黑名单企业分别为828家和175家，与36个省会及副省级以上城市平均水平的16938家和3872家差距较大，是南宁市城市信用状况监测的主要失分项。由于制度不全，导致红黑名单产生数量十分有限，加上没有上位法依据，奖励和惩戒措施制定小心翼翼，具体实施时阻力重重，因此，加快完善信用制度体系建设成为当务之急。

（二）信用信息数据无法全量归集共享程度不高

目前南宁市大部分部门的业务系统没有与市信用平台直连，多采用手工导入或在线逐条填报的方式归集数据，归集效率低下，数据源增量数据无法实时同步，数据鲜活性不高，极大限制了大数据资源在市信用平台上全面推广应用。市发展改革委加大力度推进系统直连，短期内要实现重点领域业务系统与市信用平台全部连接，困难重重，一方面，不少行业部门内部业务系统众多，尚未整合成统一平台，信用数据散落在多个系统里，直连难度加大且不利于管理，如市人社局、城管局等部门；另一方面，受到行业内需统一使用国家、自治区开发建设的业务系统影响，南宁市有关部门只有系统使用权限，市本级没有数据库，大量重要的基础性的公共信用信息无法完整、准确、及时地向市信用平台提供，极大影响了数据的全量归集，如市工商局、市交通运输局等部门。根据国务院《社会信用体系建设规划纲要（2014～2020年）》，要建立完善政务、中介、旅游、司法等重点领域中重点职业人群的信用档案，尤其是在政务诚信领域要将公务员个人有关事项报告、廉政记录、年度考核结果、相关违法违纪违约行为等信用信息归集建立公务员诚信档案，由于南宁市以上公共信用信息尚未能全量归集，无法按照国家的要求形成以上重点人群的信用档案。

（三）联合奖惩机制不健全跨部门协同领域不多

南宁市按照国家要求开展联合奖惩工作，2017年底已经出台建立机制的相关顶层设计文件，但是由于联合惩戒的上位法依据不充分，信用数据的应用需求难以充分挖掘，重点行业及重点领域的信用体系建设工作刚刚起步，部门业务系统尚未与市公共信用信息共享平台全面实现直连等，全市各部门具体实施联合奖惩工作效果不明显。目前，南宁市联合奖惩工作仅在司法、税务等部分领域形成了"不敢失信"的初步氛围，全市范围内的"不能失信、不愿失信"的局面还远未形成，联合奖惩工作协同方面仍存在较大困难。目前，南宁市向国家报送的联合奖惩案例数量仅为30个，奖惩措施实施率为0.25%，远远低于36个省会及副省级以上城市平均水平1788个及4.94%，离"一处失信、寸步难行"的社会信用管理目标还有较大差距。

（四）"大数据+信用"的挖掘深度不足

南宁市虽然已经初步建立了法人和自然人信用档案，但是由于缺乏统一的制度安排，各行业主管部门在行政管理中对信用记录查询、信用评价结果运用普遍比较保守，尚未广泛铺开。国家发展改革委倡导各地建设"信易+"（包括信易贷、信易租、信易行、信易批、信易游）系列场景，通过优先办理、降低门槛、简化程序、免交押金等形式激励市民的守信行为，目前南宁市设立南宁诚信市民卡和信用应用场景的搭建正在进行，场景不够丰富，信用惠民便民服务不多，市民诚实守信获得感还不明显。在利用城市信用大数据资源对城市各类主体，特别是重点行业领域及重点职业人群的信用状况等进行大数据多维度关联、挖掘和分析，为南宁市的现代化治理提出辅助决策依据和实例化应用这项工作正在起步探索阶段，通过"大数据+信用"为城市治理提供有效支撑的作用尚未充分显现。

三 建设完善南宁市信用体系的思路与对策

（一）推动地方信用立法和完善信用制度建设

加快推进信用立法、完善信用法律法规体系作为社会信用体系建设的基础工程，具有重大而深远的意义。南宁市信用立法是一项具有开创意义的创新工程和系统工程，具有复杂性和综合性。信用立法既涉及公权力与私权利之平衡，也涉及法律与道德之交叉；既需要政府的顶层设计，也需要社会主体的通力合作；既要立足本土资源，也要具有国际视野。从南宁市社会信用发展现状和实际需求出发，推进信用立法应凝聚各方力量实现社会信用体系共建共治共享。

南宁市各有关部门要对照国家需建立的信用制度清单，查缺补漏，尤其要尽快补齐行业红黑名单制度、信用记录归集、信用等级分类管理等制度，使各项工作有章可循。建议南宁市按照党中央、国务院决策部署，结合实际尽快推动南宁市信用立法工作，将《南宁市公共信用信息管理办法》纳入2019年立法计划。

（二）加大信用信息归集和共享力度

尽快研究制定南宁市公共信用信息目录（2019年版），继续升级完善市公共信用信息平台功能，进一步加大信用信息归集力度，补充和完善国家要求但是南宁市目前缺失的重点职业人群公共信用信息，做到数据及时、准确、完整，确保信用信息"总量扩大、规模增加、质量提升"，打造全面的信用档案。加快推动市直部门业务系统、县（区）、开发区信用信息系统、征信系统与市公共信用信息共享平台进行直连。只有系统使用权限没有本地数据库的市直有关单位要主动对接自治区，协调解决向上归集后的数据与数据源单位信息共享问题，将本地信用信息全量向市信用平台归集，实现纵向互联互通和横向交换共享，最大限度解决信息的孤岛化和碎片化问题。

（三）建立健全信用联合奖惩机制

建立健全南宁市信用联合奖惩机制，提升联合奖惩机制的系统性、协同性、规范性，拓展奖惩领域范围。市公共信用信息共享平台中联合奖惩子模块的建设开发已完成，鼓励各有关部门要主动将部门的业务系统与该模块相衔接，实现红黑名单自动发起、响应和反馈的高效工作方式。争取尽快完成市行政审批局、市财政局、市公共资源交易中心等部门业务系统与市信用平台实现系统直连，其余相关部门争取在2020年上半年完成系统直连工作。对被列入政府部门和行业"黑名单"的企业以及严重失信个人实施有效的联合惩戒，使联合奖惩工作真正落到实处。继续深入开展政府机构失信问题专项治理、失信被执行人"老赖"专项治理、涉金融领域失信问题专项治理等专项治理工作，对治理过程中发现的问题要实施严厉的惩戒措施，持续优化南宁市的营商环境。

（四）进一步拓展信用应用领域

尽快出台进一步在行政管理事项中使用信用记录和信用报告的通知，加大重点领域信用信息应用力度，提高信用信息在评优评先、市场准入、行政审批、政府采购等环节的应用效果。充分发挥南宁市信用联合会及第三方信用服务机构的作用，积极探索信用监管、信用金融、信用文化等多领域应用，扩大信用评价、信用报告的应用范围，推进信用服务创新，让信用的价值得到充分发挥。积极研究出台符合南宁市实际、满足发展要求、具有本地特色的"信用+惠民""信用+改革""信用+政务"等"信用+"举措，尽快推动南宁诚信市民卡的设立，让老百姓获得更多的守信激励感受，打造一条具有南宁特色的"智信之路"。

（五）加强诚信宣传教育和诚信文化建设

每年都举办信用宣传活动周并力争打造成为诚信活动品牌，推动诚信教育进机关、进企业、进学校、进社区。采取更加丰富多彩的形式，加大信用宣传力度，同时，进一步抓好守信激励案例树标杆、失信惩戒案例树警示，加大典型案例的采编和公示力度。启动创建诚信特色示范工程，加快培育南宁市诚信示范典型，力求以点带面助推全市信用体系建设，尽快打造一批诚信品牌，引导全社会增强诚信意识，努力营造良好的营商环境和诚实守信的社会氛围。

（六）深入推进跨区域信用合作

积极推动与区内外城市开展社会信用体系合作共建研究，在信用信息互联共享、信用红黑名单结果互认，实现跨区域的守信激励和失信联合惩戒等方面加强合作。发挥南宁作为广西首府的龙头带领作用，邀约北部湾城市组建广西北部湾城市信用联盟，弘扬诚信文化，优化营商环境，携手打造"信用广西"名片。与"一带一路"国际合作城市信用联盟的城市共同探索建立跨国信用信息共享机制、联合奖惩机制，加强信用服务机构的跨国合作，积极参与建设"一带一路"信用体系建设，助力"一带一路"沿线城市互联互通与投资贸易合作。

专题研究报告

The Themed Research Report

B.15
南宁市社区养老现状与对策研究

南宁市社会科学院课题组*

摘　要：近年来，中国社会老龄化程度正不断加深，如何养老成为国家、社会高度关注且影响我国经济社会发展的关键性问题。南宁市社区养老取得了一定成效，但也存在基层对社区养老服务工作"有心无力"、社区养老服务市场供需不对称、资金缺口大等问题，建议从完善健全社区养老服务的政策支持体系、全面提升社区养老服务的基础设施建设、精准拓展社区养老服务的多元需求供给、加快培养社区养老的专业服务人才队伍、大力推进社区养老服务的医养结合探索等方面提

---

* 课题组成员：黄燕，南宁市社会科学院副调研员、高级讲师；蒋秋谨，南宁市社会科学院农村所所长、副研究员；周博，南宁市社会科学院农村所副所长；梁瑜静，南宁市社会科学院科研所副所长、助理研究员；谢振华，南宁市社会科学院农村所科研人员；周娟，南宁市社会科学院农村所科研人员。

升社区养老服务水平。

关键词： 社区 老龄化 养老服务

进入 21 世纪，南宁市 60 岁以上的常住人口已经占全市总人口的 10.56%，进入"老龄化社会"。此后，老年人口比重每五年平均增幅在 1 个百分点以上，呈持续增长态势。到 2015 年，全市 60 岁以上的常住人口已达 102.78 万人，老年人口占比达到 14.71%。预计到 2020 年老年人口占比将达到 16.42%。老龄化的发展趋势将造成南宁市劳动人口相对减少和被赡养的老年人相对增加，不仅会减少社区养老事业的发展活力，增加社区养老的负担，还会带来一系列经济问题，社区养老服务工作是一项关乎大众民生的基本公共服务事项，构建起"政府保障基本、社会增加供给、市场满足需求"的社区养老服务体系，是当前南宁市亟待推进的重要任务。

一 南宁市社区养老现状分析

（一）南宁市社区养老运行情况分析

1. 社区养老服务站点分布分析

南宁市社区养老服务站点包括社区日间照料中心和城市养老服务中心。2013~2017 年，南宁市共设立社区日照中心 115 个，覆盖市区 46.47% 以上的社区。其中中心城区兴宁区、青秀区、江南区、西乡塘区共有 99 个，占站点总数的比例为 86.1%，良庆、邕宁、武鸣等区共有 13 个，占站点总数的比例为 11.3%，宾阳、上林、马山 3 县各有 1 个，横县、隆安为 0，五县站点设置占总数的比例仅为 2.6%。不难看出，南宁市社区日照中心较多分布在中心城区，老年人口集中是主要因素。同时，2013~2017 年，南宁市共计划投入 5000 多万元建立城市养老服务中心 23 个，大部分设在人口稠密、商圈成熟地区。目前良庆区和五个县均未设立养老服务中心。

2. 社区养老服务形式、内容分析

在服务设施建设规范上，社区日间照料中心建设标准较低，总建设面积原则上不低于 200 平方米，每个功能室使用面积原则上不低于 30 平方米。城市养老服务中心建设标准较高，总建筑面积不低于 600 平方米，并要求符合老年人建筑设计、建筑无障碍设计和公共建筑节能设计及防火等规范和标准。在规划要求上，城市养老服务中心要求规划设置老年人生活服务用房（占 36%），包括休息室（设置床位不低于 20 张）、淋浴室等满足老人过夜需求的设施，日间照料中心则无须规划设置这类设施。在服务对象上，城市养老服务中心服务对象包括全托和日托老年人。日间照料中心服务对象是日托老年人。

3. 社区养老服务组织分析

2014 年，南宁市为了解决居家养老服务机构功能缺失的问题，制定了《南宁市开展社区居家养老日间照料中心社会化运营试点实施方案》，鼓励社会专业机构和专业队伍参与社区居家养老日间照料中心运营。先后共有 11 家社区养老服务组织参与日间照料中心社会化运营。其中老来福养老服务中心、颐养自在家养老服务中心、广西零距离社会工作服务中心这三家社会组织规模最大，据统计，这三家社会养老服务组织参与日间照料中心社会化运营的数量共计 58 个，占全部总数的比例超过 80%。

（二）南宁市推进社区养老取得的成效

1. 推进社区养老服务机构公建民营改革

2014 年，根据《南宁市开展社区居家养老日间照料中心社会化运营试点实施方案》，南宁市尝试采用政府购买服务的方式，积极引入社会力量参与社区居家养老日间照料中心运营，当年建成的 22 家社区日间照料中心全部开展社会化运营，以上门服务和提供日托为主要形式，对身体状况较好、生活基本能自理的老年人提供日间休息、伴陪、老年食堂、法律服务等服务；对生活不能自理的高龄、独居、失能等老年人提供家务劳动、家庭保健、辅具配置、送饭上门、紧急呼叫和安全援助等服务，公建民营改革工作取得阶段性成果。此后，南宁市每年都组织各县区（开发区）、市民政系统单位及各类养老机构和企业召开公建民营推介会，采用公开招标、委托经营等方式，鼓励民间资本、吸引社会力量参与公办养老机构运营，在政府和相关部门的有力推动下，南宁市养老服务行业的公建民营改革已初见成效。

2. 积极优化社区养老医疗服务

南宁市积极推进医疗卫生资源进入社区养老服务站点，为社区老人提供日常护理、慢性病管理、康复、健康咨询、中医保健、基本医疗护理、辅助生活器具提供、家庭病床等专业服务。如滨湖路南宁市老年大学社区养老服务站医疗设施齐全，开通了区、市医保收费系统，设置有中医诊所、康复室、理疗室、小型药房，配备全科医生为老年人提供方便快捷的就诊服务。南宁市积极推动医疗机构将护理延伸至社区，通过与社区老人签订家庭医生服务协议，为老年人提供线上线下健康管理、医疗咨询服务，实现基层医疗卫生机构与社区养老服务机构的无缝对接。

3. 互联网助力打造智慧养老模式

推进"互联网+养老"。南宁市筹集资金900万元建设智慧养老服务综合信息平台，并将其列入2018年为民办实事项目强力推进，平台涵盖养老服务监管平台、社区居家养老服务平台、养老机构管理信息化平台。其中社区居家养老服务平台着力解决社区居家养老服务的瓶颈，利用互联网+居家养老的模式，为社区居家养老的老年人提供多元服务，满足政府为特殊老年群体购买服务的供给，又为社区居家老年人群体通过平台购买专业化服务提供技术支撑，逐步实现将社区打造成没有围墙的养老院。

4. 多方协调为社区养老服务业保驾护航

一是完善土地供应。在《南宁市加快发展养老服务业实施意见》中明确了"十三五"和近期土地供应：要求各县区（开发区）做好本辖区内发展养老服务业的发展规划、用地保障、社区养老服务用房、资金保障等计划，规定必须按照人均用地面积不少于0.12平方米的标准，分区分级规划设置养老服务设施。二是完善税费优惠政策。2015年，南宁市由市发展改革委牵头，联合民政、财政、物价、地税、供电、残联、水务等单位开展为养老机构解困活动，解决了对社区养老机构的收费问题和享受居民生活类价格等问题。三是完善人才培养和就业政策。在《南宁市加快发展养老服务业实施意见》中明确了"加强对各类养老服务机构从业人员开展职业技能培训和考核，推行持证上岗制度。对南宁市养老服务机构新增岗位招用就业困难人员，与其签订1年以上劳动合同并缴纳社会保险费的，按规定给予社会保险补贴"等措施。市民政局正会同市卫计委、人社局等部门研制相关规定和具体落实的做法。为缓解社区养老机构人才短缺问题，市民政系统先后举办"养老机构管理人员培训班""养老机构护理员职业技能鉴定培训班""养老护理员岗前培训班""养老护理员中级技能培训班"，继续扩大对社区养老机构专业人才队伍的培养。

二 南宁市社区养老服务存在的主要问题

（一）社区养老服务政策设计存在缺陷

南宁市制定了推进社区养老服务业发展的地方政策、措施，但是相关实施办法和实施意见的出台是老龄化、高龄化、养老服务业发展到一定程度倒逼的产物，实施意见相对滞后。缺乏对相关企业的生产与经营活动在法律或行业政策上的保护和监管，致使难以对其所提供的服务质量进行监督和管理，使得社区养老服务监管处于无序状态。例如老来福社区养老服务中心、颐养自在家社区居家养老服务中心等组织反映，存在政府布点不均匀、缺乏相关运营补贴支持政策等问题。

（二）基层对社区养老服务工作"有心无力"

从街道一级来说，作为城市最基层的政府派出机构，虽然认识到社区养老服务的重要性，但由于日常工作太多，对社区养老服务工作没有花费太多的心力去做，出现"有心无力"的问题。从社区一级来说，社区工作人员基本身兼数职，对于社区养老服务方面的工作关注度和参与度都不太高。一部分社区工作人员认识存在误区，甚至认为社区养老就是政府养老，社区养老服务工作费力不讨好不出彩，不值得去做；一部分社区工作人员行动上不愿配合，认为既然是社会养老服务机构或组织与上级政府职能部门签订合同来我辖区开展服务，社区养老服务就是相关社会组织的事情，不愿投入精力配合开展社区养老服务。

（三）社区养老服务市场供需不对称

根据课题组调研南宁市 7 个社区养老服务站点情况，社区养老服务站布点和老年人需求不对称。一是重布点轻营运。部分基层政府为了完成建设任务，在社区用房本身就很短缺的情况下，通过各种方式调剂挪腾，以至于大多数养老服务站点的面积和所在位置根本无法达到老年人活动的基本要求和老人进出通行的安全便捷要求。如南宁市思贤社区和桂雅社区日间照料中心服务站从挂牌开门至今极少接待过老年人，服务设施利用率极低。南宁市社区养老服务资金筹措主要用于投入服务站点设施建设、服务设备器材添置、相关服务人员培训三个方面，几乎没有资金投入到运营、人才引进等其他方面。例如南宁市老来福社区养老服务中心在青秀区的站点虽然协议中写明给予每个站点运营补贴，但协议要求只能购买设备或者添置器材不能用于人工支出，这样在企业看来依旧是建设补贴而不是运营补贴。二是市场信息不对称。现有的社区养老服务站点的老年人基本都是被动参与，与老年人在服务需求上存在沟通不对称、不通畅等情况，难以实现快捷高效服务。同时，老年人在具体生活和心理方面还存在个体化差异，服务需求也有差异。政府购买的居家养老服务项目，还未扩展到读报、陪聊、心理疏导、日常关怀和提示、陪游览、陪串亲访友、陪伴参加社会活动、法律问题咨询等方面。

（四）社区养老服务组织资金来源渠道单一

南宁市社区养老服务组织的资金来源由相关企业资助、政府补贴和低偿服务收入三部分组成,其中相关企业资助占主要部分。例如南宁市老来福社区养老服务中心是在广西新振锰业集团等企业的共同资助下成立的,成立以来70%的运营资金来自广西新振锰业集团;南宁市颐养自在家社区居家养老服务中心是由太和自在城股份有限公司组建下的社区居家养老服务品牌,100%的运营资金都由母公司提供。目前的社区居家养老服务组织由于企业资助占大头,没有自负盈亏的能力。例如2018年4月份,老来福社区养老服务中心因出资企业资金周转困难而停止出资导致资金链断裂,出现运营资金短缺、拖欠员工工资和部分站点关闭的问题。

(五)社区养老服务人才队伍严重不足

我国社区养老服务人员主要有以下三类:一是专业服务人员,是为社区养老提供专业服务的人员;二是社区养老服务的管理人员,主要有基层政府、社区、居委会、相关养老服务组织的工作人员等等,承担相关服务规则的制定、服务项目的设置、资金和人员管理等工作;三是志愿者人员(含社区相关人员),他们自愿、无偿地向老年人提供服务。课题组调研发现,南宁市这三类服务人员都较少,其中最突出的是专业服务人员极度匮乏,有些社会服务组织和社区养老服务站点专业服务人员一度达到个位数。

(六)部分社区养老服务场地不足

南宁市社区养老服务场地基本免费提供,部分社区养老服务中心环境不好,有些场地较为偏僻、潮湿,有些场地不通风、通光,导致老人不愿意去参与活动。以南宁市青秀区为例,辖区内新竹街道民族大道中段社区,服务用房仅280平方米,为开发商提供的共享用房;建政街道茅桥社区实际办公用房仅为租赁的120平方米居民住房;新竹街道星湖社区拥有服务用房676平方米,但是用房面积并不连续,被分割为三处等。另外,部分基层政府在社区养老用房和政策性补助等方面没有提供有力支持,导致社区养老服务工作开展缓慢。

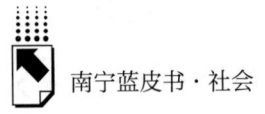

三 加快推进南宁市社区养老服务的对策建议

(一)完善健全社区养老服务的政策支持体系

1. 完善前置配套政策

一是科学编制社区养老服务体系建设规划。制定出台南宁市社区养老服务体系远期规划,明确社区养老的部门责任清单,科学预判社区养老服务的发展需求和发展趋势,统筹谋划社区养老服务发展的基本思路和基础格局。二是制定社区养老用地保障政策。调研出台社区居家养老服务用房和设施配建标准的规范性文件,在南宁市新建住宅小区拟供应地块的规划条件、土地出让条件中,对配套社区养老服务用房和设施的建设、移交和管理等工作作出明确规定。三是合理优化社区养老服务运营的前置审批政策。认真厘清社区养老服务运营的前置审批事项,取消不合理的前置审批事项。打通各部门之间的政策梗阻,压缩审批办理流程,提高审批办理效率,为社区养老服务提供合理合法的开放环境。

2. 完善发展配套政策

一是制定社区养老服务行业管理规范。制定出台南宁市社区养老服务标准体系,明确社区养老服务的术语定义、服务内容、服务要求、设备设施、服务组织和人员、服务管理、服务质量评价以及服务监督等标准化内容。建立健全养老服务的准入、退出机制,推进养老服务规范化、标准化建设。二是优化社区养老服务产业发展的配套政策。进一步加强财政、税费、融资、供水、供电、供气、人力资源社会保障服务等优惠政策的具体支持力度,创新探索更多以奖代补的方式,示范奖励率先加入南宁市社区养老服务市场的元老级企业,鼓励更多养老企业积极参与到南宁市社区养老的市场化竞争发展中来,重点培育发展一批规模化、连锁化、品牌化的社区居家养老服务机构。三是合理制定社区养老服务分类收费指导意见。研究出台南宁市社区养老服务收费事项及指导价格的具体意见,将社区养老服务的具体事项进行分级分类,按服务性质分为全公益免费服务、半公益服务以及市场化低偿和有偿服务,实行半公益服务和市场化服务的基本定价,逐步转变社区养老服务业无利可收、运转失衡的发展困境。

3. 完善保障配套政策

一是创新老年人相关社会保障政策。通过涉老社保政策的统筹保障,有效提高老年人对于养老服务的支付能力。构建社会保障和商业保险互补支持的政策体系。在进一步完善城乡居民养老保险政策,推进全民参保的基础上,采取政府财政补贴的方式,联合商业保险公司开发涉及老年人的长期护理险以及意外伤害险等产品,通过社保支付方式统筹提高老年人的总体支付能力。二是创新社区养老服务的投融资政策。政府首先要根据年度财政收支情况,设立养老服务专项工作资金,并逐年提高对社区养老服务工作的资金投入比例。其次,通过贷款专项贴息、以奖代补等政策鼓励社会上各界力量参与社区养老服务工作,大力支持企业、民间组织或个人投资社区的养老服务项目,拓宽社区养老服务资金的筹融资渠道。三是创新养老服务人才队伍保障政策。政府应从养老服务人才的专业化培养、职业化培训以及资源化管理等层面出台一系列人力资源保障政策,重点培育医生、护士、营养师、康复师、心理咨询师、社会工作师等涉老行业的专业人才。

(二)宣传明确社区养老服务的科学发展定位

1. 加强政策宣传,明确社区养老服务的发展定位

一是开展全市范围的社区养老服务公益宣传。以政策解读、现实案例以及公益广告等形式在市属电视台、广播电台等媒体平台进行循环式播放。要从老年群体的切身感受出发答疑解惑,重点介绍社区养老服务的内容和项目,说明社区养老服务的公益性和市场化特点,帮助老年群体正确看待社区养老服务的运营理念。二是开展社区养老服务"户户通"的进门入户宣传活动。由市民政局统一印制社区养老服务的宣传标语、海报、宣传册等,依托社区居委会,通过在各个住宅小区设置专题宣传栏,入户发放宣传册子,面对面宣传解读等形式,让每一个家庭都能够认识和了解社区养老服务政策

的背景初衷和落实方式。三是开展以宣传社区养老服务为主题的群众文体娱乐活动。如：组织开展以宣传社区养老服务为主题的广场舞比赛和文艺汇演；组织开展以社区养老服务为主题的家庭敬老孝亲活动等。

2. 加强市场培育，引导社区养老服务的发展方向

引导市场主体充分发动社会资源提供专业服务，鼓励市场主体实行标准化服务模式。老年群体的支付能力不强，他们对于养老服务的消费要求较高，务必在同等消费水平下，尽可能提高服务质量。这就要求提供服务项目的市场主体必须在服务供给中实行标准化的程序化管理，尽可能减少服务成本，让利于老年消费者，以此逐步提高老年群体的消费积极性，最终实现社区养老服务市场的可持续发展。

（三）全面加强社区养老服务的基础设施建设

1. 推进老旧小区适老化改造

一是推进老旧小区公共区域适老化改造工作。重点改造小区内部道路、公共绿地、健身活动场所等，增建缘石坡道，满足轮椅通行要求；小区内物业管理处、住宅出入口等增设无障碍坡道；小区内公厕增设无障碍坡道及厕内扶手；增设小区内公共场所爱心椅、休息椅等。二是推进特殊家庭的适老化改造项目。开展特殊家庭适老化改造需求摸底，对于政府兜底养老的服务对象和家有失能、半失能老人的贫困家庭提供现有住房免费的适老化项目改造，主要包括蹲厕改马桶、增设防滑防摔扶手、安装紧急呼救按钮等。三是推进老旧住宅加装电梯项目。号召产权单位或者业主委员会按照相关政策组织实施加装电梯，按照政府补贴、市场运作、免费安装、有偿使用的原则，引入市场投资资本，解决加装经费来源问题。

2. 完善社区养老设施体系

一是健全完善社区生活服务设施。为社区养老提供便利的日常生活服务，主要补充完善社区银行、水电气服务站、家政服务、快递服务、农贸市场、超市等便民网店的选点布局，方便有能力的老人能够就近买菜、购物和交费，并能够为有需要的老人及时提供家庭保洁、看护等日常服务。二是健

全完善社区医疗服务设施。建议利用社区空置用房，开设老年医疗健康服务室，配备基本医疗卫生诊疗器械，由社区养老服务运营机构具体经营，主要解决老年人慢性病诊疗、中医理疗等长期护理类问题。同时，可将社区内的私人诊所、中医按摩理疗室等多种健康服务单位列入社区医疗服务所。三是健全完善社区文体娱乐设施。在社区建立棋牌室、茶室、观影区等室内活动场所，便于老年人室内活动。完善社区健身场所和文化活动广场的选址布点，分开设置活动区和休息区。

3. 加强社区养老服务智能化基础建设

一是推进养老服务部门管理信息化建设。制订全市养老服务部门信息化建设计划，尽快打通涉老的民政、卫生、街道、社区等不同部门，推动信息数据的共享应用，最大限度拓展管理与服务功能。二是加快支持研发运用社区养老服务智慧平台。建设以社区养老服务供应商为中心、社区为基点、居家为终端的信息智能服务平台，主要涵盖紧急救助、实时定位、医疗服务、心理咨询、法律救助等服务。三是构建探索社区养老服务信息化监督平台，对社区养老服务产业的运营机构在服务态度、服务质量、服务内容、服务执行等具体信息进行监管，向公众进行动态化及时性信息反馈。

（四）精准拓展社区养老服务的多元需求供给

1. 发展心理健康服务

一是老龄办和基层组织要将社区老年人心理健康服务作为工作重点。充分利用社区养老服务中心、老年大学、老年活动中心、基层老年协会、有资质的社会组织等宣传心理健康知识。二是鼓励有条件的社区养老服务中心适当扩展老年活动场所，组织开展健康有益的老年文体活动，丰富广大老年人精神文化生活，在老年人生病住院、家庭出现重大变故时及时关心看望，进行心理疏导和情绪疏解，稳定老年人情绪。三是通过开展"老年互助、邻里守望"等群众性的社区老年人互助活动，增加老年人心理安全感，充分利用好低龄、健康老人这一人力资源，鼓励低龄老人、健康老人的积极奉献，参与社区养老的心理健康服务工作。

2. 增加新型日常照料服务

一是在有条件的社区引入社会资金开设社区老年购物中心和服务中心。针对老年人的特殊需求，提供适合老年人用的各种日用品，提供软化过容易吸收的食品以及特供的加厚保暖衣物等。二是鼓励社区养老服务中心提供多样化的老年人家务照料服务。养老服务不要局限于养老中心，养老服务还可以延伸到老年人家里，为居家老年人提供助餐、助浴、助洁、助急、助医等多样化的定制服务。三是针对需要特殊照顾的失能、半失能老年人提供24小时专人陪护服务。研究制定合理的24小时全天候照顾式的有偿养老服务，对有需求的老年人提供24小时定时巡视，24小时随叫随到提供日常照料。

3. 强化医疗保健服务

一是增强社区养老服务中心的医疗功能。增加养老服务中心的常用医药种类、医疗设备数量和医护人员数量，配备专业医生常驻服务中心，有条件的养老服务中心可以配置康体医疗器械帮助有需求的老年人进行全方位的康复护理。二是开展社区和居家中医药健康养老服务。在社区养老服务中心开设中医门诊科，邀请退休中医专家定期开办健康养老讲座。鼓励中医院与社区养老服务中心建立合作机制，把中医院的中医诊疗、中医康复医疗融入健康养老全过程。三是对社区内有医疗需求的但行动不便的老人提供上门医疗咨询和疾病诊疗等服务，并与周边医院或大型医疗机构签订合作协议，采取开通绿色通道、专家会诊等服务，保障空巢老人的医疗服务。

（五）加快培养社区养老的专业服务人才队伍

1. 加强养老服务专业人才培养

一要引导南宁市的大专高职院校开设养老服务相关专业，根据养老服务需求逐年增加招生规模，主要包括老龄护理、家政服务、临终关怀及社会工作等专业，采取政府适度补贴减免学费的方式，吸引更多年轻人选择就读养老服务相关专业，为养老服务业发展提供基础人才保障。二要吸引更多的养老服务产业发展管理人才。建议政府将涉老服务企业急需招聘的紧缺管理人才纳入南宁市紧缺人才资源库,保障其充分享受南宁市高级人才相关保障政策,提高人才聚集吸引力。三要加强基层管理部门专业养老服务专职岗位建设。在乡镇、街道以及社区(村委)等设置养老服务公益管理岗位。

2. 加强养老服务相关技能培训

一是加强待业人员养老服务技能免费培训。建议市人社部门依托各级人社部门开展养老服务技能免费培训工作。重点培训养老服务理念、服务内容、服务要求和实际操作等,帮助待业人员树立正确的养老服务理念,掌握一定的操作技能。二是加强养老护理人员职业技能培训。市人社部门联合市卫计部门可依托专业卫校,开设养老护理员一年期或半年期短期实训培训班,从专业护理的层面培养养老护理员队伍。三是建立老年人心理咨询和心理干预相关技能培训。市人社部门要对全市养老服务机构现有的服务人员进行老年人心理咨询和心理干预的专业化培训。

3. 加强养老服务志愿者队伍建设

一要充分发挥南宁市高校志愿者队伍参与养老服务工作。依托高校志愿者的专业技能、文体活动能力,不定期为老年人提供服务和组织文化交流活动,如卫生清扫、免费理发、电器修理、书法比赛、文艺表演等。努力培养出一支充满青春活力、专业技能强的高校志愿者服务队伍。对高校学生参与养老服务志愿活动的,可纳入社会见习内容,给予一定的学分记录。二要积极引导社会组织志愿者队伍参与养老服务工作。为社会组织提供专家、场地、补贴等资源,组织志愿者团队开展养老服务专业技能培训,帮助提升社会组织开展养老服务的规范性。三要广泛发动企事业单位工作人员参与养老志愿服务工作。建立一支由医务人员、教育工作者、企事业单位职工等组成的养老服务志愿者队伍,由各县区民政局统一组织,志愿者全程参与协助做好社区养老服务工作。

(六)大力开展社区养老服务的医养结合探索

1. 合理兴办医养结合养老中心

一是支持有条件的养老机构设置医疗机构或者有条件的医院设置养老机

构。符合条件的纳入医保定点范围，引导医疗机构转型为社区养老中心，开展养老护理业务，特别是临近社区的一些厂矿医院、铁道医院可以作为转型成医养结合的重点试点对象。二是鼓励和支持社会力量举办医养结合服务中心。开放养老市场，降低养老服务准入门槛，简化程序，加快推进养老服务业放管服改革，激发市场活力和民间资本潜力。三是根据地域老年人口数量、密度、需求性强弱合理配建医养结合养老服务中心。根据各地区不同的情况合理配建，杜绝盲目兴建医养结合机构，打造地方医养结合品牌，提升医养结合机构的服务质量。

2. 加强基层医疗卫生养老服务能力建设

一是积极引导社会力量托管已有的公立社区卫生院和社区养老服务中心，大力推行社区医院、社区养老服务中心公建民营，明确提出3年或5年计划，核定量化发展的目标。二是依托国家基本公共卫生服务项目，建立老年人健康管理服务制度。做好老年人体检、咨询、健康监控、信息管理等服务。对65岁以上老年人每年免费提供一次生活方式和健康状况评估、体检、健康指导等健康管理服务。三是社区联合医院开展家庭医生签约服务。医院的医生与有意愿的老年人建立契约服务关系，医生为老人提供连续性健康管理。

3. 发展多种医养结合养老模式

一是引进社会力量兴办医养结合、医养一体化的大型养老服务机构，主要引进大型提供养老服务企业。二是建立医养融合发展的运行机制和服务模式。推动各级医院与周边养老机构按照互惠互利原则建立合作机制。医院可通过整合医疗资源为养老机构的老年人提供医疗、护理、诊治等医疗服务，建立养老机构康复病床、急诊急救等医疗救治的绿色通道。三是推进旅游养老和医疗保健养生服务相结合。推动生态健康旅游、旅居养老、休闲养老发展，结合旅游区的区位医疗资源，在旅游区、休闲区打造养老服务中心，推出按摩、针灸、温泉泡疗等养生服务项目，制定节奏慢、风险低适合老年人的休闲旅游路线，打造结合旅游、休闲的医养项目。

参考文献

[1] 袁昕、袁牧、王建文:《健康中国 幸福养老 养老产业发展研究报告》,社会科学文献出版社,2017。

[2] 袁妙彧、魏雷:《低碳社区模式下的居家养老创新》,社会科学文献出版社,2017。

[3] 王彩星、马淑丽、赵利杰:《借鉴国外模式发展中国社区养老》,《中国老年学杂志》2018年第12期。

[4] 吴芳、冯冬燕:《城市空巢老人社区养老服务需求类型及其差异化分析——基于陕西省的调研数据》,《调研世界》2018年第6期。

[5] 方俊、李子森:《政府购买社区居家养老服务的探索——以广州Y区为例》,《中共中央党校学报》2018年第3期。

[6] 周亚同:《如何直面人口老龄化挑战》,《人民论坛》2018年第3期。

B.16
南宁市加快建立租购并举住房制度研究

南宁市社会科学院课题组*

摘　要： 本报告从南宁市住房租赁市场的现状出发，对当前南宁市住房租赁市场发展状况以及在培育和规范住房租赁市场过程中存在的问题进行了深入分析。在借鉴其他城市的成功经验的基础上，结合南宁市实际，提出一系列培育住房租赁市场、完善租赁市场发展机制、建立租购并举的住房制度等相关建议。

关键词： 租购并举　住房租赁市场　住房制度

中国共产党第十九次全国代表大会报告指出，要坚持住房用于居住，而不是用于投机，要加快建立多利益相关者供给、渠道安全、租购并举的住房制度。将住房租赁作为住房市场的支柱，与住房销售同等重视，不仅是解决过去住房制度不平衡的现实要求，也是满足人民生活需要的民生工程。随着南宁市经济的快速发展和居住环境的大幅改善，大量新市民涌入南宁市定居就业，住房租赁市场活跃度不断增强，市场规模逐步扩大。但总体而言，目前南宁市住房租赁市场仍处于起步阶段，存在租赁意愿不强，重购轻租现象突出；市场主体发育不足，供给主体和渠道单一；市场秩序不规范，租赁关

---

* 课题组成员：蒋秋谨，南宁市社会科学院农村所所长、副研究员；周博，南宁市社会科学院农村所副所长、助理研究员；谢振华，南宁市社会科学院农村所科研人员、研究实习员；周娟，南宁市社会科学院农村所科研人员、助理研究员；黄燕，南宁市社会科学院副调研员、高级讲师。

系不稳；租赁合同备案率低，租赁市场监管缺失等问题。培育和发展住房租赁市场并不能一蹴而就，而要建立一个有利于促进房地产市场健康发展的长效机制。南宁市应以深化住房制度改革为突破口，以满足市民不同层次的住房需求为出发点和落脚点，以加快建立多主体供给、多渠道保障、租购并举的住房制度为主要方向，以规范住房租赁市场管理、扩大住房租赁需求和租赁住房的供给、培育和发展住房租赁市场供应主体、扩大建设服务监管平台、创新服务管理体制机制为重点，着力解决住房租赁市场供给、需求、质量方面存在的问题，逐步完善南宁市租购并举住房制度，促进南宁市房地产市场持续健康发展。

一 南宁市住房租赁市场发展的现状分析

（一）南宁市住房租赁市场发展的基本状况

根据南宁市房产信息管理服务中心提供的数据资料，南宁市统计局2006年对南宁市区居民住房状况调查结果显示，南宁市住房自有产权居住比例（自有率）为79%，大体上可认为住房可出租比例为21%。根据国际经验，随着近十多年来租赁市场的加快发展以及流动人口的涌入，住房自有率会趋于下降，假定住房自有率每年下降0.4%，那么相对应的住房可出租比例每年增加0.4%，据此测算南宁市2018年住房可出租比例为25.8%。当前，南宁市（不含武鸣区及五县，下同）租赁市场房源的来源主要为：国有土地上的市场化住房、集体土地上的城中村、公共租赁住房（中低收入的无房户）。考虑到部分家庭多余住房宁可空置也不会选择出租，南宁市2018年住房可出租比例调整为20%，通过对三种房源主体的供应量进行测算和预判，2018年，南宁市市场整体的租房供应量为51.42万套。从南宁市租房市场的需求结构来看，一部分为流动人口带来的租房需求，另一部分为中低收入的户籍人口人群在户籍所在地的租房需求，其中流动人口带来的租房需求占主力。通过分析预测人口与租赁需求的关系，2018年市场整体的租房需求量为

44.72万套①。

据此测算，2018年南宁市可出租住房规模为51.42万套，实际需求量为44.72万套，出租率为86.97%，大约有6.7万套可出租住房处于闲置状态。此外，全市还有7.77万套住房因业主没有居住也不愿出租而处于空置，这部分房源随着租金水平的上涨和租赁环境的优化会逐步进入租赁市场，因此，理论上有14.49万套房屋处于空置，空置率（空置房源总量/住房总套数）达到9.52%。由此可见，目前南宁市住房租赁市场还存在一定程度的阶段性供大于求现象，短期内应努力盘活存量房源，促进资源有效利用。

（二）南宁市培育发展住房租赁市场的主要做法及相关政策

南宁市高度重视培育和规范住房租赁市场工作，按照国务院和自治区的部署，结合南宁市住房租赁市场的基本情况，将此项工作列入市委2018年改革任务和市政府2018年重点工作任务，积极研究推进培育和规范住房租赁市场工作。

1. 考察学习先进经验和做法

根据培育和规范住房租赁市场相关工作要求，多次组织人员赴国家试点城市、先进城市（成都、武汉、广州、杭州、合肥、青岛、佛山、深圳、厦门等）考察学习当地培育和规范住房租赁市场的先进经验和做法。重点考察学习内容主要包括市场主体培育、扩大房源供给、规范租赁市场管理、搭建信息化管理服务平台、管理体制机制等方面。

2. 实地调查住房租赁市场发展情况

同步做好相关的走访调研、收集分析工作。与市公积金等部门上门对接具体的租赁优惠政策，确保优惠政策落到实处。为进一步规范租赁企业向专业化、机构化发展，走访了南宁市多家房地产开发公司、中介企业、长租公寓企业，了解企业发展租赁业务的愿景、企业掌握的租赁市场情况、企业需求、面临的困难以及需要政府帮助解决的问题等情况。并于2018年5月25日组织了15家

---

① 数据来源：南宁市房产信息管理服务中心。

企业以及建行、中介协会等机构召开了南宁市培育和规范住房租赁市场座谈会，共同探讨新形势下加快培育和规范南宁市住房租赁市场发展趋势和建议。

3. 加快出台相关实施方案

在充分借鉴参考各试点城市租赁方案的基础上，结合南宁市实际，经过多次专题研讨和修改完善，已草拟完成《南宁市关于加快培育和规范住房租赁市场实施意见（征求意见稿）》和《南宁市人民政府关于成立培育和规范住房租赁市场工作领导小组的通知（代拟稿）》。主要从培育市场供应主体、扩大租赁住房供给、鼓励住房租赁消费、规范住房租赁市场管理、推进住房租赁服务管理信息化、改革住房租赁管理体制等方面培育和规范南宁市住房租赁市场。

4. 优化业务流程

对《南宁市房屋租赁合同》示范文本进行修改和完善，以规范租赁当事人的权利义务行为。调整优化了房屋租赁备案业务审核流程和材料收件，审核流程由二审改为一审，缩短时间，提高效率。

5. 完善租赁服务监管平台

目前，南宁市已与平安好房合作搭建全市统一的租赁服务监管平台，以规范住房租赁市场管理，完善住房租赁管理服务，保护租赁利益相关方合法利益。目前，该项目已进入平台前端搭建和后端功能完善阶段，2018年8月初运行测试。

二 南宁市建立租购并举住房制度的问题分析

（一）租赁意愿不强，重购轻租现象突出

目前，南宁市住房租赁需求释放还不充分，大部分居民通过购房解决居住问题，租房意愿较弱，主要原因在于：一方面，与国内其他一二线热点城市相比，南宁市房价水平相对较低，居民购房压力并不大；另一方面，受"有恒产者有恒心"传统文化的影响，人们购房偏好明显强于租房。因此，

未来五年南宁市发展住房租赁市场的关键是通过政策引导,逐步转变市民的居住观念和居住行为,鼓励住房租赁消费,不断挖掘需求潜力,努力做大需求规模,着力形成租购并举的市场体系。

(二)住房租赁行业发展缓慢

目前,南宁市住房租赁市场主体发育不足,供给主体和渠道单一。根据南宁市房产信息管理服务中心提供的数据,2018年南宁市租赁住房的需求量约为44万套,市场规模每年呈7%左右的速度增长。目前市场上约有51万套住房可供出租,其中个人房源占绝大多数,政府、租赁企业真实房源市场占比少,难以形成供应主体规模化、专业化。由于房地产开发企业投资开发的居住房屋基本上都用于出售,经营方式单一,很少用于房地产企业购置商品住宅出租的,极大地抑制了房地产租赁市场的整体发展。同时,南宁市的机构租赁起步较晚,目前入驻南宁的专业化住房租赁机构有舍寓、米途、智屋惠以及本土的左邻右舍、217青年公寓和寓享家国际青年社区等,但都是刚刚开始运营,规模不大,效益不是很明显,市场占有率极低,与北京、上海等一线城市相比差距很大。而且目前住房租赁大多为"房屋托管+标准化装修+租后服务"的重模式,需要租赁企业较高的前期投入,回收周期较长,当前南宁市住房租赁市场需求不旺以及政府的金融及税收支持缺位极大地抑制了南宁市住房租赁行业的发展。

(三)租赁合同备案率低

人们普遍认识到"备案"原则的无用性以及税务机关在备案后干预税收的担忧,即住房租赁登记和备案制度尚未得到严格执行。长期以来,政府已将住房租赁登记备案制度作为租赁管理的重要手段。但是,租赁登记和备案制度尚未完全实施,租赁合同未提交的情况非常普遍。在这种情况下,政府部门很难掌握市场现实,有效监督租赁市场。一方面,最高人民法院的司法解释规定,登记手续应当依照法律,行政法规的规定办理,但如果没有有效登记,当事人未通过登记手续。登记手续不得影响合同的有效性。因此,房屋租赁合同是一种承诺合同，登记和备案不是房屋租赁合同生效的条件。签订后未提交房屋租赁合同的，合同有效期不受影响。在法律层面，注册房屋租赁合同的优先权和对抗性尚未得到承认。另一方面，对于房屋租赁登记，税务机关经常在支付租金管理费的同时，根据租赁合同的信息向当事人收取高额税费。房屋租赁登记已成为出租人和承租人的无利可图行为，只留下纳税义务。由于登记率低，缺乏完整和真实的住房租赁市场数据，无法谈论有效的管理和服务。

（四）住房租赁市场监管缺失

目前，南宁市租赁市场主要以个人出租为主，规模化、专业化住房租赁企业较少，加之相关制度不健全，导致市场乱象丛生。例如，出租人随意上调租金、克扣押金、解除合同，承租人拖欠租金、物管费、水电费、破坏房屋结构等问题时有发生；一些不规范的房地产经纪人和从业人员经常通过发布虚假信息、欺骗出租人、承租人等侵害承租人权益的方式获取利益；擅自扣留承租人定金，扣留、挪用租金，擅自涨价，提前终止租赁；任意改变房屋的内部结构，分割租金或集团租金，甚至出现房地产经纪人"跑钱荒"现象，加上政府缺乏有效的管理和服务，司法救济时间和财力成本较高，严重损害了租户的权益，影响了他们的稳定居住。因此，南宁市住房租赁市场要以规范发展为主，当务之急是要通过建章立制规范市场秩序、净化市场环境，保护租赁双方的合法权益。

（五）房屋租赁管理体制亟待突破

2015年，《南宁市房屋租赁管理办法》虽已经明确房屋租赁管理的具体工作由城区负责，市房产管理部门负责指导和监督。但由于城区在人员、经费、硬件设施等方面受到制约，租赁房屋管理涉及的部门又较多，且监管方式大多是事后执法检查，对租赁市场的管理无法深入进行。租赁住房的日常监护通常是处于缺失状态，设备老化问题，如热水器超过使用年限、气体软管老化，空调室外支架腐蚀等也普遍存在。因此，租赁房屋存在很多安全问题，这类问题更集中在集体租赁住房上。同时，租住房屋的居民处于一种相对匿名的状态，这为他们的违法不当行为提供了更为便利的条件。因此，租赁住房的社会保障也存在很大的隐患。

（六）住房租购信息服务平台尚不完善

一是信息共享尚未实现。目前，住房、民政和公安部门在住房租赁和采购业务方面还没有建立一个有效的信息资源共享机制，各部门之间的信息数据没有实现互联、交换和相互共享，这已经成为南宁市房屋租赁与购买信息化进程中的一个瓶颈问题。

二是相关技术人员缺乏。房地产信息化建设与管理有其特殊性，不仅需要相关技术人员的劳动，更需要他们的深度参与。目前，由于体制机制问题，南宁市房地产业存在着信息技术人才不稳定的现象。人才流失严重，特别是基层信息技术人才的缺乏，住房租购信息化建设面临着巨大的挑战。

三 南宁市加快建立租购并举住房制度的建议

南宁市下一步发展思路应努力盘活存量房源，培育市场供应主体，鼓励住房租赁消费，针对不同群体差异化逐步培育租赁需求以及规范市场秩序，形成"以租为主""租售并举""先租后买"的住房供应新体系。

（一）努力盘活存量租赁房源

1. 多举措激励住房租赁合同备案

针对租赁双方合同备案意愿低的现状，尽快研究制定多项举措增强租赁双方合同备案意愿。

一是在前期给予税收优惠政策。对租赁房源达到一定规模的住房租赁企业，将其所交税收的地方所得部分由本级财政予以奖励，对房屋出租收入给予税收优惠政策，给予3到5年的税收优惠过渡期，其间对房租收入1000元以下的可以给予税费减免，1000元以上2000元以下的给予税费减免80%

的优惠，3000元及以上的给予税费减免60%的优惠。

二是通过保障承租人权益，提高备案率。住房承租人若想享受城市的基本公共服务，必须提供住房租赁合同备案号给相关部门核实办理。特别是在义务教育、办理居住证方面，教育部门制定住房租赁承租人子女入学审核政策，住房承租人子女必须提供住房租赁合同备案号方可入学。借此鼓励倒逼房屋业主出租房屋到工商、税收部门登记出租。三是支持引导国有企业、金融机构等设立子公司开展城中村房源统一盘活、重新装修、代理租赁经营一体化运作，不断提升规模化、集约化、专业化水平。

三是管理部门要尽快制定相关备案管理条例和建立备案和网上签约备案平台。规定没有进行住房租赁登记备案的房屋不得出租，并制定合理罚款金额。对出租人隐瞒备案事实出租给承租人的，要对承租人给予一定经济赔偿。建立互联网平台，全程网上签约备案，网上审批，方便群众办理，提高办事效率，真正做到"一个平台、一张网、一站式服务"。

四是处罚没有进行住房租赁登记备案的出租人。住房租赁市场涉及数量庞大，检查无法短期全市覆盖，但可以抽取部分城中村作为重点整治对象，随机抽查租赁住房，对没有及时登记住房租赁登记备案者给予一个月时间到相关部门备案，否则以租金的20%进行处罚。

2. 培育多元化市场供应主体

一是引进知名品牌公寓租赁运营机构。将个人私有的闲置可出租商品房逐步收归，开展流程化的房屋租赁业务。

二是发挥国有企业引领带动作用。积极组建国有住房租赁公司并尽快营业，支持其通过新建租赁住房、盘活闲置存量住房等多种途径，采取自行或委托专业化住房租赁企业代为经营等方式，开展国有存量住房的规模化租赁业务。

三是鼓励农村集体经济组织开展住房租赁业务。鼓励农村集体经济组织成立住房租赁企业或委托专业化的住房租赁企业，将符合安全、质量、消防、卫生等条件的住房完善配套、统一出租、规范管理，不断提升规模化、集约化、专业化水平。

四是发展壮大本土的住房租赁企业。广西已有部分较为成熟的房地产中介机构,主营房地产租售,这些中介机构已在南宁深耕多年,手头已经积攒了一定的出租房源。政府可以鼓励这些住房租赁企业通过兼并重组、资本合作等方式做大做强,不断提升规模化、集约化、专业化水平。

(二)加快租赁信息服务平台建设

1. 打造成熟的国有住房租赁平台

一是实施"互联网+住房租赁"模式。利用互联网智能化的大数据平台,发挥智能化在公共社会治理方面的作用,打造政府主导的开发、共享住房租赁信息平台,为租赁市场供需双方提供高效、准确、便捷的信息服务。参考佛山市先进做法,建立住房租赁信息服务平台,该平台发布的首批房源招租是以摇号方式分配。首批房源主要面向新就业大学生、青年医生和青年教师等专业技术人员,提供低于市场价的房屋租赁服务。房源申请条件只要同时满足大专学历或以上、本市工作、在城区没有房产3个条件,即可报名申请入住。南宁市现已创立南宁市住房租赁服务监管平台,但平台尚未完善,平台上的房源甚少。媒体虽对此做过相关报道,但群众知晓率过低,发展仍不成熟。管理部门应该加大宣传力度,增加市场房源和国有房源,唯有增加房源数量才可提高平台访问数量,推动平台的大众普及。

二是建立住房租赁当事人实名认证机制,为当事人提供安全、便捷、畅通的房源核验、信息发布、网签备案、市场主体信用信息查询和信用评价等一站式服务。通过信息服务平台,出租人可发布出租住房的区位、面积、户型、价格等信息,承租人可发布租赁住房的需求信息;向社会公开发布经备案的住房租赁企业、中介机构名称,以及机构和从业人员的信用档案信息;定期公布不同区域、不同类型住房的市场租金水平,为租赁双方确定租赁价格提供参考。

2. 鼓励大型住房租赁平台网站的发展

一是鼓励58同城等网站完善关于南宁市的住房租赁平台。企业信息发布平台运营多年,已经整合了许多房源,管理较为成熟,但仍存在线上看房、线下签约过程中监管不到位的漏洞，建议企业推出网络签约服务，为租赁双方提供合同保障。

二是严厉打击假房源发布者。许多中介机构为了吸引租房者，在各大信息发布平台注册多个账号，发布多个低价虚假租房房源，混淆视听，目的是吸引租房者通过其中介租房赚取租房中介服务费。但这一虚假房源以低价、修饰加工图片欺骗租房者，无形中增加了租房者的租房成本，扰乱了正常租房市场，应该给予严厉打击，网络平台应加强监督机制建设，一旦查实虚假房源就应该警告发布者或者查封其账号。

（三）强化市场秩序监管

1. 加强主体管理

一是加强住房租赁备案管理。建立健全住房租赁企业、房地产经纪机构等主体备案制度，经过备案的各类经营主体，可以依法依规享受税收、金融以及运营扶持等优惠政策。推行统一的住房租赁合同范本和网上签约制度，明确规定住房主体的责任和义务，规范租金收取方式。

二是规范住房租赁行业秩序。利用南宁市房地产行业协会机构，开展行业调研，鼓励其发布行业信息，提出优化租赁主体行为的意见和建议。指导南宁市房地产行业协会完善住房租赁企业、中介机构和从业人员信用管理制度，制定并监督执行行规、行约，规范主体行为。

三是建立多部门守信联合激励和失信联合惩戒机制。全面建立南宁市住房租赁主体相关信用信息公示系统，如"红黑榜"，定期公布违反行业规范的住房租赁主体的违规行为，予以批评，对无投诉的、效率高的优秀住房租赁主体给予褒奖。

2. 加强市场监管

一是健全管理体制。从制度方面保障租赁双方权利，制定完善租赁市场制度，保障住房租赁主体和承租人的权益不受侵害。严格执行《南宁市房屋租赁管理办法》等文件，出租人应当在合同签订后三十日内，到租赁房屋所在地的县、城区房产管理部门办理房屋租赁登记备案。明确双方权利义务，鼓励签订长期租赁合同。出租人应当保证住房和室内设施环保、安全，不得强制驱逐承租人、单方面提高租金、随意克扣押金；承租人应当按照合同约定按时缴纳租金，合理使用住房和室内设施。

二是制定出租房破损赔偿制度。不得要求承租人赔偿日常损耗类日用品（如灯泡、电线），不得要求承租人赔偿因不可力抗（如台风、暴雨）等原因造成的房屋损耗。

三是强化监测统计。将住房租赁纳入社会综合治理和社区网格化管理；各城区（开发区）明确落实专人负责，依托统一的城市管理以及数字化的平台，按照辖区划分成单元网格，将住房租赁纳入社会综合治理和社区网格化管理。完善房屋租赁市场综合评价系统，建立租赁市场预警预报体系和价格指数体系，动态监测并及时披露住房租赁市场供应、成交、存量、租金水平等信息；加强住房租赁价格指导，完善住房租赁指导价格制度，引导市场合理定价。

3. 加强保障性住房管理

一是继续做好公租房、廉租房的建设管理。公租房、廉租房作为城市中低收入者、无房户的一种保障型补贴型的住房，能起到很好的稳定住房租赁市场的作用。南宁市公租房申请门槛不高，但需求旺盛，许多中低收入者排队很久仍未成功申请到公租房、廉租房名额，下一步应该加大公租房、廉租房的数量供给。

二是做好公租房、廉租房的租赁的市场监管。许多公租房、廉租房承租人存在故意隐瞒事实情况、提供虚假资料、伪造证明材料等手段骗租公租房，还有擅自高价转租给他人赚取差价等恶劣行为。对于此类行为，公租房、廉租房的监管部门应该严厉打击，取消承租人的租赁资格，在媒体曝光，退还非法所得，罚交一定金额租金，情节严重者要移交司法机关依法处理。

（四）规范房地产销售市场

规范房地产销售市场是稳定房价，执行稳定房价政策的重要一环，对房价的稳定具有决定性的意义，针对南宁市存在的房地产销售市场的问题，建议从打击外收行为、调整商品房全装修分级标准两方面着手解决房地产销售市场的问题。

1. 打击外收行为

南宁土拍采用"双限一竞"方式后，产生了近50多个"限价房"项目，这些楼盘在未开发前就被规定了最高的毛坯房销售均价，限价政策实施前也有数十个楼盘取得预售证，这意味着这数十个楼盘也已在网上备案，住房部门已经给出一房一价的备案价格。备案价格制度是为了限制新楼盘随意哄抬和乱改房价，借此稳定周边房价，遏制房价的过快上涨。但是根据实际暗访调研情况得知，部分限价房和取得预售证的楼盘没有按照备案的定价销售，开发商会在购房合同外加收各种名目的额外费用，合同上购房金额仍是备案的价格，但购房者在合同外仍需根据楼盘的热门程度加收一笔数万元到数十万元不等的费用，房地产开发商为了避违规收费的责任，不会亲自收取，而是委托第三方的中介公司代收，购房者需要一次性付清这一笔外收费用，房地产开发商和中介机构都不会提供任何收据或者发票。据售楼部销售顾问解释，这一笔费用就是政府的备案价格和市场销售价格的"差价"，购房者想买房，就必须补足这部分"差价"，房地产开发商才会卖房给你。这种违规收取购房费用的行为明显是与政府限价的文件精神相悖的，所谓的"差价"，就是开发商为了达到市场定价违规收取的费用，这笔费用不会写进合同总价中，假若日后出现纠纷，这笔钱房地产开发商也是不会退还给购房者的，购房者支付的外收费用也是不受合同法保护的，所以这一房地产交易行为对购房者而言完全是在签署"不平等条约"。

政府房地产监察部门应重视外收费用问题，从严查处收取外收费用的楼盘项目，加大对违规收取外收费用的房地产开发商打击力度和惩罚力度。启动多个部门联动监管机制，对房地产开发商开展专项整治，严厉打击价格违法行为。建议对成功举报楼盘项目外收费用行为的个人进行奖励，奖励金额是处罚房地产开发商罚款的50%。通过鼓励购房者踊跃举报和加大对价格违法行为的罚款力度，外收费现象就能得到有效遏制。

2.调整商品房全装修分级标准

南宁为了遏制商品住房价格过快上涨，设置了价格涨幅"红线"，通过预售备案价控制房价的上涨。如此一来，商品房毛坯房价格被政府限制了，开发商就不能上调出售价格。为了应对政府的限价政策，部分开发商紧急推出"精装房"，因为精装修部分政府未对其限制价格，所以毛改精是开发商的变相涨价行为，被业界调侃为"价格不够，精装来凑"。南宁市为了进一步规范市场和稳定房价，再次制定了关于装修的分级标准规定——《南宁市商品住房全装修分级指南》，根据这一文件规定，商品房全装修分为A、B、C三个装修等级标准。A级为最高标准，不能超过3000元/平方米，B级为2000元到3000元每平方米，C级为最低，不能高于1000元/平方米。这一分类标准指南规定了装修等级和价格区间，从表面上能够稳定市场，对市场有一定的规范和约束性，但是装修分级标准细则划分不明确，装修高中低档如何界定等问题不明晰，开发商执行层面依然较为模糊。所以不少房企无论标准是多少，都将装修价格调至最高的3000元/平方米。根据装修行业专家调查后的结果，这些号称3000元每平方米的装修如果是普通装修公司来装修实际市场价仅需1000元每平方米。这等于是房价变相涨价2000元每平方米。所以，装修分类标准的制定应该更加科学合理，同一个楼盘应该让购房者有更多的不同价格装修套餐可以选择，甚至可以让购房者自主选择毛坯房或者全装修房。

建议政府出台文件规定楼盘需预留不同户型和楼层总数达40%的可售房源数量作为毛坯房，不得全部改为精装房出售。

（五）保障刚需家庭购房

唯有安居才能乐业，所以保障刚需家庭购房是稳定社会、促进社会发展、提高居民生活水平的重要举措。南宁市应努力优先满足保障刚需家庭的购房需求。建议从保障刚需人群优先购房、增加限价房供给、探索共有产权房制度三个方面着手。

1. 保障刚需人群优先购房

一是研究制定有效操作方案。在全市低价楼盘中选出50%房源，刚需家庭可以优先购买。保证刚需家庭的城市居住需求、子女入户需求、子女受教育需求。

二是制定刚需家庭入选门槛。为了让真正的刚需家庭能在南宁安家落户，遏制外地人的投机炒房，必须对刚需家庭进行甄选。如需要在南宁市范围长期工作，但没有住房。标准可以是缴纳了一年的社保或者达到一定金额的缴税税金。

三是完善刚需人群优先购房制度。完善刚需家庭购房程序，避免炒房者以虚假身份占用优先购房名额，严惩不按规定出售的房地产开发商。

2. 增加限价房供给

一是增加限价房的数量供给。可以选择郊区等城市外围地块，新建限价房，提高限价房数量供给，满足新市民对限价房的购买需求。

二是严格筛选购买限价房人群资格。从申请审批程序着手，严查虚假申请材料，确保入选人群的合法权益。

三是要分化适当提高限价房销售价格。南宁市房价已经经过一轮涨幅。房价均价稳定上涨，如果限价房房价仍和两年前同一水平，无疑会增加政府财政负担，综合考量，应该把限价房的销售价格控制在5000元到6000元这一档次，这是中低收入购房者比较能够接受的价格范围。

3. 探索共有产权房制度

共有产权房即实行政府与购房人按份共有住房产权。政府以低于周边同地段同品质30%~50%的价格出售给购房者，购房者占有住房50%~70%的产权，政府占用剩余部分的住房产权。共有产权房的实施是为了满足保障中低收入家庭、刚需家庭的购房需求而做出的住房制度探索。共有产权房最突出的特点是去掉了投资属性，因为共有产权房规定只能转卖给其他符合共有产权房购房条件的家庭，也就是说共有产权房被限制必须在共有产权房体系内进行交易。这样的闭环式交易，使得共有产权房没有投资的价值，无法实现共有住房和普通商品房一样的快速增值。这种去掉共有住房投资属性，保留了刚需家庭需要的居住属性和入户、教育等附加属性的制度，是坚持"房住不炒"定位下的新兴制度，值得推广。目前，南宁市尚未建设共有产权房，建议向其他实行共有产权制度的城市学习借鉴，探索共有产权房制度，研究制定符合南宁市市情的合理的共有产权房制度，选择试点地区，逐步推广。

参考文献

［1］曾国安、从昊、雷泽珩：《促进中国住房租赁市场发展的政策建议》，《房地产市场》2017 年第 5 期。
［2］陈伯庚：《规范租赁重在创新监管》，《上海房地》2017 年第 12 期。
［3］傅益人：《上海住房租赁市场的问题与发展对策研究》，《上海房地》2018 年第 6 期。
［4］黄燕芬、张超：《加快建立"多主体供给、多渠道保障、租购并举"的住房制度》，《价格理论与实践》2017 年第 11 期。
［5］李素芳：《培育和规范住房租赁市场促进购租并举》，《北方经贸》2018 年第 2 期。
［6］李迎：《住房租赁市场发展研究综述》，《山西农经》2018 年第 11 期。

B.17
南宁市公共场所涉爆涉恐应急管理研究

南宁市社会科学院课题组＊

摘　要： 南宁市一直致力于推动城市安全与城市发展同步协调，努力以高质量安全服务高质量发展，但是随着形势的不断发展，南宁市公共场所涉爆涉恐应急管理工作面临着严峻挑战。报告全面总结了南宁市公共场所涉爆涉恐应急管理的主要做法和成效、深入分析了存在的主要问题，并提出加强组织领导，建立统一高效的反恐组织网络；加强反恐法律制度建设，完善反恐法律保障体系；完善反恐情报体系建设，提高预警预判能力和水平；加强重点监管，铲除爆炸恐怖案件滋生土壤；建立高效的处置应对机制，形成涉爆涉恐应急合力；强化对网络领域的监控，防范和打击网络恐怖主义；加大宣传教育力度，积极营造全民防爆反恐氛围等对策建议，强化应急管理，守护首府平安。

关键词： 公共场所　公共安全　涉爆涉恐　应急管理

＊ 课题组成员：龚维玲，南宁市社会科学院城市发展研究所所长，副研究员；文晴，南宁市社会科学院科研管理所所长，高级经济师；刘娴，南宁市社会科学院城市发展研究所副所长，助理研究员；庞嘉宜，南宁市社会科学院城市发展研究所研究实习员；梁瑜静，南宁市社会科学院科研管理所副所长，助理研究员；陈代弟，南宁市社会科学院办公室人员；李杨，南宁市公安局；庞小川，南宁市公安局；王颖沁，南宁市公安局。

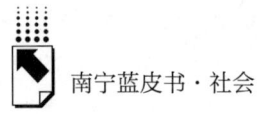

南宁市一直致力于推动城市安全与城市发展同步协调，努力以高质量安全服务高质量发展，守住了反恐底线，维护了首府社会治安大局的稳定，保障了人民生活幸福，回应人民群众对国家和社会的新期待、新要求。2017年度群众安全感创历史新高，达到了92.61%。但是，随着形势的不断发展，南宁市的公共场所涉爆涉恐应急管理工作面临着严峻挑战，为更好地做好南宁市公共场所涉爆涉恐应急管理工作，课题组对南宁市公共场所涉爆涉恐应急管理工作进行调研，在肯定成绩的基础上找出存在问题，并提出解决的办法和途径。

一 南宁市公共场所涉爆涉恐应急管理的主要做法及成效

（一）党委政府高度重视，全方位保障防爆反恐工作顺利开展

1. 制度化、常态化与专项化相结合

南宁市委、市政府一直高度重视涉爆涉恐应急管理工作，将维护南宁市安全稳定作为"第一责任""第一工程"来抓，把防爆反恐工作与全局工作同部署、同推进、同落实，将防爆反恐纳入法治的轨道，运用法治思维和法治方式，开展涉爆涉恐管理工作。

一是结合实际，创新出台一系列规范性文件，强化机制保障以及各项工作规范运用，细化各单位主体责任，发动社会群众力量，推动防爆反恐工作常态长效有序开展（见表1）。二是重拳出击，持续发力，深入开展专项行动，以零容忍的态度，采取果断措施，坚决把暴力恐怖分子的嚣张气焰打下去，打早、打小、打苗头。例如，根据公安部的统一部署，结合南宁市工作实际，深入开展"神剑"系列专项行动，持续开展扫黑除恶专项斗争，向涉枪涉爆涉剧毒违法犯罪发起主动进攻，通过治爆缉枪等专项行动最大限度挤压涉爆涉恐违法犯罪生存空间。又如，开展易制爆危险化学品和寄递物流专项整治行动，紧抓源头管控、制度落实、规范管理等关键环节，全面摸排掌握易制爆危险化学品从业单位、使用单位和寄递物流企

业的实际情况,加大严打整治力度,不断增强易制爆危险化学品和寄递物流管理工作的实效性。

表1 南宁市关于防爆反恐工作的规范性文件

规范内容	文件名称
针对民用爆炸物品、易制爆化学危险品、剧毒化学品等物品的管理	《关于规范南宁市爆破作业项目管理的通知》(南公通〔2016〕193号)
	《关于统一规范爆破作业单位民用爆炸物品安全管理文书、台账、制度的通知》(南公治〔2017〕31号)
针对住宿行业的规范化管理,强化落实旅馆住宿行业实名登记制度等	《关于印发〈南宁市公安局出租房屋登记管理办法(试行)〉的通知》(南公通〔2014〕340号)
	《关于印发〈南宁市公安局旅馆业"实名制"管理工作预警和问责办法(试行)〉的通知》(南公通〔2016〕360号)
针对快递行业的规范化管理,落实实名寄递、开箱验视、X光机安检措施等	《关于加强邮件、快件寄递安全管理工作的实施意见》(桂综办通〔2015〕43号)
针对群众积极举报暴力恐怖犯罪活动线索实施的奖励办法和措施等	《关于实施〈群众举报暴力恐怖犯罪活动线索奖励办法〉的通告》

2. 健全完善协同联动应急管理指挥体系

依据《中华人民共和国突发事件应对法》《广西实施〈中华人民共和国突发事件应对法〉办法》《广西突发事件应急体系建设"十三五"规划》《南宁市突发事件应急预案管理办法》《南宁市突发公共事件总体应急预案》《南宁市处突发事件应急体系建设"十三五"规划》《南宁市处置大规模恐怖袭击事件应急预案》等相关法律、法规和规范性文件的要求,南宁市的应急管理工作实行统一领导、综合协调、分类管理、分级负责、属地管理为主的应急管理体制,建立党委领导下的行政领导责任制,逐步形成政府统筹协调、群众广泛参与、防范严密到位、处置快捷高效的应急管理工作机制。由公安、交通、安监、环保、防汛和水、电、气等关系国计民生的重要部门及其他例如新闻主管部门等重要成员单位共同形成应急联动工作网络,整合了多部门、多方面、多层次资源,力求多角度、多层次、全方位、多环节防治,实现了重大安保任务相互援助,重大突发事件联动处置,社会治安问题联合整治,切实增强全市防爆反恐维稳工作的整体性和协同性。

3.持续加大资金投入力度织密"天网"

各级政府持续加大财政投入,不断建设完善"天网工程",为南宁市防爆反恐工作的顺利开展、打击违法犯罪、织密织实安全网、维护社会长治久安提供资金保障。近年来,南宁市先后投入1.2亿元,在全市已安装公共安全视频监控摄像头超过9000个、高清卡口将近800个,尤其在小街小巷的治安死角、盗抢案件易发的"三无"小区和治安整治重点地区安装了8000多个公共安全视频监控探头,基本上做到了对重点公共区域、重点行业单位、治安复杂地区的视频全覆盖,以及大范围、全天候的城市安防监测。2017年,更是加大投资力度,投入约3.88亿元开展南宁市社会监控报警联网系统三期第二阶段项目的建设。

县域也积极落实推进"天网工程"建设,为做好县域防爆反恐工作提供技术支撑。以横县为例,横县"天网工程"一期、二期分别投资1300万元、2500万元,采用企业投资、政府租用、公安管理使用的方式,在全县各乡镇建设900个前端高清视频监控摄像头及人脸识别系统、智能分析系统等。其中天网工程一期300个监控摄像头已全部建成,并接入横县公安局指挥中心监控平台,2017年5月已通过验收并投入使用,项目二期也于2018年2月开工建设。

(二)创新机制守护平安绿城,全面筑牢涉爆涉恐安全防线

1.创新巡防机制提升应急处突能力

南宁市公安局持续加强对社会面的巡逻防控,建立快速出警反应机制,实施屯警街面战略,优化警力资源配置,构建"市公安局、城区分局县局、派出所"三级巡防体系,各警种联勤联动,推动警务模式由"静态管理型"向"动态防控型"转变,由"被动防御型"向"主动进攻型"转变。全市共设立了6个重点场所,10个巡逻圈即应急处突快速反应区域,21个反恐处突点。按照不同类型和等级警情"1分钟、3分钟、10分钟"处突工作机制的要求,即1分钟干警必须到位,3分钟派出所民警必须到位,10分钟

100个干警必须赶到现场,实现警情"快速反应,及时处置",最大限度屯警街面,做到"警灯常闪、警车常巡、警力常在"。

2. 构建新型立体式现代化安保预防体系

2017年,南宁市为环邕18个检查站、三大活动场馆80个安检口配备移动警务云终端、"人证合一"智能匣机等设备,实现对车辆、人员信息的快速采集、人像比对和身份核查。2017年南宁"两会"期间,检查站、安检口民警通过使用该系统共核查30万人,比中在逃人员51人,其他各类重点人员超6000人,最大限度地阻止不稳定因素进入南宁市及重点活动场馆。

2018年,南宁国际会展中心完成了全面改造升级,各级各部门更是下足力气,做足安保工作。不仅启动党政军警民"五位一体"管边控边机制,严把省级检查站、边境口岸管控、出入境管控和签证查验"四道关",构筑起环桂、环邕、环南宁主城区的"三道防线",还构建起"陆水空地"立体式现代化安保体系:在邕江水域,"南宁水警01"号警船加强巡逻,水上派出所民警坚守河段;在路面,严格把守,南宁市公安局民警与武警广西总队南宁支队官兵驻守在17个安全检查站,在全市环邕道路进城入口,24小时对入城车辆、人员和物品进行安全检查;在空中,南宁市公安局警航支队出动两架直升机,共飞行56小时、47架次、行程约11200公里①,有力维护空中安全;在地下,地铁公安分局增加警力部署,时时做好巡逻防范工作,并加密犬巡、视频巡逻频次,确保地铁线路绝对安全和良好秩序。

3. 完善出行交通安防系统

一是完成公共交通安全防范视频监控网项目建设。2017年在全市范围内重点线路、重要路段共500个公交站点新装604高清视频监控摄像头,为公安相关部门拓展侦查方向及打击公共交通犯罪提供了多视频支持。

二是推进轨道交通警用通信及轨道交通安防中心建设。完成1、2号线警用通信系统的建设工作,1、2号线车站站内视频监控全部完成接入,相

---

① 参见《南宁公安第15届东博会峰会安保告捷侧记》,载于广西壮族自治区人民政府门户网站,http://www.gxzf.gov.cn/41326/dbhdt/20180917-713345.shtml,2018年9月17日。

关视频信号已传输到地铁公安分局，服务分局治安管理。3号线警用通信系统建设也在加快推进中。

三是在火车站、客运站等人口密集地点新增41套"动态人像系统"（也称为"人脸卡口系统"），实时采集经过该系统前端的人脸图像并入库比对处理，即时发现"问题"人员，尽可能减少影响客运交通安全稳定的矛盾问题和消极因素。

四是实现了与南宁铁路公安局、市民政局、市信用办、市社保局等单位的火车实名购票、居民信用、社保人员等信息实时联网采集和更新。积极推进与市交通局关于全市出租车、客运汽车、危险物品车辆等人员车辆定位数据共享应用，为群众安全出行和社会稳定提供强有力的保障。

（三）以应急处突实战为核心，进一步深化智慧警务建设

1. 全力推进信息化专项建设工作

一是深化新一代移动警务云平台及终端服务项目建设和应用工作。向全市民警配备双系统移动警务终端。利用新技术、新手段、新思路，创新开发i微警平台，集成通信交流、警务应用、警讯展示等全方位移动化应用为一体，对南宁"两会"期间的安保工作发挥了重要作用。二是持续探索在信息化技术下，多警种、多平台的融合工作，完成南宁市公安局特警基地配套信息化项目建设，进一步完善109联侦平台、合成作战平台、反恐综合信息平台、社区警务平台等。

2. 升级警务基础设施建设

一是对全市无线通信覆盖情况进行信号补盲，对全市6城区24个乡镇进行无线测试和实地踏勘，截至2017年底已落实24个站址；二是完成350兆无线模拟同播通信网建设，在市区内增补建设同播网基站，扩展无线信号覆盖范围，截至2017年底已建成模拟同播基站9个；三是推进县乡基站建设，在武鸣、隆安、横县建设完成15个2载频基站，所有基站与市局三级管网中心联网，同期装备数字终端，实现数字化指挥调度；四是为横县、隆安、上林、马山4个县安装临时视频监控系统补盲，通过公安网接入市公安

局督查平台，实现南宁市 18 个治安检查站督查督导网上化，自治区、市、县三级视频监控系统互联互通的大联网格局基本建成。

（四）整合信息资源，建立高效情报监测预警模式

1. 整合公安内部各警种信息资源

近年来，南宁市一直致力于整合公安内部各警种信息资源，建立统一信息资源库，分类建设专题数据库，开展信息资源应用建设，不断增强对各类情报信息的掌控度。一是依托公安信息资源库拓宽数据利用、查询、统计分析、比对核查等应用，常态支撑全警防爆反恐、治安管控、情报研判应用；二是推广基于大数据技术的警务云搜索应用—警务易搜，提高各类信息和数据的整合水平，避免信息重复采集、录入；三是通过请求服务、数据接口、服务接口等方式，将各类信息资源共享给刑侦、治安、情报、人口等业务部门，支撑各部门开展个性化数据应用。

2. 实现联网共享精准研判情报信息

一是以大数据分析和云计算为支点，建立全市数据化智能指挥平台，在各级各部门建立分平台，纵向贯通至县（区）、乡镇（街道）、村（社区），横向集成各综治成员单位，形成"上面千条线、工作中心派、下有大网应"的精细化管理网络。同时，注重组织指导基层网格力量共同参与社会基础数据和风险隐患动态数据的收集，进一步提高社会安全形势研判、特殊人群管控、应急处置调度等实战功能。

二是建成并使用反恐虹膜识别系统，与部分城市实现联网共享，对关注群体进行身份识别和背景联查，做到即时预警、即时研判、精准管控。

（五）发挥群防群治力量，警企合作推动防爆反恐信息化

1. 开启警民联防新局面

近年来，南宁市大力推进"雪亮工程"建设，政法委、公安局多次召开协调会、调度会，定期组织工作组到施工现场、各区域、各单位等开展督查，及时协调解决工作推进问题。

全面推行社区网格化管理，深入推进平安社区、平安村屯、平安校园等基层平安建设。针对办公与居住相结合的单位小区为主的片区，由民警牵头，社区居委会、小区治安保卫人员，以及部分群众志愿者组成了"警民联合巡逻队"，在市公安局、公安分局、派出所三级巡防体系基础上，构建起了第四级巡逻防控网络，通过从上至下全社会共同努力，充分发挥各级基层与群众在应对社会治安防范、打击暴恐违法犯罪中的积极战斗堡垒作用，激发平安建设的内生动力和社会整体合力。

2. 积极开展警企合作

通过开展警企合作，借助国内一些互联网顶尖企业的数据和技术，利用企业的实人认证技术，南宁市建立了电子身份证技术体系，有效解决了网上注册认证机制不完善、线上先下身份信息不互通、公民个人信息外泄隐患大等热点问题，实现了电子证据的服务应用。在防爆反恐应急管理工作中，将电子身份证用于警务核查、酒店入住登记、物品寄递、大型活动身份核查等场合。截至2017年底，南宁市注册电子身份证的用户已经超过22万人，已超过2000家单位开通电子身份证应用。

二 南宁市涉爆涉恐应急管理存在的问题和困难

（一）网络暴恐音视频案件悄然兴起

南宁市在过去几年均未发现传播暴恐音视频案件，而自2017年下半年开始，此类案件频频发生，呈直线上升趋势。据悉，2017年下半年，南宁市查处传播暴恐音视频案件8起，刑拘2人，训诫6人。2018年1~8月，侦办制作传播非持有暴恐音视频案件24起，查获涉案人员24人，而截至9月份，查获的涉案人员增加到45人。暴恐音视频案件急剧增加的原因主要有：一是由于智能手机的普及和网络高速发展，加上一些组织和人员有意借助网络传播，提升了手机用户接触暴恐音视频的概率。部分用户因好奇、寻求刺激等心理，又再将暴恐音视频转发传播到各个用户群，造成的不良影响呈几何扩散。二是按照专业支队的办案程序，必须由刑侦部门直接对接联系，并逐级审批办理。但部分辖区分局将此类案件交由派出所负责，以至于刑侦部门无法直接对接派出所调取证据，或调取证据不及时，造成证据收集困难。三是检察院对此类案件的危害程度界定与公安机关的界定存在偏差，公安机关认为此类案件应以行为犯论处，而检察院则认为必须造成实际结果（如模仿视频造成人身伤害等）才能提起诉讼，导致涉案人员难以打击处理。四是极少部分办案民警对《中华人民共和国反恐怖主义法》不够熟悉，不能有效地应用相关法律条文进行处罚。

（二）易制爆物品多头管理存在盲区

目前，民用爆炸物品基本上实现了全程可追溯，但是易制爆危险化学品管理仍存在短板。根据公安部编制的《易制爆危险化学品》（2017版）名录显示，易制爆危险化学品共分为九大类74种。易制爆危险化学品本身不是爆炸品，但可作为原材料或辅料制造爆炸品。易制爆危险化学品是危险化学品中的高危产品，也是企业生产经营过程中的重要原料，在高温高压下易燃易爆，极易被别有用心的暴恐分子非法利用，制造重大治安事件。易制爆危险化学品管理涉及生产、销售、购买、运输、使用、储存及销毁等环节，但目前仍存在审批跟日常管理相脱节的情况，且审批门槛和手续都较低。

另外，收缴上来的易制爆危险化学品等也存在处理问题，例如违规烟花爆竹收缴上来之后，在搬运、运输、存储等环节都存在极大的工作难度。各个分局收缴上来之后只能各自处理，不敢大量聚集，应出台规范的管理措施。

（三）情报信息互通整合程度有待提高

专业情报部门之间的情报信息壁垒主要存在于不同地区之间。南宁市地理位置特殊，人口流动性极强，境内外涉爆涉恐分子借道南宁潜入潜出边境的图谋从未停止，在这种情况下，情报信息部门之间如果仍存在信息壁垒，无法实现较高的信息互通整合效率,这无疑是给涉爆涉恐应急管理增设障碍。

与非专业情报部门之间的情报信息壁垒主要源于反恐处突数据掌握与公民隐私之间的冲突。在有关人员去搜集信息时,部分企业组织常以信息的专利权属、信息的保密性、信息技术系统支撑不匹配等为由,不予配合。因目前各部门之间投入运用的系统平台较多,且各系统不对外开放数据交换接口,各部门之间数据信息共享程度低,公安机关想要了解水、电、气或者高速公路等方面的信息,成员单位之间数据的提供也都需要经过层层审批,这些应急中枢的信息渠道不畅也会削弱风险防控的组织合力。

(四)基层与群众防爆反恐意识有待强化

"世界上没有绝对的安全,任何时候都会有一些可能存在的风险。"① 由于现代公共安全管理工作具有涉及范围广、事件类型难以预料、效果无法即时显现等特征,因此培养群众"居安思危"的危机意识是城市公共安全管理的基础,并且也是衡量一个城市危机应对能力高低的重要标准。南宁市早在2013年就已经出台《南宁市突发事件应急演练管理办法》规定"社区居委会(村委会)、企业事业单位和社会团体等基层单位,应依据相关法律法规及有关预案的规定,结合本辖区、本单位实际情况,组织开展应急演练,演练应侧重人员疏散和安置"。

但是目前部分部门和基层单位并没有将公共安全和应急管理等工作纳入工作规划中,不愿意花费过多的精力和人财物在安全危机事件预防上,对城市涉爆涉恐危险源和重点防范区域的管控不够,对应急演练和安全教育的重视不足。并且,社会整体防范爆炸恐怖事件的意识比较淡薄,许多群众对应急演练的开展不理解、不重视,群众普遍缺少防范意识和逃生能力,对危机事件的认知、个人习惯、自救能力都与应急避险避难要求相差太多。

---

① 乌尔里希·贝克:《从工业社会到风险社会》,《马克思主义与现实》2003年第3期。

（五）专业人才设备投入亟待增补

公安反恐支队、特警等直接管理部门，肩负着快速反应、巡逻守卫、防暴处突的多种职责，同时担负多种职能。而一些地方派出所、街道治安巡防队员平时工作任务繁重，分身乏术。

基层反恐经费和装备紧缺。南宁市客运站包括一级客运站（即市区内的5个：琅东客运站、江南客运站、金桥客运站、安吉客运站和西乡塘客运站）、县乡二级和三级客运站共41个，目前火车站、吴圩机场、市一级客运站已全面落实所有基础物品过X光行包安检系统，开箱验视，身份登记"三个百分百"措施。但是县乡二、三级客运站由于无设备条件，所以无法全面铺开X光机行李检查，还有对于实名购票管理也比较松散，总体而言，县乡客运安全过滤网不够密实。

三 完善南宁市公共场所涉爆涉恐应急管理的对策建议

习近平总书记在论述总体安全观时强调：反恐怖斗争事关国家安全，要坚持凡"恐"必打、露头就打、出重手、下重拳，给暴力恐怖势力以毁灭性打击。[①] 鉴于恐怖主义对国家利益和安全带来的严重威胁，南宁市作为广西首府，地理环境独特，面临防暴防恐巨大挑战，各级政府应坚持综合治理、标本兼治的方针，着眼于从国内国外两个层面，积极做好防范措施，强化应急管理能力，实现社会安定团结、人民幸福安康。

（一）加强组织领导，建立统一高效的反恐组织网络

首府城市人口密集，对城市的综合保障能力要求高，依赖性大。只有在平时建立起一个结构合理、功能齐全、高效灵敏的防恐怖指挥机构，才能在

---

① 中共中央宣传部：《习近平总书记系列重要讲话读本》，人民出版社，2016。

防恐怖斗争纷繁复杂的环境中，正确地实施指挥，及时地组织协调各种防恐怖行动力量。同时，必须认识到，建立专门的反恐机构，并不意味着反恐任务只由专门机构来执行，事实上，几乎所有的政府部门都有危机管理的职责。因此，进一步加强反恐机构的指挥协调作用，制定具体的法律、法规和制度来规范各个部门的权利和责任，才能形成高效统一的反恐组织网络。

（二）加强反恐法律制度建设，完善反恐法律保障体系

近年来，我国通过刑法修订不断完善对恐怖活动犯罪的规制，例如2001年的通过的《刑法修正案（三）》不仅增设了编造、故意传播虚假恐怖信息罪，投放虚假危险物质罪与资助恐怖活动罪，还修改了部分涉恐犯罪的罪状及相关法定刑；2011年通过的《刑法修正案（八）》通过对刑罚制度的修正加重了对恐怖活动犯罪的惩罚；2014年《刑法修正案（九）》以扩大恐怖活动犯罪圈并加重刑罚的方式应对恐怖主义风险。2016年1月1日，《中华人民共和国反恐法》正式实施，标志着我国反恐有了更为精准的法律依据。这些日益完善的法律制度，是南宁市城市反恐的重要法律支撑，为南宁市开展反恐活动提供了明确的实体要求和程序保障。但是随着南宁市经济社会的快速发展，反恐面临的新情况和新问题不断增加，迫切需要法律法规作出及时、有效的回应。因此，完善反恐地方性立法，提高法律操作性和执行力至关重要。对于南宁市来讲，应加强地方立法调研，结合南宁市反恐工作实际需求，制定程序性的地方法规或者政府规章，以规范和满足南宁公安等专门的职能机构进行专业反恐的需要，有效打击恐怖主义犯罪。

（三）完善反恐情报体系建设，提高预警预判能力和水平

一是提升情报收集和分析研判能力。加强与周边城市涉爆涉恐信息的资源共享，提升反恐情报的完整性。加强与军事、边检、网络安全等部门的信息资源合作及业务协作，提高情报的利用价值。加强与公交、电信、快递、酒店等行业的合作中，掌握更多信息资源，为治安全局工作的开展提供有力支持。广泛构建大数据公安情报体系，设置情报分析中心，为反恐决策层的

决策提供信息支撑。二是加强反恐情报专业队伍建设。加强专业人才引进，促进反恐人才培养与交流，提升反恐情报信息队伍整体素质，同时，建立完善反恐工作专家咨询机制，建立相关专家档案数据库，充分发挥专家信息咨询作用。

（四）加强重点监管，铲除爆炸恐怖案件滋生土壤

一是突出对公共场所重点区域的安全管理。认真研究重要目标和大型公共场所的环境特点，科学制定专门的防爆反恐预案，对各种情况进行充分设想，制定处置办法。加强公共场所巡逻防控，形成高压态势和强震慑力度。二是探索设立防恐怖专线电话的防恐怖奖励基金，对发现恐怖活动迹象并及时报告的群众，予以奖励，调动全民参与防恐怖的积极性。三是加强对各类危险物品的管制。不仅注重加强对枪支、弹药、爆炸物品、有毒有害辐射物等各类显性的危险物品的监管，对潜在的、可能被恐怖分子利用的物品也需要关注，及时制定分级管理制度。

（五）建立高效的处置应对机制，形成涉爆涉恐应急合力

一是加强涉暴涉恐应急处置能力。目前，南宁市按照不同类型和等级警情，实行"1分钟、3分钟、10分钟"处突工作机制，有效提升了城市应急处置能力。对涉暴涉恐的处置，应针对其特殊方式、特点和要求，针对不同的环节，采取切实有效的方法。二是聚众合力参与涉暴涉恐防控。在涉爆涉恐公共危机防范和处置中，应重视社会组织和公众的作用，鼓励各类社会力量参与到其中。另外，探索成立社区应急反应队伍，增强公众的防范意识，提高公众危机应对处置技能。

（六）强化对网络领域的监控，防范和打击网络恐怖主义

一是持续深入研究创新网络反恐的技术。高度重视网络反恐技术的发展创新，加强网络安全核心技术研发，采用我国自主品牌的操作系统、计算机芯片、路由器，推广我国自主品牌的防毒杀毒软件、防火墙，加固互联网边

界,防止国际网络恐怖分子肆意进入。发展反黑客技术,努力突破暗网技术和新科技制造技术,提升对网络恐怖分子和网络恐怖活动进行追踪、对抗的精准度和战斗力。创新网络恐怖主义的识别和风险评估技术,提高发现和防控网络恐怖活动的能力。二是持续强化网络安全治理。坚决依法严厉打击通过网络传播宗教极端或暴力恐怖相关的视频、音频、图片及其他文字资料的行为,切断境外分裂势力与境内极端分子的联系。实施铲除网上暴恐音视频专项行动,严格网络安全和信息化领域执法。三是着力打造网络安全治理专业队伍。既要培养和增强技术人员识别网络恐怖主义的意识、能力,抵御来自恐怖组织的网络攻击,瓦解正在整合的网络恐怖组织;又要积极研制网络工具,提升网络反恐的进攻能力,以便在网络反恐斗争中实现精准打击和快速应对。

(七)加大宣传教育力度,积极营造全民防爆反恐氛围

一是加强学校反恐应对知识教育。南宁市各级政府和教育部门应根据本区域内的具体情况,对接受义务教育阶段的学生和辖区内的职业教育、高等教育开设专业的反恐防爆培训课程,强化反恐演练,提高应对整体素质。二是加大反恐防范宣传力度。利用电视、广播、报刊、微信、微博、手机等媒体,全方位宣传报道国家反恐政策与反恐基本常识,让民众掌握应对紧急情况下避险、自救和互助的基本技能。

参考文献

[1] 王峥宇:《以政府为主导的现代应急救援体系建设研究》,江西财经大学硕士学位论文,2018。

[2] 赵越超:《铁路线下工程突发事件应急管理信息分析与系统构建》,中南大学硕士学位论文,2010。

[3] 王春燕:《便民警务站在新疆反恐维稳中的作用评析——以"情景预防"为视角》,《公安教育》2018年第4期。

［4］中共中央宣传部：《习近平总书记系列重要讲话读本》，人民出版社，2016。

［5］董泽宇：《美国反恐预警体系建设的经验与教训》，《情报杂志》2016年第3期。

［6］杨明杰：《反恐依赖于社会转型的平稳"落地"》，《中国社会科学报》2011年9月15日。

［7］孙华丽、项美康、薛耀锋：《超大城市公共安全风险评估、归因与防范》，《中国安全生产科学技术》2018年第8期。

［8］肖益茂、郭志铭：《〈反恐怖主义法〉的实施助力公安反恐信息化建设》，《广州市公安管理干部学院学报》2016年第3期。

［9］赵大伟、扈士波：《大数据时代背景下的网络反恐情报工作》，《网络安全技术与应用》2015年第2期。

［10］谢晓丹：《超大城市风险防控研究》，《广州公安简报》2016年第5期。

［11］李国军：《论大数据驱动下的预测警务创新》，《中国人民公安大学学报》2015年第6期。

B.18
促进南宁市各民族交往交流交融对策研究

南宁市社会科学院课题组*

摘　要： 南宁市作为一个以壮族为主体的多民族聚居城市，民族团结进步事业和各民族交往交流交融不断取得新成效。但与此同时仍然存在民族聚居区经济发展相对滞后、少数民族流动人口服务管理能力有待提升、民族团结创建活动需要拓展提升等问题，仍需从夯实各民族团结互助的思想基础、促进少数民族聚居区经济发展、促进少数民族流动人口融入社区、推进各民族文化交流融合等方面深入推进各民族交往交流交融。

关键词： 民族　交往　交流　交融

南宁市作为一个以壮族为主体的多民族聚居城市，南宁市委、市政府始终把民族团结放在国家统一、社会稳定高度来抓，开展形式多样的创建活动以促进各民族交往交流交融，使全民共同享受城市发展的成果，民族团结进步事业不断取得新成效。2016年南宁市被国家民委命名为"全国民族团结进步创建活动示范市"，民族工作迈向新阶段。

---

* 课题组组长：覃洁贞，南宁市社科院副院长，研究员；课题组成员吴金艳，南宁市社科院东盟所所长，副研究员，王瑶，南宁市社科院经济所副所长，助理研究员；梁瑜静，南宁市社科院科管所副所长，助理研究员；张伟，南宁市社科院社会所科研人员。

一 南宁市民族构成及基本情况

（一）民族结构

南宁市是我国少数民族人口最多的首府城市。截至2017年底，南宁市常住人口759.45万人，共有51个民族成分，少数民族人口440.91万人，占总人口的比重达58.06%，其中壮族423.26人，是占全市人口最多的民族，占总人口的比重高达55.73%；汉族次之，有318.54万人；瑶族12.76万人，居第三位，这3个民族的人口均在10万人以上。其他民族人口均在万人以下，缺少1万至10万之间的过渡。

与2016年相比，2017年南宁市少数民族常住人口增加28763人，增长0.66%，壮族人口增加18475人，增长0.44%，低于常住人口的增长幅度。人口增长超过1000人以上的少数民族分别是：瑶族增长2980人，满族增长1411人，回族增长1134人。满族、回族多分布在我国东北、西北地区，说明一年来东北、西北地区的少数民族流入南宁市人数比较多，各民族交流交往融合范围不断扩大。

（二）民族分布

南宁市少数民族人口总量大、比例高，民族成分多，长期以来南宁市民族人口分布呈相互交错杂居的状况，各民族长期团结互助、友好往来，汉族在各地均有分布；瑶族主要聚居在马山县、上林县和青秀区；苗族主要分布在青秀区和西乡塘区；回族、满族、侗族等其他少数民族主要居住在各城区。2017年从各县区的民族人口结构来看，12个县区中，宾阳县少数民族人口比例最低，仅为21.58%，其次为横县39.43%，其他10个县区少数民族人口比例均在40%以上，其中少数民族人口比例超过80%的有6个县区，分别为隆安县（96.38%）、邕宁区（93.80%）、良庆区（86.20%）、武鸣区（86.11%）、上林县（84.16%）、马山县（81.84%）（见表1）。壮族人口比例最低的是宾阳县，仅为20.92%；最高的是隆安县，达到95.60%。南宁市作为面向东盟开放合作的区域性国际城市、"一带一路"有机衔接的重要门户城市，2017年，广西共有流动人口543万人；南宁市共有流动人口140多万人，流入人口74万人。① 大规模的人口流动也使南宁市成为全国少数民族流动人口最多且比例最高的城市，呈现少数民族流动人口多、增长快、民族成分多、流动性强、文化程度和技能低等特点。

表1 2017年南宁市各县区民族结构情况

地区	合计（人）	少数民族人口总数（人）	壮族人口总数（人）	少数民族人口占总人口比例（%）	壮族人口占总人口比例（%）
南宁市	7594525	4409108	4232651	58.06	55.73
横县	1269252	500433	497036	39.43	39.16
宾阳县	1057005	228104	221138	21.58	20.92
上林县	500109	420875	385192	84.16	77.02
马山县	572316	468492	418507	81.84	73.13
隆安县	423315	407998	404692	96.38	95.60
5县小计	3821997	2025802	1926565	53.00	50.41
兴宁区	336443	209637	201764	62.31	59.97
江南区	527081	271381	261625	51.49	49.64
青秀区	738637	340853	309022	46.15	41.84
西乡塘区	798843	352214	333450	44.09	41.74
邕宁区	363419	340886	339291	93.80	93.36
良庆区	290866	250733	246657	86.20	84.80
武鸣区	717232	617602	614277	86.11	85.65
7区小计	3772521	2383306	2306086	63.18	61.13

资料来源：南宁市民宗委提供。

① 《南宁流动人口已超140万》，广西新闻网－当代生活报，http://www.gxnews.com.cn/staticpages/20170712/newgx596551b2-16346473.shtml，2017－07－12。

二 南宁市促进各民族交往交流交融主要做法与成效

（一）积极夯实各民族交往交流交融的经济基础

经济发展是永恒的主题，经济持续稳定健康发展是促进各民族交往交流交融的前提条件和物质保障。

1. 经济发展总体形势稳中向好

2017年，南宁市全市地区生产总值、固定资产投资、全部工业总产值均突破4000亿元，比上年分别增长8%、12%和14%；社会消费品零售总额突破2000亿元，增长11%；财政收入687.98亿元，增长11.95%；主要经济指标超额完成全年目标，好于预期，好于全国、全区。城市是各民族交流交往交融的重要场所，城市经济、产业持续稳定地增长发展，不仅提升了各族人民群众的生活水平，更是夯实了各民族交流交往交融的物质基础。

2. 加大对少数民族聚居区产业投入和扶持力度

2017年南宁市注重用好国家各项优惠政策，整合各部门力量，加大对少数民族聚居区投入力度，扶持少数民族群众大力发展优势农产品，开展特色农产品精深加工，提升少数民族地区自我发展水平，以经济互动促进民族团结和共同繁荣发展。全年投入少数民族聚居区产业开发项目70个，总投资12176.43万元。

3. 加强少数民族发展资金使用管理

2017年，南宁市落实少数民族发展资金数量大幅度增加，资金主要用于各县（区）精准扶贫工作。据统计，全市年内落实国家、自治区、市本级三级少数民族发展资金共4264万元，较2016年增加1790万元。其中，落实国家级少数民族发展资金3651万元，较2016年增加1347万元，共实施项目157个。落实自治区级少数民族发展资金243万元，较2016年增加127万元，实施项目16个；落实市本级少数民族发展资金370万元，较2016年增加10万元，共实施项目42个。

4. 大力促进民贸民品企业发展

2017年国家对民贸民品企业规范化管理提出新要求，对贴息资金的安排由以往通过专项资金安排改为通过均衡性转移支付进行安排。为此，南宁市民宗委对接人民银行南宁中心支行、市财政局落实上年度贷款贴息7448万元，涉及贷款25.86亿元。通过民贸民品企业"走出去""请进来"，有效地推动了各民族全面交流交往交融。

（二）不断完善各民族交往交流交融的社会环境

安定包容的社会环境是各民族交往交流交融的必备条件。南宁市大到城市治理，小到社区管理，都在给各民族交往交流交融创造良好的氛围和环境，为各民族之间相互理解、彼此尊重，在生产、生活、宗教和艺术等方面加强交流，相互学习借鉴、取长补短，实现共同发展繁荣，创造良好的社会环境。

1. 不断提升城市民族工作服务管理水平

进一步完善民族关系监测和评价工作。一方面完善民族关系状况监测和评价信息网络，另一方面进一步加强"三支队伍"建设，动态更新了200余名民族工作信息员、民族关系协调员、民族工作专家顾问队伍。同时加强部门协调，及时处置和协调民族关系。组织开展少数民族人员游南宁等活动，引导他们发挥在联系群众、维护团结稳定等方面的积极作用。2017年，没有发生一起涉及民族因素矛盾纠纷，不断巩固首府南宁各民族群众在南宁你中有我、我中有你的团结和谐氛围。

2. 实施"三心"工程保障少数民族流动人口合法权益

一是实施"暖人心"工程，切实帮助少数民族流动人口解决实际困难。通过真诚服务，解决他们入学、就业、清真食品供应等燃眉之急，使他们感受到宾如家的感觉，感受到党和国家民族政策的温暖。

二是实施"心连心"工程，密切与少数民族流动人口的相互联系与感情。各民族风俗习惯和传统节日不同，风俗各异，尊重少数民族风俗习惯，鼓励支持各族群众开展传统节庆和联谊活动是实施心连心工程的一项重要举措。

三是实施"稳民心"工程,提升少数民族群众尊严感。采取多种措施,切实保障少数民族群众的合法权益,提升他们的自身尊严;完善城市少数民族群众服务管理的长效机制,把城市民族工作列入市委、市政府议事日程,城市民族工作经费列入部门预算,着力消除户籍制度带来的权益壁垒。2017年,覆盖全市的少数民族流动人口服务网络体系累计为少数民族流动人口提供就业创业服务1100人次,解决住(租)房问题105人次,技能培训2000人次,提供法律咨询320人次,解决子女入学50人次。推动民族政策法律法规的普及和依法维权意识的提升,在全市广泛开展普法教育和司法服务志愿活动,同时在流动人口集中区域设立少数民族流动人口法律援助站,协调处置涉及民族因素的矛盾纠纷事件。

3. 积极发挥少数民族流动人员服务中心的作用

南宁市少数民族流动人员服务中心是广西首个市级少数民族流动人员服务中心,为少数民族群众提供多项援助。同时,充分利用华强街道办事处劳动保障机构、司法所人民调解室和流动人口管理等平台,为来南宁的少数民族人员提供一站式服务。2017年,南宁市少数民族流动人员服务中心先后组织开展少数民族电商创业、少数民族人员糕点制作、"手工丝网花制作"等3期就业技能培训班,免费为少数民族流动人员开展技能培训达200多人次,提供优生优育服务、法律咨询、就业帮助、解决住房问题等6000多人次。

(三)扩大各民族文化交流与融合

民族文化是在与其他民族的交流、交融过程中发展深化的,南宁市大力发展民族文化,开展具有民族特色的文体活动、加大民族文化的保护力度、传承少数民族语言文字,在保护各民族文化的同时,增进民族之间的沟通和了解。

1. 开展形式多样的文化活动

在民族文化(艺术、体育)的保护与传承方面,南宁市2017年组织开展了第七批南宁市级非物质文化遗产代表性项目名录及第六批南宁市级非物质文化遗产项目代表性传承人申报认定工作。南宁市还举办了形式多样的民族文艺活动，连续10多年举办南宁国际民歌艺术节"绿城歌台"系列大型群众文化活动，不断展示、传承和弘扬各民族优秀传统文化，有效地促进各民族文化交流融合。打响"壮族三月三"文化旅游品牌，推出了壮族民歌《那》、瑶族原生态山歌《瑶家欢歌唱和谐》、三月三主题曲《广西尼的呀》等充满浓郁广西民族风情的歌舞节目。

2.加强少数民族语言广播电视节目制作与播放

用少数民族语言播出的广播、电视节目，包括武鸣区广播电视台的《壮乡新闻》《壮乡风情》《壮语讲故事》《教你讲壮语》《壮乡文艺》以及隆安县广播电视台的《隆安壮语播报》。上林县广播电视台的《壮语新闻》和隆安县广播电视台的《要闻周报》，涉及新闻、社教、文艺等方面。2017年全年壮语广播播放时长总计763小时，电视累计播放时长总计642小时。

3.开展各民族体育活动

2017年，中央、自治区、南宁市三级政府共投入资金1825万元，建设306个体育场地和设施项目，建设面积约10万平方米，使各民族群众能均等地享受到公共体育服务。南宁市非常重视少数民族传统体育运动的发展，2017年举办广西"壮族三月三"民族体育欢乐节，举办少数民族传统体育运动会，积极指导相关单位做好少数民族传统体育示范项目建设，开展三人板鞋、竹竿舞、打陀螺、背篓绣球等少数民族传统体育进校园活动，推动各民族体育活动蓬勃发展的同时，也提高了各民族群众的身体素质，加深了各民族之间的了解，促进了各民族之间的交流。

4.推进少数民族语言文字的运用

2017年，正值国务院颁布《壮文方案》60周年，民族语言立法工作取得新突破，《南宁市壮文社会使用管理条例》被列入南宁市第十四届人大常委会五年立法规划。壮语文社会应用取得新进展，新投入使用的南宁市民中心户外标识牌及轨道交通2号线站外500米导向标识使用了壮文；青秀区率先在城区"两会"会标同时使用壮汉两种文字；南宁市第十一届少数民族传统体育运动会首次在开闭幕式采用壮汉双语主持；一些商家及公共场所也纷纷用壮文做宣传，双语服务效应凸显。

（四）民生优先促进民族事业和谐发展

南宁市始终坚持以人民为中心的发展思想，针对各族人民群众关心的热点难点问题精准施策，不断提升群众的获得感幸福感安全感，提升了各民族交往交流交融的积极性，赢得了民心。

1. 注重推动少数民族聚居区基础设施建设

加大投资力度，统筹安排建设资金，用于改善少数民族群众急需的村屯道路、人畜饮水、农田水利条件，促进少数民族聚集地区基础设施建设不断完善。2017年投入少数民族聚居区道路建设项目913个，1295.24公里，总投资49466.69万，其中贫困村通屯道路项目577个，807.27公里，总投资28306.17万元；投入人饮工程项目135个，总投资6928.54万元；投入农田水利工程项目51个，总投资5072.09万元。

2. 加快发展民族教育事业

坚持贯彻落实《学校民族团结教育指导纲要（试用）》和《南宁市民族教育条例》，充分发挥课堂教学的主阵地和主渠道作用，注重将民族团结教育内容融入教育的全过程，探索民族团结教育的新途径和新方式，已在武鸣区、上林县、横县、宾阳县、马山县、隆安县、青秀区、兴宁区、良庆区、邕宁区等县区的85所小学、8所民族中学开展壮汉双语实验教学工作达到了"以壮为主，壮汉结合，以壮促汉，壮汉兼通"的预期目的，对民族文化的传承发展起到了很好的保障和促进作用；大力实施少数民族地区"农村骨干教师、校长培训工程"等活动，提高民族教育师资队伍水平，2017年组织开展市级以上各类培训100多期，累计培训教师6800多人次，为少数民族地区开展民族教育提供了有力的师资保障。

3. 重视发展民族医药卫生事业

南宁市有效结合"广西中医名医名家走基层行动计划"项目，组织中医名医名家深入民族地区开展中医药、壮瑶医药文化宣传活动,为群众免费提供中医药壮瑶医药养生宣传资料、健康咨询,提升了民族地区中医药、壮瑶医药服务水平,使群众能够更加了解中医药壮瑶医药文化,满足广大群众的健康服务需求。

(五)社会公众对南宁市民族关系的认知与评价

为了解社会公众对南宁市民族关系的认知与评价,课题组随机发放了共1200份问卷,收回有效问卷1146份。

1. 对南宁市当前民族关系的评价与分析

各族群众对伟大祖国认同、对中华民族认同、对中华文化认同、对中国共产党认同、对中国特色社会主义道路认同,这是维护国家统一的思想基础,是民族团结的必要条件,是实现中华民族伟大复兴的必然要求。在此次问卷调查的1146人中,有96.7%的人在回答"我国不管是哪个民族,都是中华民族大家庭中一员,您同意吗?"的问题时选择了"同意"(见图1),说明南宁市绝大部分群众对中华民族的认同感是非常强烈的。

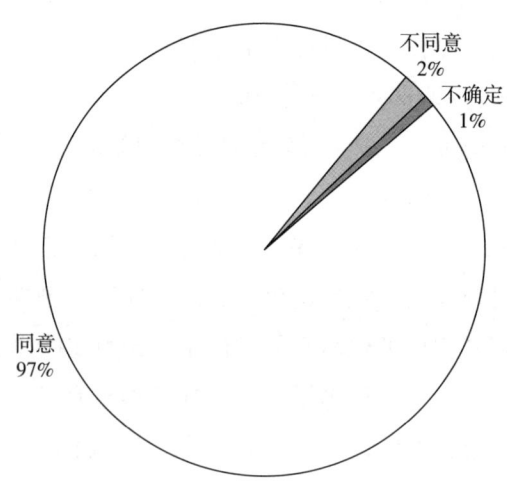

图1　各民族对中华民族的认同感

民族状况维度是评价民族关系状况的重要指标，是对一个地区民族关系与民族发展的综合评价。在对南宁市民族关系总体评价的五个维度中，平等度、团结度、互助度、和谐度、发展度分别有92.4%、91.8%、88.8%、92.1%、89.0%的被调查者对南宁市当前民族状况维度的评价为满意（包括非常好、比较好）（见表2）。

表2 公众对南宁市民族关系的整体评价

单位：%

公众评价	非常好	比较好	一般	不好	很不好
你对南宁市民族平等度的评价	60.60	31.80	7.40	0.10	0.20
你对南宁市民族团结度的评价	59.50	32.30	7.90	0.30	0
你对南宁市民族互助度的评价	55.90	32.90	10.60	0.30	0.30
你对南宁市民族和谐度的评价	60.80	31.30	7.60	0.20	0.10
你对南宁市民族发展度的评价	53.70	35.30	10.60	0.30	0.20

2. 各民族对南宁的城市认同

在对南宁市民族认同分析的基础上，对被调查群众认为"自己目前生活满意或者比较满意的方面"进行多重响应，并进行统计描述。在被调查的人群中，对自己生活满意或者比较满意满意度最高的三个方面是社会治安安全、身体健康和人际关系，选择比例分别是17.4%、17.1%和13.0%。这从另一个方面也印证了南宁市民族团结与和谐。

3. 各民族与其他民族的交往交流交融意愿

在问到被调查者本民族与其他民族关系的问题时，有96.7%的被调查者认为自己民族与其他民族之间的关系相处融洽（选择"很好，亲如一家"和"比较好，相处融洽"）（见表3），有85.2%的群众表示非常愿意与其他民族交朋友、合作，有81.2%的群众愿意与其他民族通婚（见图3）。

作为民族关系衡量指标之一，族际通婚在一定程度上反映了民族关系的和谐程度，族际通婚影响因素包括文化、语言、宗教、社会交往机会等，另

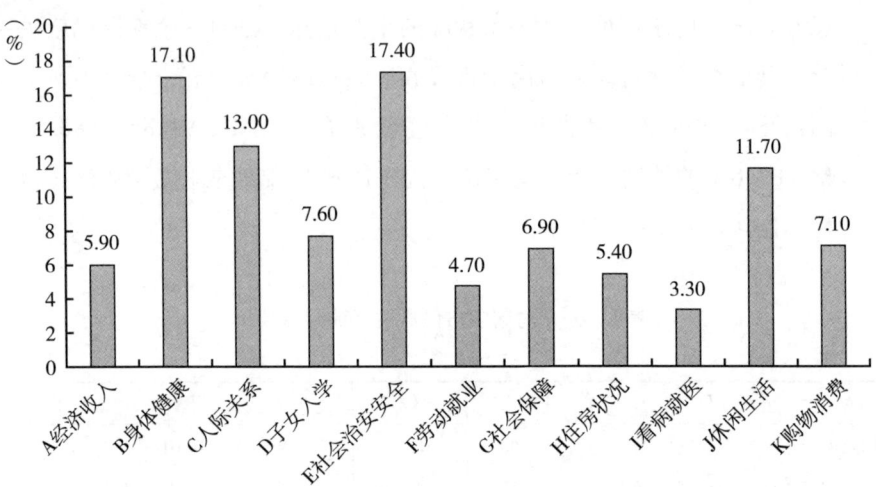

图 2　各民族群众对自己目前生活满意或比较满意的方面

表 3　本民族和其他民族之间的关系

		频率	百分比	累积百分比
有效	很好,亲如一家	632	55.1	55.1
	比较好,相处融洽	476	41.5	96.7
	一般,偶尔有矛盾	36	3.1	99.8
	很糟糕	2	0.2	100.0
	合计	1146	100.0	

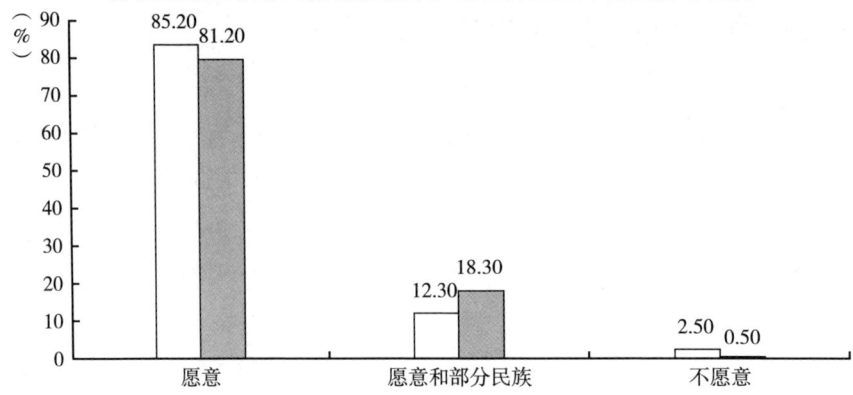

图 3　与其他民族交朋友、合作以及通婚意愿

外完成族际通婚还需要民族之间没有偏见与歧视。而在南宁市被调查群众之中，各民族与其他民族的通婚意愿都较高（见图3），说明南宁市的民族融合程度非常高。不同民族间通婚的背后不仅仅是两个人的结合，更是双方所代表的民族关系发展情况的真实反映。在南宁市，不同民族间通婚十分普遍，通婚率高，多民族组成的大家庭不断增多，双方结合在一起组建家庭后都能彼此尊重对方的风俗习惯，共同经营家庭生活。南宁市长久以来形成的这种各民族团结和谐、亲如一家的民族关系，是各民族长期奋斗、生生不息的历史积淀，更是南宁各族人民在当代开创民族团结进步局面的体现。

三　存在的主要问题及原因分析

（一）民族聚居区经济发展相对滞后

1. 民族聚居区经济发展相对落后

从城乡经济发展差距上看，南宁市城乡发展不平衡问题较为突出，民族聚居区经济发展相对落后，经济发展基础薄弱，经济总量小，财政收入低，产业结构不优，工业短板明显。如图4所示，2017年，在南宁市7区5县中，5县GDP仅占全市GDP比重的17.2%，排在前三位的城区分别是：青秀区（913.96亿元）、西乡塘区（888.41亿元）、江南区（602.97亿元），排在后三位的分别是三个县：隆安县（73.18亿元）、上林县（56.75亿元）、马山县（55.18亿元），马山县的GDP总量是青秀区的1/16，差距悬殊。另外，5县财政总收入为50.23亿元，仅占全市财政收入的7.3%，其中，隆安县、马山县、上林县财政收入分别为5.00亿元、3.42亿元、4.31亿元，可用财力十分有限。

从城乡居民人均可支配收入来看，2017年，南宁市全市居民人均可支配收入24984元，增长9.3%；按常住地分，城镇居民人均可支配收入33217元，增长8.1%；农村居民人均可支配收入12515元，增长9.8%。

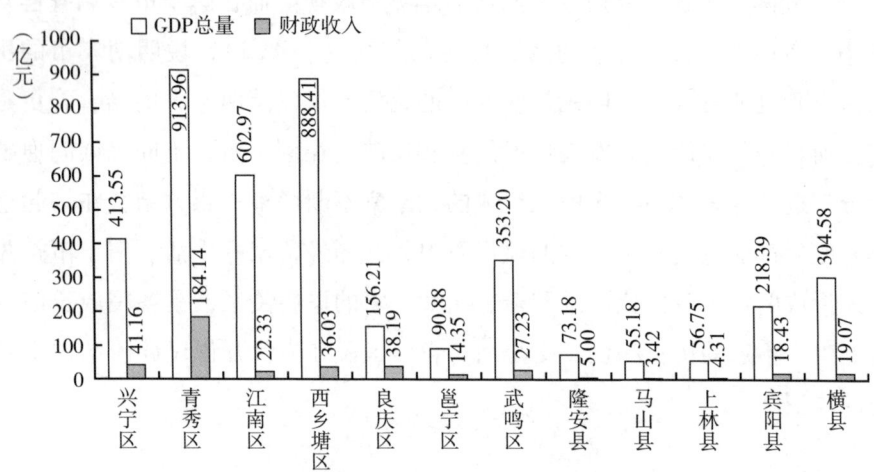

图 4　2017 年南宁市各区县 GDP 总量和财政收入情况

数据来源：南宁市各区县 2017 年统计月报。

全市城乡居民收入比为 2.65∶1，差距仍然较大。① 具体来说，城乡居民收入差距更多集中体现在城区和民族聚居区的县乡之中。2017 年，经济社会发展排名南宁市第一的青秀区居民人均可支配收入达 39614 元②；而排名南宁市末位的马山县居民人均可支配收入为 13966 元③，仅是青秀区居民人均可支配收入的约 35%。可见，南宁市民族聚居区经济发展差距比较大。

2. 民族聚居区贫困发生率较高

从贫困发生率来看，民族聚居区脱贫攻坚任务仍然十分艰巨。2017 年，南宁市聚焦"六个精准"，全力打好脱贫攻坚战，各项工作取得明显实效，实现了 101 个贫困村摘帽，83662 名贫困人口脱贫，贫困发生率从上年的

---

① 南宁市统计局：《稳中求进显成效　经济发展见真章——2017 年南宁市经济运行情况分析》，http：//tj.nanning.gov.cn/tjfx/201802/t20180213_829388.html，2018-02-22。
② 青秀区人民政府：《青秀区 2017 年 1~12 月份经济运简况》，http：//www.qingxiu.gov.cn/zfxxgkml/contents/225/511905.html，2018-02-06。
③ 马山县统计局：《马山县主要经济指标数据表（2017 年 12 月）》，http：//msx.nanning.gov.cn/czgk/jbxxgk/tjxx/201802/t20180201_825877.html，2018-01-15。

6.64%降至5.02%。① 当前，全市进入脱贫攻坚关键时期，民族聚居区贫困问题仍然突出。由于自然条件相对恶劣，缺乏特色产业支撑，农民增收渠道狭窄，脱贫难度大。加之公共服务设施基础建设落后，少数民族受教育水平较低，对外联系交流不足，城镇化建设推进较慢，影响了各民族交往交流交融发展。

（二）少数民族流动人口服务管理能力有待提升

1. 少数民族流动人口服务管理有待精细化

总体来看，南宁市在流动人口的管理上未能有效实现信息收集共享、联动反应、联合处置等，由于缺乏对少数民族流动人口进行信息化管理，难以第一时间根据大数据信息作出形势判断和处置安排。可见，及时完善少数民族流动人口数据监测管理，是未来城市民族工作需要重视的问题。

2. 少数民族流动人口就业社保权益有待加强

少数民族流动人口在城市中多以打零工、散工以及做个体小生意为主，基本上没有社会劳动保障，一旦遭受意外伤害，往往会对他们个人及家庭造成难以承受的打击。受限于我国户籍制度和社会保障政策的地域性要求，对于国家提供的各项社会保险和优惠政策，少数民族流动人口作为外来人员了解不够全面，也不能完全享受。

3. 少数民族流动人口享受优质教育权益有待加强

城乡之间、区域之间、群体之间的教育差异化问题仍然较大程度的存在。更多的优质教育资源集中在城镇地区，更多的教育机会给予了城镇地区的户籍人口，而流入城市的少数民族流动人口子女无法完全获得平等选择优质学校学习的机会。教育机会的不平等直接影响了教育结果的不公平，尤其是在中国现行高考体制下这一问题更为突出。

---

① 刘复：《南宁市召开2018年脱贫攻坚推进大会　王小东讲话　周红波主持》，http://www.gxcounty.com/news/jjyw/20180516/141951.html，2018 - 05 - 16。

（三）民族团结创建活动需要拓展提升

1. 民族互助的内容形式有待创新拓展

问卷调查结果显示，43.1%和36.7%的人认为对少数民族关怀照顾很好和较好，有近20%的人认为一般或还不够。从少数民族自身的获得感来看，随着经济社会发展成果的不断丰富，少数民族对于自身利益诉求日益增多，对于民族帮扶政策的落实要求也不断提高，因此需要探索建立双方共赢发展的互动式互助模式。南宁市在与结对城市共建产业园区（试验区）、共同举办投资推介活动，合作推动产业结构升级等方面的合作领域仍有待进一步拓宽。

2. 民族团结创建的社会参与有待加强

民族团结是全民共创、全民共享的社会活动，充分发挥公众参与能力是推进民族团结创建工作的主体力量。尤其是城市中的少数民族流动人口和乡村里的少数民族留守人口这两大群体在教育、就业、养老、医疗等层面的互助需求较大，而当前社区居委会和村委会的基层自治能力尚显不足，社会慈善组织的介入不多，广大民众的参与不力，导致社会层面的民族互助管理、互助帮扶、互助交往等形式单一，远远无法满足少数民族群体在社会层面的交往交流交融需求，社会民众的参与度亟待引导提升。

（四）影响民族团结的不和谐因素依然存在

1. 社会思潮多元化的冲击挑战需要高度警惕

我国社会思想观念和价值取向日趋活跃、多元，尤其是在新媒体时代下，各类社会思潮通过网络、自媒体等平台快速传播，社会公民随时随地能够接收到各类资讯，其中不乏影响民族认同和民族团结的信息；更有一些文化产品故意放大或歪曲中国特色社会主义事业建设过程中的民族矛盾与问题，如果不能及时作出正确的引导，有可能会影响公民对党的民族政策的理解，形成错误的民族意识，从而埋下不利于民族团结的非稳定因素。

进步的教育培训。另一方面要加强青少年群体的民族团结进步教育,不断扩大宣传教育的覆盖面。

(二)促进少数民族聚居区经济发展

1. 增强对少数民族聚居区的扶持力度

给予少数民族聚居区更多更有效的支持和扶助。一方面,在少数民族聚居区建立区别对待的考核体系,引导政府和干部队伍转变政绩观念和发展理念,将制定经济发展政策的理念真正从单纯追求 GDP 增长转变为积极帮助少数民族发展。另一方面,鼓励在民族聚居区培育发展民贸民品企业,给予这些企业更多的扶持和优惠政策,促使这些企业承担更多社会责任、吸纳更多少数民族就业。

2. 着力提升少数民族地区的发展能力

促进各民族之间的经济交融,根本在于着力提升少数民族地区的发展能力。相对于扶贫工程所着力进行的基础设施等方面的"硬件"援助而言,"软件"的支持常常只能于无形之中见效果,且投入周期长,收效甚微。一方面,进一步完善民族地区的专项扶助制度,给予这些地区长期的持续的资金和政策支持,打造政策和待遇高地。另一方面,结合民族地区的实际,制定"硬件+软件"相结合的引导政策,使援助和扶持更多向民族发展能力提升集聚、向"授人以渔"转变,这也应当成为新时期进一步坚持和完善民族区域自治制度的重要内容。

3. 大力发展少数民族文化产业和旅游业

加快民族文化产业基地建设,实施民族文化产业项目带动战略,持续做大做强少数民族文化产业,将少数民族的文化资源转变为产业发展优势,促使少数民族文化产业发展成为展现少数民族优秀文化的重要载体。鼓励和引导各少数民族民间手工艺品的制作、加工和开发,着力发展少数民族地区旅游业。通过促进少数民族地区文化与旅游产业融合发展,着力改善基础设施,有效带动当地的城镇化发展进程,通过少数民族旅游业的发展带动少数民族特色产业、物流运输业以及少数民族贸易等相关产业的持续发展。挖掘

2. 国内外敌对势力的挑衅破坏需要高度警惕

长期以来，国内外的民族分裂主义和国际敌对势力利用各种可乘之机制造挑拨民族关系的各种事端，千方百计试图进行分裂中华民族的渗透，也威胁着南宁市的民族团结事业和社会治安稳定。

四 促进南宁市各民族交往交流交融对策建议

（一）夯实各民族团结互助的思想基础

1. 提升民族认同感

加强民族认同感是增强民族凝聚力、促进民族团结的基础。民族认同不仅仅是指对自我民族有高度的认同感和归属感，更应涵盖对其他民族的认同和接纳。一是将民族认同感、民族互帮互助的理念与日常干部群众教育、中国传统历史教育、中华传统文化教育以及中华民族大家庭的教育结合在一起，努力增强各民族群众之间的团结意识、公民主人公意识以及互助友爱的意识。二是在民族认同的基础上，在日常的生活中尊重任何一个民族乃至民族成员的民族感情和民族自我意识，同时也要尊重单一的民族成员对中华民族大家庭的认同感和归属感。积极宣传中华各民族一起共同奋斗、合力御敌的光荣历史，不断强调汉族与少数民族之间一直以来相互依赖和融合共生的历史及其现实意义，使相互融合、共同发展的中华民族文化在各民族人民心目中扎根。

2. 深化和拓展民族团结示范活动

一是打造民族团结创建长效工作机制，推进创建工作的常态化。将民族团结进步创建活动纳入年度主题活动计划，继续实行创建工作领导小组机制和各部门调研、联点、帮扶、联席会议等工作制度，强化民族团结进步事业工作机制的系统性建设，同时完善制度保障和法治保障。持续完善和深化具有地方特色的"13456"立体服务平台，将"南宁模式"的民族事务服务体系制度化。二是加强民族团结进步教育。一方面要加强各级干部对民族团结南宁市各县区一些具有少数民族特色的文化资源和地方旅游资源，通过举办多样化的文化艺术活动、节庆旅游活动，发展现代的、富有民族文化特点的旅游业态，促进文化旅游的融合发展，从而带动少数民族文化产业的进一步发展。

（三）促进少数民族流动人口融入社区

1. 增强少数民族流动人口自我适应性

一是有效提升市区中少数民族流动人口的文化素质及其专业、生存技能。二是持续引导少数民族流动人口熟悉并遵守社区生活规范。首先，少数民族流动人口应当主动对南宁城市生活规范、城市精神进行熟悉和了解，尽快提升对市民角色的认知，尽快实现向市民居民身份的转变，提高在城市生活的适应性。其次，在社区中依托少数民族流动人口服务站，利用多样化的传播媒介，如报纸、宣传栏、微信、微博等，不定期地向少数民族流动人口宣传南宁市的地方性法规、民族政策等，并提供相关咨询服务，为他们能够了解并自觉遵守南宁市的城市管理规范提供便利，从而提升他们在城市生活的能力和归属感。

2. 加强外地来邕少数民族流动人口服务管理

一是树立管理和服务并重的理念。首先是在工作理念上，既要将这个群体视为流动人口管理，同时也要因其是少数民族群体而增强服务意识，摒弃重管理轻服务的旧观念。在工作实践中促使管理和服务互相有效促进，寓管理于服务，以服务促管理。其次是在服务方式的选择上趋于多样化。从少数民族流动人口多样化需求的角度出发，了解摸清他们的服务种类和需求量，调整服务工作的重心，实现真正意义上的供需对接。采取多种措施提供就业指引、培训及政策咨询服务，提升在邕少数民族流动人口的城市生存和发展能力。

二是使少数民族流动人口管理和服务主体趋于多样化。除了政府之外，积极利用、充分发挥社团组织、社区自治组织及企业等多类别主体的优势，营造社会合力，促进政府、社会组织以及企业等三类主体的共同治理，真正实现基层社会治理从"政府主导"向"社会协同"的转变。首先是社团组织的管理和服务功能。少数民族社团组织、行业协会的"自我管理"和"以少管少"比以政府为主导的基层治理更容易获得少数民族流动人口的认可。还可以通过政府购买服务、社工提供服务的形式，使社会组织、社工服务嵌入到社区管理当中。其次加强人口信息动态监测。促进社区内部管理系统与公安、教育、民政、医疗卫生等部门联网合作，进而对少数民族流动人口的信息进行采集和分类，并由此建立少数民族人口信息联络网，为少数民族群众提供出行、就医、求学等方面的信息服务。再次，在一些少数民族流动人口较为集中的企业，企业本身就可以担当起政府与流动人口之间有效沟通的桥梁，同时为其提供精细化服务。

三是构建常态化合作机制和协调机制。促进南宁市相关市直部门、区（县）构建相关的领导协调体制和常态化合作机制，形成少数民族流动人口服务管理的有效合力。充分发挥南宁市少数民族流动人口服务中心的功能，切实为少数民族流动人口协调解决实际困难，维护少数民族流动人口的合法权益。加强少数民族流动人口流入地和主要流出地之间的沟通协作和信息共享，注重"事前沟通"和"提前预防"，提高服务管理效果。

（四）推进各民族文化交流融合

1. 发扬和传承民族特色文化

建立和完善少数民族文化挖掘、保护、传承的政策，加大力度培养具有少数民族特色手工技艺的专业人才，积极发展少数民族文化事业及文化产业。对各个少数民族的历史文化资源进行有计划的挖掘、整理和开发，并推进传承，不断满足各少数民族群众的精神需求和文化交流传承需求。鼓励和支持非物质文化遗产的保护工作，不断加强少数民族文化生态保护的基地建设，加强对少数民族语言的保护力度和对少数民族文化遗产的保护和传承。

2. 促进各民族文化的开放与包容

各民族文化各有特色和精髓，要实现少数民族与汉族的交往交流交融，文化的开放包容，兼收并蓄就显得尤为重要，即在发挥主流文化主导作用的同时，也应当对各少数民族的特色文化采取包容的态度。铸造中华文化共同体意识，深刻认识各民族文化是中华文化的一部分，中华文化是各民族文化交融的结果，增强中华文化认同感。加大各民族文化的宣传，加大对少数民族文化的保护，积极开展各民族文化活动，弘扬中华优秀民族文化。不断丰富和创新各民族文化交流交往交融的载体，努力推进少数民族文化对外交流合作。

参考文献

[1] 徐祥运、朱子健、蔡振东、刘洪佐：《城镇化进程中民族交往、交流、交融问题研究——以辽宁省为例》，《大连大学学报》2018年第4期。

[2] 谭安：《民族团结示范区建设的优化措施》，《开封教育学院学报》2018年第4期。

[3] 姜永志、白红梅、李敏：《民族交往交流交融的社会心理促进机制及实现路径——基于社会心理学的视角》，《西南民族大学学报》（人文社会科学版）2018年第7期。

[4] 谢再志：《崇左市城镇化进程中民族交往交流交融的思考》，《法制与经济》2018年第4期。

[5] 刘利：《四川城镇化进程中民族交往交流交融问题研究》，《边疆经济与文化》2018年第4期。

[6] 王巧：《增进西藏高校藏汉大学生交往交流交融的文化逻辑向度研究》，《西藏研究》2018年第2期。

[7] 雷丽、项正文：《论西南民族走廊与民族交往交流交融的重要性》，《红河学院学报》2018年第1期。

[8] 张立哲：《新疆少数民族外出务工人员在当地交往交流交融实证研究——基于广东、江苏、安徽等地的调查》，《新疆社会科学》2018年第1期。

[9] 刘利：《新形势下四川城镇化进程中民族交往交流交融问题研究》，《青藏高原论坛》2018年第1期。

[10] 杨娟：《历史经验对新时期民族交往交流交融的启示研究——以毕节市为例》，《科教文汇（上旬刊）》2018年第1期。

[11] 代文乐：《中国共产党的民族交往交流交融思想研究》，西藏大学硕士研究生学位论文，2017。

[12] 阿依古力·依明:《刍议民族间"交往交流交融"理论:内涵、特征及影响因素》,《中共乌鲁木齐市委党校学报》2016年第3期。

[13] 杨须爱:《马克思主义民族融合理论在新中国的发展及"民族交往交流交融"提出的思想轨迹》,《民族研究》2016年第1期。

[14] 陈永亮:《关于"加强民族交往交流交融"理论的思考——中央民族工作会议精神学习体会》,《民族论坛》2014年第12期。

[15] 金炳镐、肖锐、毕跃光:《论民族交流交往交融》,《新疆师范大学学报》(哲学社会科学版)2011年第1期。

B.19
南宁市家庭医生服务模式研究

南宁市社会科学院课题组*

摘　要： 在国家大力推进医疗卫生事业改革发展的大背景下，如何做好家庭医生签约服务工作，为分级诊疗打下坚实基础，是建设健康南宁亟须解决的重要课题。结合南宁市家庭医生签约服务的运行现状和问题分析，建议南宁市逐步完善家庭医生服务工作政策指导体系，做实家庭医生制度为基础的分级诊疗模式，提升基层医疗机构医疗卫生服务水平，推进医疗卫生服务信息管理智慧化建设，分类探索家庭医生制度城乡签约服务模式，全面提升惠及全民的基层医疗卫生服务水平，实现人人享有基本医疗卫生服务。

关键词： 家庭医生　签约服务　医疗卫生服务

党的十九大报告提出实施健康中国战略，推进家庭医生签约服务，对于满足居民不同层次的就医需求，优化医疗卫生资源、提升医疗服务质量具有重大的现实意义。为贯彻落实国务院医改办等七部委《关于推进家庭医生签约服务的指导意见》等文件精神，2017年5月，广西出台了《关于推进

---

* 课题组组长：文晴　南宁市社会科学院科研管理所所长，高级经济师；梁瑜静，南宁市社会科学院科研管理所副所长，讲师；课题组成员：杜富海，南宁市社会科学院科研管理所科研人员，研究实习员；谢强强，南宁市社会科学院办公室科研人员，研究实习员；梁瑜群，南宁市妇幼健院友爱南路社区卫生服务中心，护士；牙米娜，农工党南宁市委社会服务科科长；申鹏辉，南宁市社会科学院办公室工作人员。

家庭医生签约服务工作的实施意见》，该意见对加快推进全区家庭医生签约服务工作提出总体目标要求，进一步明确签约服务主体和签约服务内容。南宁市积极推进落实，2017年11月正式印发了《南宁市推进家庭医生签约服务工作实施方案》，提出要以维护居民健康为中心，以围绕推进健康南宁建设、实现人人享有基本医疗卫生服务为目标，进一步转变基层医疗卫生服务模式，为推进分级诊疗奠定坚实基础。

一 南宁市家庭医生签约服务现状

（一）南宁市家庭医生签约总体情况

南宁市各县区按照自治区卫计委的部署要求，将家庭医生签约工作纳入卫生计生重点工作全面推进。截至2018年4月，南宁市共组建家庭医生团队1489个，参与家庭医生签约服务工作的医务人员5000余人，以县区为单位开展签约服务工作，常住人口签约率37.57%，重点人群签约率63.43%，建档立卡贫困人口签约率100%。签约数量、签约人口覆盖面以及重点人群保障情况，均已达到国家基本要求。

（二）南宁市家庭医生签约运行机构及人员配备情况

1. 南宁市卫生计生机构设置

家庭医生签约服务主要是以基层卫生机构为依托开展工作。如表1所示，2017年，南宁市基层医疗卫生机构为4348家，为南宁市家庭医生签约服务工作推进提供了基本的机构保障。各级医疗卫生服务机构的设置基本覆盖了从城市到农村整个网络体系，公共卫生机构的专业化建设也更加优化，辐射能力进一步提升，为发展家庭医生签约服务提供了有利的条件。目前，南宁市建成区内，社区卫生服务机构分为三种运行类型，政府主办的18家，公立医院主办的43家，社会力量主办的44家。各类不同性质的社区卫生服务机构在基础设施、硬件配备、人员配备等方面参差不齐，因此，在家庭医生签约服务工作推进中，各个机构的推进力度和落实情况也各不相同。

表1 2017年南宁市医疗卫生服务机构基本情况

单位：家

卫生服务机构	卫生服务机构分类	数量	合计	总计
医院		115	115	
基层医疗卫生机构	乡镇卫生院	121	4348	
	社区卫生服务中心（站）	113		
	门诊部、诊所、卫生所和医务室	2559		
	村卫生室	1555		
专业公共卫生机构	疾病预防控制机构	16	50	4515
	卫生监督所	14		
	妇幼保健机构	8		
	专科疾病防治所	1		
	急救中心	1		
	采供血机构	5		
	计划生育技术服务机构	5		
其他卫生机构		2	2	

资料来源：根据南宁市卫生和计划生育委员会提供的数据整理。

2. 南宁市全科医生队伍建设

南宁市家庭医生签约服务的主体由家庭医生团队负责，团队组成包括全科医生、社区护士、公卫医生、内外妇儿专科医生等，全科医生作为签约团队的主要骨干力量，近年来培养力度不断加强，队伍人数逐年壮大。截至2017年底，南宁市全科医生人数达1175人，取得全科医生培训合格证书的有826人，已注册349人（注册率29.7%）。2017年，每万常住人口全科医师数为1.64人，低于全国1.8人/万人的平均水平。仍有21个社区卫生服务中心（站）、27个乡镇卫生院未配备全科医生。从南宁市家庭医生团队总体情况来看，截至2017年底，南宁市共组建家庭医生团队1489个，全科医生数仅为1175人，从配备比对上可以看出，有部分家庭医生团队并没有保证至少包含一名全科医生。

（三）南宁市家庭医生签约服务的主要特点

1. 以家庭医生团队为主体的签约服务模式

南宁市家庭医生签约服务主要由基层医疗卫生机构组织提供，以家庭医生团队为主体开展服务。家庭医生团队组建分为两种情况，一是在城市建成区内，主要由社区卫生服务机构注册全科医生、临床执业医师、社区护士、公共卫生医师组成；二是在乡村地区主要由乡镇卫生院注册全科医生、临床执业医师、护士、公共卫生医师以及乡村医师等组成。家庭医生团队主要以基层卫生服务机构为平台，向签约服务对象，提供全程、连续、上门、有效的服务。

2. 规范签约基础服务与个性化服务共同进行

南宁市家庭医生团队主要为签约居民提供基本医疗、公共卫生和约定的健康管理服务。根据签约服务内容的不同可以区分为基础服务包和个性化服务包两大类。调研中发现，在城市建成区内签约居民享受基础服务包服务次数较多，质量较高。同时，各个社区卫生服务中心根据自身学科特色，通过个人申请服务，医生评估，设定项目，明确定价，反馈个人。在平等自愿原则下，居民可与家庭医生服务团队签订个性化服务包。目前，南宁市个性化服务包的签约服务在竹溪卫生服务中心得到了较好的试行推广。而在乡村地区，由于受到家庭医生团队配备不足以及居民自身因素的影响，包含65岁以上老年人免费体检、孕产妇跟踪回访、健康管理咨询等在内的基础服务无法做到全面落地，签约居民的服务获得感不高。

3. 开展居民健康教育增强签约服务吸引力

家庭医生签约服务不仅需要基层医疗卫生机构的具体执行，更需要广大居民的正确理解和主动参与。南宁市各社区卫生服务中心在辖区内定期开展多样化的义诊和卫生政策宣教活动，向辖区群众宣传家庭医生组建情况，如何参与签约服务以及签约服务后居民所能享受的基本公共卫生服务等内容，提高居民对家庭医生签约服务的知晓程度，扩大签约率。如：西乡塘区通过巧借本地语言搭桥，使宣传内容"立体化"，在基层医疗机构显眼位置设置网格服务团队信息公示牌；上林县以居民健康需求为导向，树立一桩一牌卫计宣传栏，建立"家庭医生微信群"，加强线上线下联动，构建医患沟通的桥梁，群众通过微信群咨询团队医生，实现签约居民与家庭医生的健康管理互动，反馈效果较好。

4. 社会办社区卫生服务机构勇于创新

在调研中发现，社会力量主办的社区卫生服务机构在推进家庭医生签约服务工作中，积极探索推广形式，通过上门入户走访，建档建册，宣传交流，建立微信群等拉近与居民之间的距离，提升居民对社区卫生服务机构医疗服务的认知度和信任度，最终带动了社区医疗卫生机构的业务拓展。如：竹溪社区卫生服务中心主动开展家庭医生签约服务，并通过开展上门服务、预约服务、个性化服务等方式不断推进家庭医生签约，扩大家庭医生签约数量、提高签约服务质量。

二　南宁市家庭医生签约服务模式存在问题及分析

（一）经费投入保障不足

南宁市家庭医生签约服务费是按照《广西壮族自治区家庭医生签约服务包及收付费的指导意见（试行）》（桂卫规〔2017〕4号）文件规定执行的，即：家庭医生团队为居民提供约定的服务，按年收取签约服务费，由基本公共卫生服务经费、基本医疗保险基金、个人三方分担，有条件的地区当地财政可予以适当补助。基础服务包收费标准暂定为15元（人·年），由基本公共卫生服务经费支付10元（纳入基本公共卫生服务经费统筹核算，专项管理）、医保基金支付5元（纳入签约居民门诊统筹支付金额，未参保的由个人承担）。2018年8月，南宁市出台了《南宁市家庭医生签约服务包及收付费实施方案》（南卫规〔2018〕2号）其中的标准沿用了桂卫规〔2017〕4号文件要求。基本公共卫生服务经费是用于保障基层医疗机构解决当前城乡居民存在的主要健康问题，面向全体居民免费提供最基本公共卫生服务，其中并未包含家庭医生签约服务工作。由于南宁市每年财政划拨给卫生院和社区卫生服务中心的公共卫生服务专项资金为50元（人·年），这一标准不足上海、杭州［120元（人·年）］的一半，仅为宁波［150元（人·年）］的三分之一，仅能基本满足日常的基本公共卫生服务工作开支。而南宁市将基本公共卫生服务经费中五分之一的费用抽取出来作为家庭医生签约专项服务费，直接影响了基层医疗机构正常开展基本公共卫生服务工作的经费保障，进而导致家庭医生团队的工作积极性不高，主动性不强。

（二）配套政策支持不足

基层医疗服务价格标准的政策文件没有根据物价水平及时调整。目前，南宁市基层社区卫生服务机构的医疗服务项目收费仍然按照2005年出台的《关于规范我区医疗服务项目及价格的通知》的标准执行，其中规定的许多医疗服务项目的收费价格已经不符合当下物价水平和医疗收费的实际情况。如：社区卫生服务中心的家庭病床巡诊费仅能收取5.1元/次，一般专项护理仅能收取3.5元/次，医护人员开展家庭医生服务的技术劳务价值体现不足，难以调动家庭医生团队的积极性，且医疗服务成本的增加，价格调整的滞后，导致基层医疗卫生机构运行压力大，家庭医生签约服务工作难以得到实质性的推动。缺少统一的规范性文件指导。南宁市尚未出台关于家庭医生签约服务工作流程、工作标准、操作规范等内容的规范性指导文件，在一定程度上影响了家庭医生签约服务的工作效率和工作质量，家庭医生团队的工作任务完成情况更多地体现在签约数量上，签约服务、居民反馈等具体事项则没有任何监管，"签而不约"的情况普遍存在。

（三）基层医卫人员匮乏

一是基层医疗机构人员配置比例不足。南宁市基层医疗机构卫生专业技术人员长期匮乏，导致家庭医生团队签约服务对象数量比例过高，无法保证签约后家庭医生服务的有效供给。如表2所示，截至2016年，南宁市各县区的基层医疗机构卫生专业技术人员共10006人，人员配置仅为1.432人/

千人,远远低于《中国2001~2015年卫生人力发展纲要》每千人口拥有卫生专业技术人员数量达到3.64人/千人的要求。执业(助理)医师共2976人,人员配置比仅为0.426人/千人,注册护士为3514人,配置比仅为0.503人/千人。

表2 2016年南宁市基层医疗机构卫生专业技术人员配置情况

县(区)	人口数	卫生专业技术人员		执业(助理)医师		注册护士	
		人数	配置比(人/千人)	人数	配置比(人/千人)	人数	配置比(人/千人)
青秀区	744653	1098	1.475	422	0.567	387	0.520
兴宁区	418491	555	1.326	222	0.530	190	0.454
西乡塘区	1210131	1127	0.931	431	0.356	405	0.335
江南区	595840	886	1.487	311	0.522	323	0.542
邕宁区	272450	420	1.542	113	0.415	132	0.484
良庆区	361761	397	1.097	124	0.343	148	0.409
武鸣区	571162	990	1.733	299	0.523	326	0.571
横县	905502	1309	1.446	323	0.357	403	0.445
宾阳县	820415	1238	1.509	260	0.317	476	0.580
上林县	360536	739	2.050	161	0.447	302	0.838
隆安县	315002	576	1.829	158	0.502	199	0.632
马山县	410157	671	1.636	152	0.371	223	0.544
合计	6986100	10006	1.432	2976	0.426	3514	0.503

资料来源:《南宁年鉴》,2017。

二是基层医疗机构全科医生队伍亟待充实。2017年,南宁市共有执业医师、执业助理医师23496人,其中全科医师仅有1175人,占比5%;每万常住人口全科医师数仅为1.64人,低于全国的1.8人。全市共有121个乡镇卫生院和113个社区卫生服务中心,其中有21个社区卫生服务中心、27个社区乡镇卫生院未配有全科医生,拥有1名全科医生的乡镇卫生院比例仅为77.69%,还未能实现全覆盖。按照《南宁市推进家庭医生签约服务工作实施方案》规定,原则上城市建成区内的家庭医生签约团队负责的居民人数不超过2000人，家庭数不超过800户，在乡村地区则不超过1000人、400户。但是在实际签约过程中，无论是建成区内还是乡村地区的家庭医生团队所负责签约服务的居民人数和家庭户数已经远远超出了方案的规定，如：青秀区七星社区卫生服务中心共组建7个家庭医生团队，服务居民人数近5万人，平均每个家庭医生团队需服务7000人，极大超出了家庭医生团队的服务承载能力。

（四）基层医疗机构服务能力有待提高

南宁市基层医疗卫生资源总量相对不足，部分基层医疗机构设施建设不达标，医疗服务能力有待提高。据统计，南宁市基层医疗机构的基础设施建设达标率仅为76%左右，部分基层医疗机构在基础建设、日常维护、设备购置、配套设施等方面都无法达到相应标准。按照《城市社区卫生服务中心基本标准》的要求，基层社区卫生服务中心的建筑面积不能少于1000平方米，但是实际上在南宁市部分社区卫生服务中心的业务用房面积不达标，并且有将近一半的社区卫生服务机构的经营用房是租赁性质的，特别是社会举办的社区卫生服务中心，主要通过租赁临街商铺开展医疗卫生服务，经营场地的稳定性无法得到保障。此外，乡镇卫生院用房老旧、医疗设备老化现象严重；偏远地区的乡村卫生站建设配备严重不足，更有部分直接设置在村医家中，用房面积远远无法达到国家标准要求，配备的诊疗设备也极为简陋，无法最大化满足广大群众的医疗服务需求。

（五）医疗管理信息化建设滞后

目前，南宁市日常运行的医疗管理信息平台主要包括国家卫生统计系统、广西人口健康信息业务应用子平台、健康扶贫系统、广西卫生计生信息综合管理系统、国家严重精神障碍信息系统、中国疾病预防控制中心系统等系统，这些信息系统的主管部门各有所出，不能实现数据信息之间的共享共用，致使出现基层卫生医疗数据信息重复录入、数据相互矛盾等问题，信息化管理效率较低。由于全市性的医疗管理信息平台建设尚未实现一体化，面向居民的服务信息平台建设也相对滞后，医疗机构之间也无法共享居民个人的诊疗信息，导致家庭医生服务与分级诊疗制度对接落地难以实现。

三 推进南宁市家庭医生签约服务工作的对策建议

（一）健全完善家庭医生服务工作政策指导体系

1. 出台家庭医生服务工作保障机制政策

尽快研究制定南宁市家庭医生服务工作，全面推进分级诊疗制度改革的顶层指导政策。在明确市委、市政府高位领导的基础上，建立卫生、财政、发改、人社等多部门联动协调机制。进一步细化保障性措施的量化要求，如：要通过科学核算，以财政预算定额比例的形式或者按人头补偿的形式，明确每年家庭医生服务工作专项经费投入、基层医疗卫生服务机构建设专项经费投入、基层医疗卫生服务工作人员培训专项经费投入等。

2. 出台家庭医生服务工作标准规范政策

建议尽快研究出台南宁市家庭医生服务工作相关管理办法或规范，科学制定家庭医生签约服务的工作内容和操作流程。一是明确人员配置。针对城区基层医疗机构和县乡基层医疗机构的具体实际，分类设置家庭医生服务团队的配置标准。二是明确服务对象和服务内容。以基本医疗和基本公共卫生服务为主要服务内容，针对不同的签约服务对象，提供适度、可及的基本医疗卫生服务。三是明确服务方式和服务流程。针对居民诊疗需求和日常健康管理需要，通过建立家庭医生联系卡、健康咨询积分等，为签约居民提供优先服务，如预约门诊、优先看诊、家庭诊疗、护理服务、双向转诊服务等，提高签约居民享有的服务质量。

3. 出台家庭医生服务工作激励考核政策

加强各级领导部门对于推进家庭医生服务工作的责任考核。构建"市—区—机构—家庭医生团队"四级绩效考核体系，开展综合考核。尽快出台针对不同性质基层医疗机构的日常经费运转考核奖励补偿政策。采取核定任务、定额补助及结余奖励相结合的方式，在保障完成核定任务指标的情况下，政府承办的基层医疗机构其收支结余（控制在一定比例内）可作为奖励基金、福利基金使用。设立针对社会力量承办的基层医疗机构的专项补偿奖励经费，根据核定任务完成情况考核评定等次，发放定额的补偿奖励经费。

4.调整家庭医生服务工作相关医保政策

建议根据《国务院办公厅关于进一步深化基本医疗保险支付方式改革的指导意见》（国办发〔2017〕55号）关于"完善按人头付费、按床日付费等支付方式"的规定，向上级主管部门和医保部门提出政策建议。建议按照年度签约服务人数比例，核定专项用于家庭医生服务的基本医保定额经费，推动南宁市乃至广西全区明确按人头付费的基本医疗服务包范围，保障医保目录内药品、基本医疗服务费用和一般诊疗费的支付；提高医保资金基层门诊报销额度比例，研究提高居民在基层医疗机构首诊住院、门诊慢性病、出院后康复护理等的报销比例等。

5.调整基层医疗机构医疗服务价格政策

建议由市物价、发改、卫计、人社、财政等部门联合研究，尽快出台调整南宁市基层医疗机构服务价格的政策文件，原则上应体现调整后政策与城市公立医院政策衔接，按二类公立医院收费标准的一定比例调整市定价医疗服务项目价格；明确部分医疗服务项目实行市场调节价，基层医疗机构可按规定自主定价；按照医生技术等级分类设置"一般诊疗费"收费标准；重点提高家庭病床建床费、家庭病床巡诊费、出诊费价格标准，提升家庭医生服务工作的价值认同。

（二）做实家庭医生制度为基础的分级诊疗模式

1.健全基层首诊、双向转诊制度

推进南宁市基层首诊、双向转诊制度的具体落实，真正解决家庭医生服务"签而不约"的问题。对签约家庭医生服务的人员实行转诊上级医院优先挂号、优先看诊、优先检查、优先住院等优惠政策，吸引签约居民的一般常见病、多发病首诊在社区、乡镇卫生院等基层医疗机构，与签约家庭医生建立起长期、稳定的诊疗关系。有条件的基层医疗机构可试行首诊病患根据病情发展，由签约的家庭医生出具转诊证明方可实施转诊；经上级医院诊疗后病情稳定、出院后进入恢复期等病例，则转回基层医疗机构进行康复护理和健康管理。

2. 全面推进医联体制度建设

积极协调市级医院与基层医疗机构建立医联体合作模式，通过对口培训、下沉诊疗、联合会诊、转诊优先享受服务等形式，提升基层医疗机构的综合服务水平。同时，医联体内部要协定市级医院提供一定比例的专家号源和床位预留给基层医疗机构的家庭医生团队，为经由家庭医生转诊的患者提供优先预约、优先就诊、优先检查、优先住院等便利，为家庭医生转诊提供绿色通道，提升签约居民享受多重优惠服务的获得感。

3. 建立慢病全程管理模式

慢病管理是家庭医生签约服务的重点内容。针对目前多发、早发的脑卒中、糖尿病的预防与诊治，要依托基层医疗机构，尽快建立起分级分类管理和筛查系统，为签约居民提供日常预防、病理筛查、指导治疗、恢复护理等健康管理服务，实现慢病的全程管理。同时，加快建立以覆盖主要常见病、多发病、慢性病为重点的双向转诊指南，充分发挥医联体中二三级医院的转诊收治作用，对于筛查出的高危人群，基层医疗机构按照程序逐级转诊，在病情得到稳定控制后，收治医院及时向基层医疗机构反馈治疗情况，签约家庭医生进行跟踪回访，继续做好后续管理工作。

（三）提升基层医疗机构医疗卫生服务水平

1. 实施基础设施提升改造

加大经费投入力度，分类推进基层医疗机构基础设施建设。根据社区卫生服务中心、乡镇卫生院、村卫生室（社区卫生服务站）等不同机构的服务特点和承载能力，设定配套基础设施的建设标准，在原有的建设基础上进行改造提升，业务用房基本建筑面积不足的，要实施扩建及内部功能性改造。制定细化南宁市基层医疗机构就医环境标准化设计要求，规范门面牌匾、统一装修格调，统一服务标识，提升医院形象，改善就医体验。根据实用适用的原则，提高社区卫生服务中心、乡镇卫生院、村卫生室（社区卫生服务站）医疗服务设备设施的配备标准，完善基本医疗服务功能。

2. 创新人才培养引进机制

采取县区一级统一组织招聘和基层自主招聘相结合的方式，创新基层人才优秀引进机制。建立引进人才绿色通道，对城区基层医疗机构引进医药卫生类本科以上学历或执业医师资格、县级基层医疗机构引进医药卫生类大专以上学历或执业助理医师资格人才的，可简化程序，直接考录。大力实施基层医疗卫生人员定向培养工程。适度扩大南宁市各县区农村订单定向免费医学生培养和全科医生特设岗位的招聘规模，健全完善定向培养人员履约就业后的工资待遇、激励提升等管理措施。可联合驻邕医学高职学校，研究制定村卫生室免费定向培养3年制高职医学生的试点工作规划，选取条件较好的县区试点开展村卫生室定向岗位培养，逐步推进村级医疗卫生队伍的新老交替。

3. 完善全科医生培养机制

统筹开展全市基层医疗机构的全科医生培养，按照年度分批推进的原则，设定各县区基层医疗机构人员开展全科医生培训的年度指标。同时，针对在岗执业（助理）医师、新招聘的执业医师或执业助理医师和医学本、专科毕业生以及农村定向免费培养本科生等不同人员，开展基地培训、转岗培训以及规范化培养等不同方式的全科医生培训。

（五）推进医疗卫生服务信息管理智慧化建设

1. 建设南宁市基层医疗信息管理系统

加快以健康档案为基础的区域卫生信息平台建设，研究打通南宁市内各县区基层医疗卫生机构之间的居民健康档案信息和日常诊疗信息的共享路径。科学合并信息上报体系，避免重复录入和重复上报等问题。研究编制"南宁市基层医疗卫生机构信息标准"，把基层医疗机构使用的药品目录以及疾病、手术和收费的编码进行统一编制，真正做到信息录入的规范化、科学化。

2. 开发"互联网+医疗"便民服务系统

开发统一的手机 App 应用，进一步打通家庭医生与签约居民开展健康管理、疾病咨询、诊疗预约等服务的渠道，让医生和患者之间建立长期稳定的关系。通过 App 应用的实名登录，建立起 App 应用用户信息和签约居民健康档案信息、医疗就诊信息的大数据库，为家庭医生开展诊疗、转诊等提供综合信息参考。

（六）分类推进家庭医生服务城乡签约服务模式

针对南宁市全科医生队伍的具体实际、不同性质基层医疗机构服务承载能力的差别以及居民素质水平的不同，建议推行"2+X"（即2为保底定量，包括1名全科医生和1名预防保健人员；X为变量，X个医疗卫生服务人员作为补充，X可根据基层医疗机构的实际情况确定）的改革模式，分类推进家庭医生服务城乡签约服务工作。

1. "2+1"家庭医生签约服务模式（政府主办的社区卫生服务中心）

政府主办的社区卫生服务中心属于财政全额拨款事业单位，人员配备编制有限，日常诊疗业务量不高，医疗卫生服务运转负载较重。基于这一实际，建议由政府主办的社区卫生服务中心对本辖区管理的居民开展"2+1"（即1名全科医生和1名预防保健人员+1名驻邕医学院校医学类专业学生志愿者）签约服务。建议由市卫计委与团市委统筹，组建驻邕医学类院校家庭医生志愿服务队伍，根据社区卫生服务中心的家庭医生团队组建情况动态更换配备学生志愿者，重点保障政府主办的社区卫生服务中心的志愿者配备。学生志愿者可发挥其专业特长参与家庭医生团队服务，缓解家庭医生团队负荷，真正要把家庭医生签约服务做到实处。

2. "2+3"家庭医生签约服务模式（医院主办的社区卫生服务中心）

医院主办的社区卫生服务中心属于医院的组成部分，人员配备较为灵活，医疗资源后盾较强，日常诊疗业务量较高，医疗卫生服务运转正常。基于这一实际，建议由医院主办的社区卫生服务中心对本辖区管理的居民开展"2+3"（即1名全科医生和1名预防保健人员+医院编制内1名专科专家、1名中医师、1名护士）签约服务。充分调动医院的医疗卫生人员力量，同时，在医院主办社区卫生服务中心先行试点实行社区首诊，双向转诊制度，对"2+3"签约居民实施社区卫生服务中心承办医院的门诊预约号源优先开放（安排30%的专科和专家门诊预约号源优先向家庭医生与签约居民开放），引导签约居民与家庭医生团队建立起长期互动关系，推进家庭医生签约服务落到实处。

3. "2+2"家庭医生签约服务模式（社会主办的社区卫生服务中心）

社会力量主办的社区卫生服务中心是医疗卫生服务市场化的重要载体，人员配备机制灵活，诊疗设备配备齐全，市场化管理模式成熟，医疗卫生服务运转较有活力。基于这一实际，建议由社会力量主办的社区卫生服务中心对本辖区管理的居民开展"2+2"（即1名全科医生和1名预防保健人员+1名中医师、1名护士）签约服务。探索建立以基本医疗和基本公共卫生服务在内的基础服务为主的多层次家庭医生签约服务模式，突出医疗团队的特色，设计更多定制的家庭医生个性服务包，充分调动医院的医疗卫生人员的工作积极性。通过家庭医生签约服务工作的开展，帮助社区卫生服务中心与广大居民建立起稳定良好的往来关系，进一步提升居民对社区卫生服务中心的信任度，有效推动中心其他诊疗业务发展。在此基础上，可以根据居民需求试点开展医保慢性病签约、个性化签约等，在做好日常免费公共卫生签约服务的前提下，针对重点疾病健康管理以及儿童、老年人、孕产妇重点人群健康管理等，量身设定消费型的家庭医生服务包，为签约居民提供家门口的便捷式医疗服务体验，为家庭医生签约服务工作的深入开展探索路子。

4. "2+1"家庭医生签约服务模式（乡镇卫生院及乡村卫生室）

乡镇卫生院及乡村卫生室是基层老百姓医疗服务的提供主体，人员编制不足，人才缺口大，诊疗设备配备落后，医疗卫生服务承载负荷过重。基于这一实际，建议由乡镇卫生院及乡村卫生室对本辖区管理的（居民）村民开展"2+1"（即1名全科医生和1名预防保健人员+1名乡村医生）。由于乡镇卫生院全科医生数量太少，建议以购买服务、分片招标的形式，向乡镇私人诊所进行全科医生及预防保健人员的服务招标，根据中标情况，核定签约人数，支付相关工作经费。同时，要确保每个村屯片区的家庭医生团队必须有1名乡村医生参与，这样有利于家庭医生团队与签约居民（村民）的服务开展。此外，要加强乡镇卫生院与市级医院的医联体建设，提供更多转诊优惠政策，让广大居民（村民）拥有更多签约福利，提升家庭医生签约服务的获得感。

参考文献

[1] 石斌、胡贝贝：《家庭医生签约模式的现状及展望》，《中国社区医师》2018年第13期。

[2] 周晓容、邓靖、彭美华：《农村地区家庭医生签约服务现状及对策研究》，《卫生经济研究》2018年第4期。

[3] 冯莉莉：《签约式家庭医生服务现状分析及发展方向调查研究》，《赤峰学院学报》（汉文哲学社会科学版）2018年第3期。

[4] 王冬阳、陆雅文、王梦圆、黄晓光：《江苏省家庭医生签约服务的现状及对策》，《中国卫生资源》2018年第2期。

[5] 王培芳、刘小翠、何珍珍：《激励相容理论视角下推进家庭医生签约服务策略》，《卫生职业教育》2018年第3期。

[6] 潘公益、杨烨：《我国家庭医生团队服务模式的研究现状》，《中国全科医学》2017年第28期。

[7] 沈鹏悦、刘晓珊、李瑞锋：《我国家庭医生签约服务发展现状分析》，《中国医药导报》2017年第26期。

[8] 刘原：《哈尔滨市家庭医生制服务现状问题及对策研究》，《黑龙江中医药大学》2017年第1期。

[9] 杨阳：《广州市家庭医生式服务的效果评价研究》，《南方医科大学》2017年第1期。

[10] 赖银君：《广州市试点地区家庭医生式服务利用现状及影响因素的调查研究》，《广州医科大学》2017年第1期。

[11] 杨颖、张津豪、冯俊剑、李晓森、刘智勇：《深圳市社区居民家庭医生签约现况及影响因素分析》，《中国卫生信息管理杂志》2017年第2期。

［12］程东英：《基层家庭医生签约服务模式推进现状与建议》，《中国农村卫生事业管理》2017年第2期。

［13］王妮妮、顾亚明、柳利红、陈定湾、沈清、钟要红：《浙江省家庭医生签约服务现状及对策》，《卫生经济研究》2015年第3期。

［14］方少华：《全民医保背景下实现分级诊疗的路径研究》，《卫生经济研究》2014年第1期。

B.20
南宁市隆安县易地扶贫搬迁震东集中安置区可持续发展对策研究

南宁市委政研室课题组*

摘　要： 隆安县易地扶贫搬迁震东集中安置区是南宁市易地扶贫搬迁人数规模最大的安置点。安置点搬迁工作能否扎实推进，直接关系到全市脱贫攻坚的目标实现和脱贫质量。本文在调查研究的基础上，从集中安置区、项目推进及群众搬迁三个方面系统阐述了震东集中安置区建设发展的基本情况，深入阐释分析了震东集中安置区可持续发展面临的若干问题，最后重点从成立管理机构、完善管理机制、健全基础设施、优化公共服务等方面，提出了对策建议。

关键词： 易地扶贫搬迁　震东集中安置区　可持续发展体制机制

隆安县易地扶贫搬迁震东集中安置区是南宁市易地扶贫搬迁人数规模最大的安置点，计划接纳安置贫困群众超过2.4万人。安置点搬迁工作能否扎实推进，直接关系到全市脱贫攻坚的目标实现和脱贫质量。探索建立完善安置区可持续发展体制机制，从根本上解决扶贫搬迁户的就业、就学、就医、

---

* 课题组组长：梁国禄，南宁市委副秘书长、政研室（改革办）主任。课题组成员：梁智忠，南宁市委副秘书长、办公室副主任、档案局局长；李耿民，南宁市委政研室（改革办）副主任；吴坚宁，南宁市委政研室（改革办）副科长；高琳，南宁市政府发展研究中心副科长；王造兰，南宁市委党校副教授；宗高伟，南宁市委政研室（改革办）干部。

社保等问题,确保群众搬得出、稳得住、能致富,并为全市乃至全区易地扶贫搬迁工作可持续发展提供经验借鉴,具有重大意义。根据市委工作安排,调研组通过召开座谈会、实地考察、入户走访、查阅资料等形式开展专项调研,掌握了翔实的第一手材料,并在认真分析研究的基础上提出了相关对策建议。

一 震东集中安置区建设发展基本情况

(一)集中安置区概况

震东集中安置区位于震东新区中心,与主城区隔江相望,地理位置优越。震东新区地处城厢镇震东与宝塔片区之间,范围西至南百高速公路隆安出入口引道,南至右江河岸,北至点灯山山岭,东连自治区 A 类产业园区宝塔医药产业园,处在隆安县城总体规划核心范围内,与县城建成区形成"一江两岸"城镇构架(见图1)。

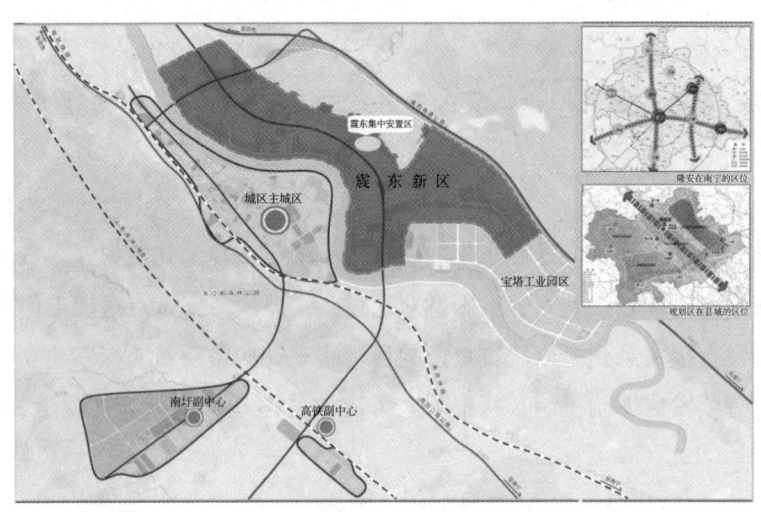

图1 隆安县易地扶贫搬迁震东集中安置区区位

震东集中安置区占地368.6亩，建设安置房43栋，层高17层至23层，共5970套，设计了两人户（50㎡以下）、三人户（70㎡左右）、四人户及以上（90㎡左右）三种户型。震东集中安置区计划安置的移民搬迁户来自9个乡（镇），119个村（社区），共5970户，24410人，接近隆安县城现有人口总数的60%（县城人口约4万人）。

隆安县是国家级扶贫开发重点县，也是全国14个集中连片特困地区之一的滇桂黔石漠化区县。震东集中安置区是隆安县探索统筹落实中央、自治区易地扶贫搬迁、生态移民、新型城镇化三种政策的试验田，是探索石漠化片区治理县扶贫搬迁、生态移民集中安置的重大项目。同时，震东集中安置区还是隆安县探索易地扶贫搬迁集中安置区、县城新区、产业园区产城融合统筹建设的重要示范区，安置区按照县城新区的标准规划建设，新区和宝塔产业园连接，形成产城融合区。可以说，震东集中安置区是隆安县政策洼地，同时享受着国家、自治区以及南宁市各类相关优惠政策。

（二）项目推进概况

2013年以来，隆安县深入实施隆安县震东扶贫生态移民与城镇化结合示范工程，全面加快震东集中安置区建设，为努力实现搬迁群众"搬得出、留得住、能致富"做了大量工作。2013年9月，组织策划隆安县震东扶贫生态移民与城镇化结合示范工程。2014年8月，完成隆安县震东扶贫生态移民与城镇化结合示范工程概念性总体规划修编工作和工程建议书的上报审批工作，并于2015年获得自治区发改委批复。2015年2月，先行启动县城体育健身活动中心、宝塔实验小学、县城西宁水厂等公共服务配套项目建设；8月出台了《隆安县震东扶贫生态移民与城镇化结合示范工程（一期）项目实施方案》和《隆安县震东扶贫生态移民与城镇化结合示范工程实施方案（2015~2020年）》；10月，开始推进征地拆迁、土地平整等项目前期工作，工程项目开始陆续动工建设。2016年8月，正式启动震东集中安置区安置房小区建设工作，同步启动市政基础设施一期路网建设。2017年4月，出台《隆安县易地扶贫搬迁工程项目管理办法》（暂行）和《隆安县易

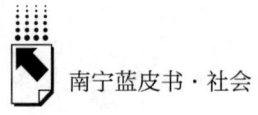

地扶贫搬迁工程项目资金管理办法》（暂行），进一步规范工程建设管理。2018年，隆安县制定出台了《隆安县易地扶贫搬迁工作实施方案》。目前，隆安县针对震东集中安置区在基础设施建设、基层组织建设、社会综合治理、就业社保教育等方面存在的问题，正在加快研究出台《隆安县易地扶贫搬迁震东集中安置区可持续发展方案》。

（三）群众搬迁情况

震东集中安置区由昌泰茗城、和鑫佳园、东森悦府3个小区组成。截至2018年8月13日，震东集中安置区内的昌泰茗城小区已全部完成建设并移交物业公司管理，和鑫佳园小区的10号、11号、12号楼正在进行电梯安装与调试，东森悦府小区4号、5号、6号、7号、8号楼正在加快外墙装修与电梯安装，并于8月15日前完成外架拆除工作。震东集中安置区已完成交钥匙5636户23384人（11批次抽签分房共5689户23839人，其中53户455人抽签后自动放弃搬迁资格，退回相应房号），余下334户1026人计划于2018年8月底前完成交钥匙目标。昌泰茗城小区搬迁户与物业公司签订装修协议2127户，实际进住装修1856户，装修完毕已入住42户；和鑫佳园小区搬迁户与物业公司签订协议1364户，实际进住装修865户，装修完毕已入住71户。

二 震东集中安置区可持续发展面临的问题

党的十八大以来，隆安县委、县政府深入贯彻中央关于"易地搬迁脱贫一批、生态补偿脱贫一批"决策部署，全力谋划推动震东集中安置区建设发展，做了大量卓有成效的工作。但是，要推动安置区高质量可持续发展，还存在不少问题。

（一）集中安置区管理机构尚未设立

震东集中安置区的管理机构设置还未完全确立，各方面建设管理工作一直都由工程指挥部和县移民搬迁专责小组来承担，缺乏稳定性和权威性，管理力度和管理效率非常有限。随着搬迁户陆续装修入住，安置区的社会管理事务日益增多，各类问题也随之而来。没有正式的管理机构履行职能，就会导致责任不清，难以保证各项政策措施在集中安置区落地生效，难以保证安置区后续管理和服务日趋走上规范。

（二）小区基层组织建设亟须跟进

震东集中安置区的党组织和社区用房正在规划建设，虽然阵地选址已经落实，但组织建设的载体尚未搭建，相关职能机构、人员待遇等问题至今尚未明确。据统计，搬迁户中党员共有283人，来自9个不同乡镇、几十个不同的村屯，其中61岁以上老党员134人，占党员总数的47.52%。安置区仅是建立了临时党支部，对于干部的历练培养、未来党建工作的衔接等缺乏长远考虑。安置区党建将完全改变过去"一村一阵地"的村党支部组织模式，将按城市社区模式进行综合治理，如何以城市基层党建工作要求推进基层党建工作，有关部门尚未深入系统思考，尚未形成清晰明确的工作思路。同时，安置区的社区管理、物业管理、服务保障等也尚未建立完善，服务管理工作主要由工程指挥部和县移民搬迁专责小组来承担。和祥物业公司虽已入驻，但还未收取物业费，公司以亏本形式运营，今后如何收缴物业费，进行有效管理是个大难题。

（三）功能设施建设较为滞后

3个安置房小区中，昌泰茗城虽已全部竣工，和鑫佳园、东森悦府也已全部封顶，但相关配套功能设施仍未完善，建设进展缓慢。如：周边规划建设的13条道路、3座桥梁，仅完成了一期路网7条道路建设。污水处理厂尚未建成，污水管道尚未全部成网。燃气管道过江工程尚未开工，安置区尚未埋设燃气管道，搬迁户只能使用液化燃气罐，不符合"高层建筑内必须采用管道供气"规定。规划配套建设的粤桂小学2018年5月开工建设，计划于2019年秋季学期才能投入使用。规划建设隆安县第五中学已落实建设用地，正进行总平规划设计等前期工作，等待资金筹措到位后才能开工。基层医疗卫生服务配套尚未完善。小区电动自行车消防充电桩建设和停放场所等生活配套设施尚未建成。

（四）周边配套公共服务有待完善

现有教育资源远远不能满足搬迁户子女入学需求（见表1），师资力量短缺（全县范围内小学教师缺口607名、初中教师缺口85名，影响到安置区的教育服务水平）。基层医疗技术人员尤其是临床医生和中医类医生较为紧缺，难以满足新增搬迁人口就近就医需求。搬迁户由农村居民转变为城镇居民后，因生活成本增加、家庭收入不稳定等因素，如果缴费也按照城镇居民标准执行，可能会影响到居民社保费用的缴纳。震东集中安置区的街道、地名、门牌和路网等大多尚未命名，公安机关不能及时为搬迁户解决和办理户口落户。调研发现，很多搬迁户也不愿意将户口迁至安置区，这种"人户分离"现象可能在民政、卫生、计生、社保、就业培训等方面会产生诸多问题。社区缺乏指导居民进行文体活动的专门骨干人才和文体设施管理人员，小区文体活动有待丰富。

表1 震东集中安置区搬迁户子女2018年秋季学期就读情况统计

单位：人

年级	幼儿园	小学人数	初中
预计总人数	1000	2324	1144
可以解决就读人数	220	450	345
尚待解决就读人数	780	1874	799

资料来源：实地调研整理。

（五）群众就近就地就业压力较大

震东集中安置区搬迁5970户24410人，其中劳动力人数为13290人。这些劳动力主要是在家务农（含打零工）、在县内长期转移就业务工、在县外务工三类人群（详细数据见表2）。

表2 震东集中安置区搬迁户劳动力就业情况一览

单位：人

务工类型	在家务农、打零工	县外务工	县内长期转移就业务工
搬迁前	4805	6264	2221
搬迁后计划	2486	4812	5992
搬迁后县内岗位需求	—	—	3771

资料来源：实地调研整理。

可以预见，搬迁后县内的劳动岗位需求量将新增加约3771个。目前产城融合区（宝塔医药产业园区）企业已招用工947人（计划用工2808人，还可以提供就业岗位约1861个，但岗位条件与搬迁群众就业意愿和能力不一定相符），尚有2824个劳动力就业需要县内就近解决。另外，这些搬迁户劳动力普遍存在年龄偏大、文化水平偏低、无技能、观念落后等情况，要提升其就业创业能力工作难度大。

（六）社会综治工作面临较大挑战

震东集中安置区的搬迁人口数量多、成分复杂（其中，刑满释放人员15人、社区矫正人员11人、精神障碍患者133人、吸毒人员18人，4类特殊人群共计177人，占总人数的0.98%），来自不同乡镇、不同村（社区），在风俗习惯、生活习性、姓氏宗派等方面存在较大差异，集中统一搬迁到城镇生活，容易引发新的社会问题，给安置区维稳工作带来前所未有的压力。随着安置区入住人口增加，警力难以满足安防需求。小区相应的技防建设滞后，社会治安视频监控系统较少，偷盗等危害社会治安现象时有发生。消防管理滞后，现役公安消防站有效作战半径不能覆盖震东新区，缺少物联网消防报警系统。矛盾纠纷调处化解机制不健全，公共法律服务推广范围较小。

（七）搬迁群众观念有待转变

调研发现，搬迁群众的思想在很大程度上受传统观念影响较深，如

"故土难离"的传统农耕思想根深蒂固,尽管安置区条件比原居住地要优越,但很多群众认为"金窝银窝不如自己的土窝"。部分群众不愿意搬迁,舍不得离开故乡,尤其是家里的老人要守住老屋、祖坟,不愿改变现状。有的搬迁户既想获得安置房,又不愿意拆旧房,既想获得安置区城镇居民的福利,又想保留原居住地的既得利益。有的搬迁群众一时未能改掉农村的生活习惯,难以适应城市小区的集中管理。

(八)如期完成搬迁任务难度较大

按照自治区易地扶贫搬迁任务要求和验收标准,到2018年底,震东集中安置区必须符合搬迁入住条件,所有搬迁户共5970户必须完成装修并入住。然而,截止到2018年8月13日,安置区搬迁户办理装修手续仅3491户,进住装修2721户,完成装修并入住113户。2018年底全部完成搬迁入住任务有较大难度。

三 震东集中安置区可持续发展的对策思考

推进震东集中安置区可持续发展是一项复杂的系统工程,也是一项艰巨工作,南宁市相关部门及隆安县应该立足当前,谋划长远,坚持目标和问题导向,采取有力措施,破解各项难题,确保震东集中安置区完成搬迁各项工作任务,逐步建立完善安置区可持续发展体制机制。可考虑采取以下措施:

(一)加快成立职能管理机构

研究成立震东集中安置区管理机构,在城厢镇人民政府挂牌,实行政区合一、合署办公的管理模式。管理机构领导与城厢镇党政领导交叉任职,负责整个新区的开发建设和社会事务管理,进一步发挥基层政府主导作用。另外核定1~2名领导职数专用于新区管理工作,可根据工作需要在城厢镇人民政府考虑增设有关内设机构,通过内部统筹调整,市级有关部门给予相应支持。

（二）探索建立完善社区管理服务机制

一是加强安置区基层党组织建设。理顺临时党组织的管理，切实加大指导力度，确保集中安置区完成整体入住前临时党组织作用的发挥。在过渡时期，可考虑探索第一书记工作管理模式。同时，鉴于全部搬迁入住党员达283人的规模，建议由隆安县委审批设立安置区社区党委，具体负责社区党建工作、发挥领导核心作用。搭建起"城厢镇党委—社区党委—小区党支部—楼栋党小组—单元党员户"的组织架构，确保党组织建设全覆盖。二是加快完善社区管理工作机制。在社区设立前，可在安置区临时党组织的牵头下，探索建立安置区居民自治管理委员会，指定有关人员开展搬迁入住群众管理服务工作。整体搬迁入住后，参照城市社区居民委员会标准成立安置区社区居民委员会，设立社区公共服务站，建设党群综合服务中心，落实办公用房和工作人员，为搬迁群众提供一站式服务。探索推行社区—社会组织—社工"三社联动"服务管理工作机制，加大社区组织培育和引进力度，让更多社会组织参与社区服务管理。三是加强安置小区物业管理。尽快落实物业服务企业，由政府按市场化模式加快引进信誉好且管理水平高的物业公司入驻服务。尽快制定小区管理规约，对有关物业的使用、维护、管理及业主的权利义务及违约责任等事项作出约定。每个安置小区要组建一个业委会，每栋安置楼应安排楼栋长，建立楼栋长信息管理机制，配合小区物业公司管理好小区。

（三）扎实推进各项基础设施建设

一是推进市政项目建设。抓紧抓好集中安置区燃气、饮水等群众诉求迫切的民生重大项目建设，加快城市道路、排水、通信管网管线等项目建设，逐步推进桥梁、园林绿化、生活垃圾处理设施等建设。二是推进公共服务配套设施建设。重点加快粤桂小学、社区医疗卫生服务站等项目建设，加快第五中学等设施建设，逐步推进县妇幼保健中心、县中医院、养老院、残疾康复中心、"那"文化博物馆等项目建设。三是推进小区内部配套设施建设。

加快电动车充电桩、小区绿化、健身路径、路灯照明等项目建设。以上硬件设施项目建设，要严格按照定人、定责、定时间、定进度的"四定"要求，排出工作日程表，倒排工期，顺排工序，在安全施工前提下，保证安置区各项设施建设符合验收标准。

（四）着力完善配套公共服务

一是建立完善户籍管理制度，加快研究出台流动人口"居住证"制度。结合户籍制度改革，研究出台融居住登记和就业、社保、租房、教育等多种服务管理功能于一体的居住证制度，解决"人户分离"带来的系列问题。二是有效整合教育资源。尽快摸清底数，统筹教育资源，制定工作方案，可以考虑通过扩大原有学校规模、扩大现有班级规模、利用民办教育资源等途径，暂时缓解搬迁户子女读书压力，解决过渡时期搬迁户子女就学问题。加大对教育的政策扶持，可以考虑通过实习支教等方式多渠道充实师资队伍。三是加快设立医疗卫生服务机构。统筹县城、城厢镇周边医疗资源，加快规划建立基层医疗卫生机构，统筹做好爱国卫生、疾病防控、计划免疫、卫生计生监督、计划生育服务等工作，大力引进和培养医疗卫生人才，尽快解决搬迁群众就近就医问题。实施健康素养促进行动项目建设，开展健康宣传。四是加快研制搬迁户社保衔接方案。保持社会保障工作衔接性，做好迁出乡镇与县城低保、医保和养老保险等转移接续工作，从高从优落实政策，逐步构建完善社会保障体系。鼓励符合条件的搬迁进城贫困人员参加职工社会保险。五是建立完善公共文化服务体系。充分发挥社区综合文化活动中心、体育健身活动中心的功能，提高公共文化体育服务水平。实施"广电云"村村通户户用工程，着力抓好广电项目建设。扶持一些基层文艺队伍，培养一批文化骨干，组织开展各类文体活动，增进互动交流。

（五）以产城融合促进就业创业

一是依托宝塔产业园带动就业创业。以宝塔医药产业园区为平台，发挥粤桂扶贫协作机制作用，争取引进更多劳动密集型产业项目落户。加大对园区企业扶持力度，对落户园区的企业（不限于来自广东的企业），都应在吸纳就业、社保缴交、岗前培训等方面给予奖补。加快农民工（移民）创业园建设，落实好各类政策扶持措施。二是做好震东集中安置区周边产业规划布局。积极发展县城商品经销、物业管理、餐饮、运输、加工等服务业，在集中安置区规划建设商业街、市场、酒店及商铺摊位等，加大新区内社区、环卫、绿化、安保、交通协管、公共设施管护等公益性岗位开发力度，向搬迁群众提供就近就业机会。三是做好创业就业服务。结合社区党支部、社区建设相关工作，抓紧成立集中安置区就业社保服务工作站，负责集中区内就业社保政策落实等各项服务工作。定期开展针对性劳动技能培训，引导支持有文化、有技能、有经营能力的搬迁户劳动力自主创业。

（六）抓好社会治安防控体系建设

一要设置公安机关派驻机构。尽快落实场地选址、机构设置、人员编制，组建专职巡防队伍，成立社区民警，增加警力巡逻，确保警力有效覆盖震东集中安置区，提高周边社会治安防范能力。二要依托综治中心打造智慧安防。抓紧设立综治中心，建成集综合治理、治安防控和雪亮工程为一体的综治信息指挥平台，依托平台打造智慧社区安防，实现对新区人、车、物各类目标全方位视频图像信息的采集与全警种应用，提高小区的智能化安防水平。三要大力推行网格化管理。有效整合公安民警、司法专干、综治干部、社区协管员，组建网格员队伍；推行县、乡、社区三级联动的新区网格化运作模式，构建事事入格的"全科网格"。强化对精神病人、刑满释放人员等特殊人群的服务管控工作，严防刑事案件和个人暴力事件发生。四要加强交通安全管理。建设震东新区交通管理中队，加强对新区公共交通安全管理，严厉打击危害公共交通安全行为。合理规划、配套建设停车场地，设置临时停车泊位，完善新区道路交通标识，健全交通信号和监控系统。五要强化消防安全管理。优先推进安置区市政消火栓建设，加快小区内微型消防站建设。在安置区高层建筑顶端架设消防视频监控，提高预警能力。针对当前安置区未通燃气，居民仍然使用液化燃气罐的状况，要注意加强消防安全防范宣传工作，最大限度消除安全隐患。六要加强矛盾纠纷排查调处化解工作。在社区设立矛盾纠纷调处室，具体负责排查、发现、掌握各类矛盾纠纷和不稳定因素，把矛盾纠纷化解在萌芽状态。设立公共法律服务中心，将法治宣传教育、法律援助、律师服务、公证服务、人民调解等司法行政工作业务覆盖到安置区。

（七）持续开展精神文明建设活动

一要加强精神文明阵地建设。在震东集中安置区建设完善功能一体的基层综合性文化服务中心，利用互联网技术推进公共数字文化建设，规划公共设施宣传文化阵地建设，利用阵地向搬迁群众传播正能量。二要组织群众性精神文明创建和文化活动。开展扶贫扶志文化系列活动，开展"星级文明户"评比活动、关爱未成年人志愿服务等文明创建活动，提升社区文明程度。三要开设"三大课堂"。结合新时代讲习所，发挥政策理论、致富经验、技术就业等三大课堂的积极作用，提高搬迁群众能力素质。

（八）切实保障搬迁户在农村的合法权益

一要保障搬迁户土地权益。可以考虑暂时保留搬迁户的土地使用权，设立过渡期，优先把各项强农惠农政策和项目资金向迁出区安排，推进搬迁农户承包地、山林地有偿流转，支持农业产业化龙头企业对迁出地土地进行集中开发经营，使搬迁户继续享有土地承包经营的各项收益。二要保障政策性林权补助收益。搬迁农户迁出后，按照相关政策享受的公益林补助在一定时期内可以考虑继续予以保障。搬迁农户对符合条件的承包地进行退耕还林或对未利用地进行植树造林的，可以考虑优先享受政策规定的退耕还林或植树造林补助。三要稳妥开展拆除旧房和复垦工作。开展搬迁农户旧房拆除和宅基地复垦试点工作，以点带面，分阶段全面深入实施。尊重搬迁户意愿，按规定及时兑现旧房拆除奖励，在搬迁后两年左右的时间内完成拆除旧房工作，推进土地"增减挂"步伐。农户宅基地复垦的土地和其他土地应当享有同等权益。

参考文献

［1］王宏新、付甜、张文杰：《中国易地扶贫搬迁政策的演进特征——基于政策文本量化分析》，《国家行政学院学报》2017年第3期。

［2］张世勇：《规划性社会变迁、执行压力与扶贫风险——易地扶贫搬迁政策评析》，《云南行政学院学报》2017年第3期。

［3］汪磊、汪霞：《易地扶贫搬迁前后农户生计资本演化及其对增收的贡献度分析——基于贵州省的调查研究》，《探索》2016年第6期。

［4］何得桂、党国英、张正芳：《精准扶贫与基层治理：移民搬迁中的非结构性制约》，《西北人口》2016年第6期。

［5］邢成举：《搬迁扶贫与移民生计重塑：陕省证据》，《改革》2016年第11期。

B.21
南宁市优化营商环境调查分析与思考

国家统计局南宁调查队课题组*

摘　要： 近年来伴随着改革开放进一步深入和社会主义市场经济体系日趋完善，营商环境开始进入党和政府的治理视野，是在中国特色社会主义进入新时代的大背景下，从中央到地方各级政府推进全面深化改革和体制机制创新的重要内容。本报告对南宁市十一年来投资环境现状进行了详细描述和实证分析，指出了现行南宁市投资环境满意度调查评价体系的局限性，并从通力协作，形成推进南宁市营商环境优化整体合力；运用新思维、新办法推动营商环境优化向纵深发展；厘清政商界限，正确处理政商关系等方面提出了优化南宁市营商环境的对策建议。

关键词： 投资环境　营商环境　评价体系

一　营商环境的内涵及意义

（一）营商环境的内涵

营商环境主要指企业在开设、经营、贸易活动、纳税、关闭及执行合约等方面遵循政策法规所需的时间和成本等条件。优质的营商环境，不仅是企

---

* 课题组组长：谢智，国家统计局南宁调查队党组书记、队长；课题组成员：苏霓、赵录贵、周伟明、李平平、吴笛、张善海、覃宏珍。

业良好发展的重要因素，也是一块招商引资的"强力磁铁"。世界银行发布的一项报告表明：良好的营商环境会使投资率增长 0.3%，GDP 增长率增加 0.36%。营商环境也因此成为一个国家或地区有效开展国际交流与合作、参与国际竞争的重要依托，是一个国家或地区经济软实力的重要体现，是提高国际竞争力的重要内容。欧美、日韩等发达国家以及我国香港地区具有非常良好的营商环境，建立起了先进的制度，采用了适合本地情况的政策措施。厦门、汕头等地也于近几年提出了提升营商环境的战略，形成了一系列良好的做法。当前南宁市深入推进供给侧结构性改革，努力实现降成本、补短板、稳投资，因此南宁市的营商环境如何，优势是什么，问题出在哪里，该如何应对等一系列必须审视和回答的重大现实问题摆在我们面前。本课题根据《南宁市人民政府办公厅关于印发南宁市县（区）和开发区投资环境监测调查实施意见的通知》（南府办〔2012〕69号）文件要求，参照广西投资环境监测调查指标体系，结合南宁市实际情况，从企业层面选择自然资源环境、基础建设、公共设施、社会环境、政策环境、法制环境、政务环境、经济环境、经营环境、整体投资环境评价、企业创新情况等十一组指标，通过对南宁市 1060 家样本企业调查问卷的数据处理和分析，力图客观描述南宁市企业营商环境的基础现状与薄弱环节，探讨改善营商环境的思路举措，为南宁市加快建设"四个城市"，勇当广西"两个建成"排头兵提供对策建议。

（二）研究意义和目的

对南宁市营商环境进行全面、系统的分析和评价，能够使广大经营者、外来投资者更加全面系统地了解南宁市的生产经营环境，以便为经营者和外来投资者提供投资生产决策参考。

对南宁市营商环境进行全面、系统的分析和评价，也是评价各级政府部门工作成效的需要。在市场经济条件下，政府重要职能之一就是为生产经营和投资者创造良好的营商环境。一个地区营商环境的好坏，直接反映该地区政府部门工作效率的高低。因此，开展分析评价营商环境，有利于政府部门改进工作作风，提高办事效率。

对南宁市营商环境进行全面、系统的分析和评价,可以从中发现南宁市在改善和优化营商环境过程中存在的问题和不足,以便为南宁市营商环境进一步改善指明方向,同时也为采取更为有效的措施提供理论依据和方法论。

(三)研究方法

本课题采取的调研方法主要是问卷调查和实地访谈相结合。通过分析研究2007～2017年南宁市投资环境监测调查成果,探索适应南宁市营商环境的评价体系,使其能够鼓励南宁市政府及相关部门提高服务效率,切实为企业营造宽松且有效率的营商环境,为投资者提供优质的政府服务及保障合法权益,改善本市居民创业环境,增加就业机会。

二 优化营商环境对地方经济社会发展的现实意义

2017年6月13日,李克强总理在全国深化"放管服"改革转变政府职能电视电话会议上发表重要讲话,强调要"持续深化推进'放管服'改革,打造国际一流、公平竞争的营商环境",各地既要积极抓项目建设,更要着力抓环境建设,由过去追求优惠政策"洼地",转为打造公平营商环境的"高地",真正做到审批更简、监管更强、服务更优。2018年3月,李克强总理在政府工作报告中强调"优化营商环境",要求深化"放管服"改革,达到"解放生产力、提高竞争力,破障碍、去烦苛、筑坦途,为市场主体添活力,为人民群众增便利"的高度。

当前,在各地各级政府的努力下,营商环境虽然总体上有所改善,但仍是部分地区经济社会发展的"硬伤"。"营商环境就是生产力",建设和优化营商环境建设对地方经济社会发展具有重要的现实意义。

三 南宁市投资环境现状与分析

南宁调查队从2007～2017年对南宁市辖区内的企业开展投资环境满意

度调查,主要是对包括软硬环境9个指标的满意度进行评价。其中,投资硬环境包括自然资源、基础建设和公共设施,投资软环境包括社会环境、政策环境、法制环境、政务环境、经济环境和经营环境。调查对象涵盖了工业、建筑业、交通运输业、仓储及邮电通信业、批发和零售贸易、房地产业、社会服务业、信息传输、计算机服务和软件业、住宿和餐饮业、科学研究、技术服务业、租赁和商务服务业等13个行业。

(一)企业对南宁市投资环境的评价

2007~2017年,调查企业对南宁市总体投资环境满意度分别是77.90、79.10、79.36、80.32、79.89、82.27、81.96、81.55、82.56、82.39、81.71,均保持在较高满意区间(75~90为较高满意度),且每年的满意度均高于全区平均水平,2007~2017年十一年间保持着波动上升的态势。十一年间投资环境总体满意度由期初的77.90提高到期末的81.71,提高了3.81,且2013~2016年总体满意度连续四年位居全区榜首(见图1)。

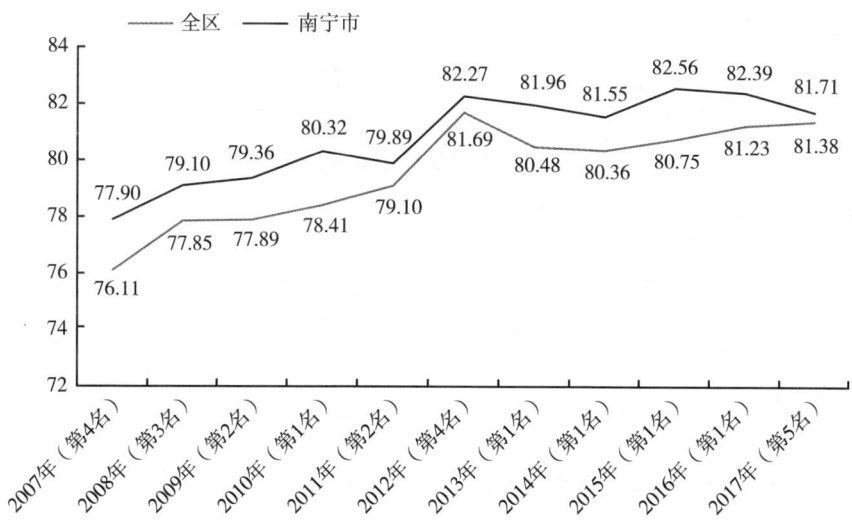

图1 2007~2017年总体投资环境满意度

资料来源:国家统计局南宁调查队整理。

1. 企业对投资硬环境的评价

南宁市不断加大投资，加快城市基础设施建设，扎实推进生态文明建设，开工建设了地铁，加快了快速环道的建设，进一步完善城市规划体系，得到了企业广泛认可。投资硬环境包含自然资源环境、基础设施环境和公共设施环境三个方面。2007～2017年，企业对投资硬环境整体满意度除了2007年以外，其他年份都高于80，且每年的满意度均高于全区平均水平，在全区14个地级市的排名分别是（2007年和2009年缺）：2008年第3名、2010年第1名、2011年第3名、2012年第3名、2013年～2016年连续4年名列前茅（见图2）。

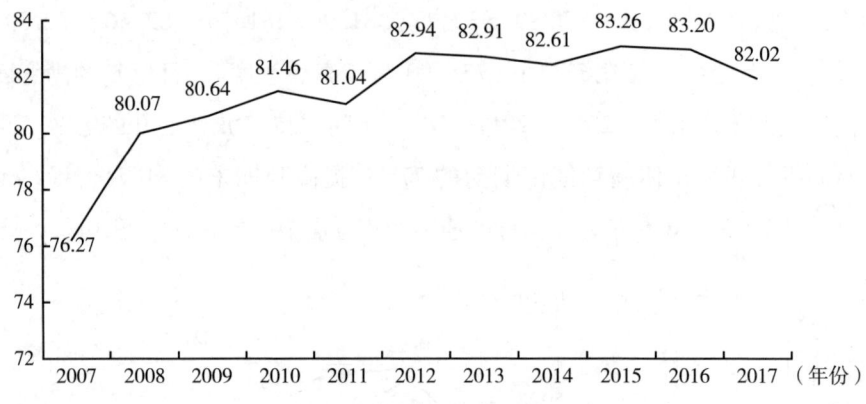

图2　2007～2017年投资硬环境满意度

资料来源：国家统计局南宁调查队整理。

（1）南宁市区位优势突出，自然环境良好。企业对南宁市自然资源环境的评价满意度十一年来都保持在80以上，期末评价比期初提高了3.19（见图3）。

企业在对自然资源评价的七项分项指标中，南宁市生态地理环境与企业发展的适合程度十一年间满意度都保持在80以上；煤、燃油等能源的保障程度及电力保障程度两项上升幅度较大，分别上升了5.21、6.67；淡水资源保障程度的满意度虽然在2012～2016年有下滑趋势，但十一年间的平均满意度仍达85.54，为自然环境满意度分项7个指标评价中最高；土地资源

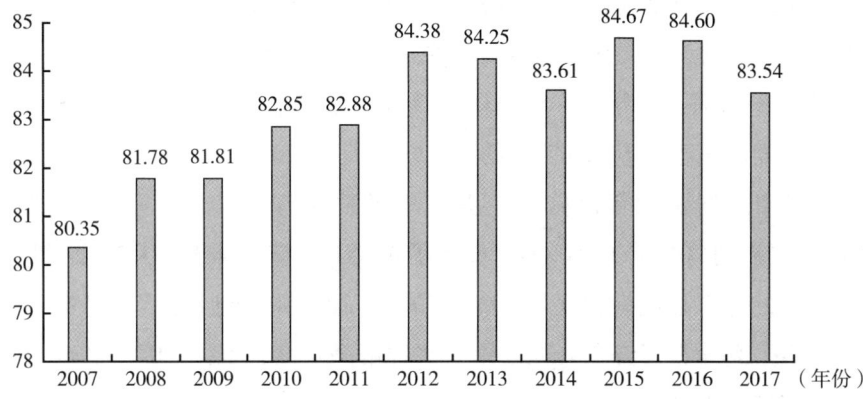

图 3　2007～2017年自然环境满意度

资料来源：国家统计局南宁调查队整理。

价格的合理程度的满意度虽然都在持续上升，但均没有超过80，平均满意度仅为75.72；在十一年间，随着用地难问题的突出和土地价格的不断提高，土地资源的保障程度更需要进一步加强。

（2）基础设施建设加快，尤其是城市规划及配套设施、交通运输和网络通信建设方面，得到了企业的充分认可。十一年间，企业对南宁市基础建设环境满意度呈波动上升的态势，期末比期初满意度提高了4.64（见图4）。

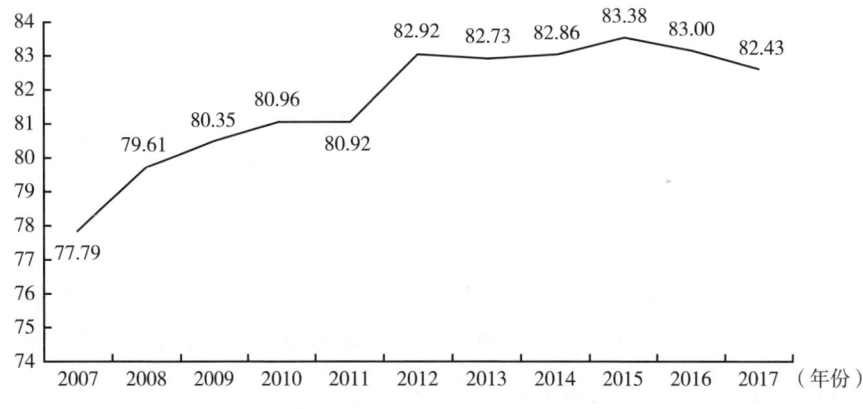

图 4　2007～2017年基础建设满意度

资料来源：国家统计局南宁调查队整理。

在基础建设环境满意度评价的七项分项指标中,南宁市海、陆、空运输便利程度和通信设施、网络等通信条件完善程度两项指标的满意度均保持在80以上,平均满意度分别为82.83和83.08;物流、仓储、流通相关商业设施完备程度的满意度从2007年的76.77提高到2017年的82.28,提高了5.51;城市规划及配套设施与企业发展的适合程度满意度从2007年的76.09,提高到2017年的80.94,提高了4.85;未来总体发展及建设规划与企业发展的适合程度满意度从2007年的78.20,提高到2017年82.98,提高了4.78;污水及废弃物处理设施完善程度满意度最低,2007~2017年平均满意度仅为78.61。

(3)公共设施环境进一步完善,城市建设国际化程度有待提高。十一年间,公共设施环境满意度呈波动上升的态势,期末比期初提高了3.86(见图5)。

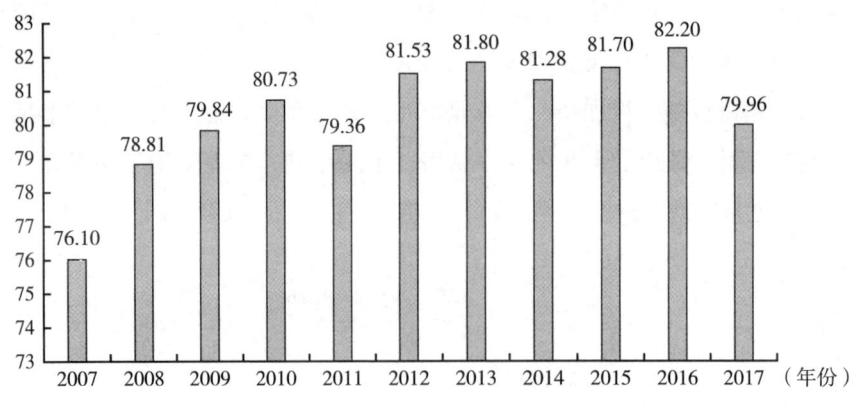

图5 2007~2017年公共设施满意度

资料来源:国家统计局南宁调查队整理。

企业对公共设施环境评价的六项分项指标中满意度都有不同程度上升。其中,食、衣、住、行便利程度的满意度均在80以上;城市建设国际化程度的满意度,学校、教育设施完备程度的满意度,银行服务、商旅等服务环境便捷程度三项指标提高的幅度较大,分别提高了5.20、3.84和4.22。但是2007~2017年城市建设国际化程度的满意度分别为71.27、75.19、

76.49、76.53、75.18、78.84、79.06、78.82、78.73、79.02 和 76.47，都没有超过 80。

2. 企业对投资软环境方面的评价

投资软环境包括社会环境、政策环境、法制环境、政务环境、经济环境和经营环境六个方面。十一年间，企业对南宁市投资软环境方面的整体满意度分别是 77.00、78.20、78.81、79.83、79.40、81.98、81.56、81.10、82.26、82.03 和 81.58，在高低起伏中呈上升趋势，期末比期初提高了 4.58，2017 年比全区平均水平高了 0.29。在全区 14 个地市中排名分别是：2008 年第 2 名、2010 年第 1 名、2011 年第 4 名、2012 年第 5 名、2013 年第 2 名、2014 年第 3 名、2015 年第 1 名、2016 年第 2 名、2017 年排第 6 名（2007 年和 2009 年缺）（见图 6）。

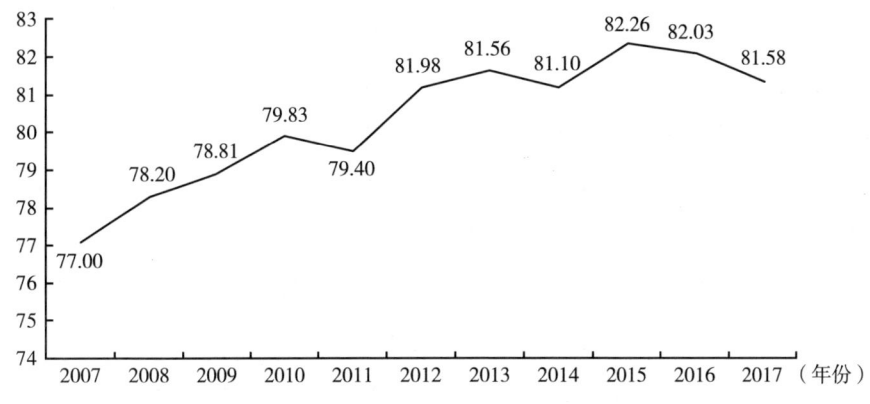

图 6　2007～2017 年软环境满意度

资料来源：国家统计局南宁调查队整理。

（1）社会环境持续稳定，民众素质提高，民众亲商不排外。2007～2017 年，企业对南宁市社会环境的整体满意度都高于全区平均水平，期末比期初满意度提高了 4.59（见图 7）。

企业对社会环境评价五项分项指标中满意度都有不同程度的提高，其中，民众及政府欢迎外来投资设厂的态度的满意度连续十一年都在 80 以上；南宁市民众的文化素质及文明程度 2007～2017 年满意度分别是 88.6、

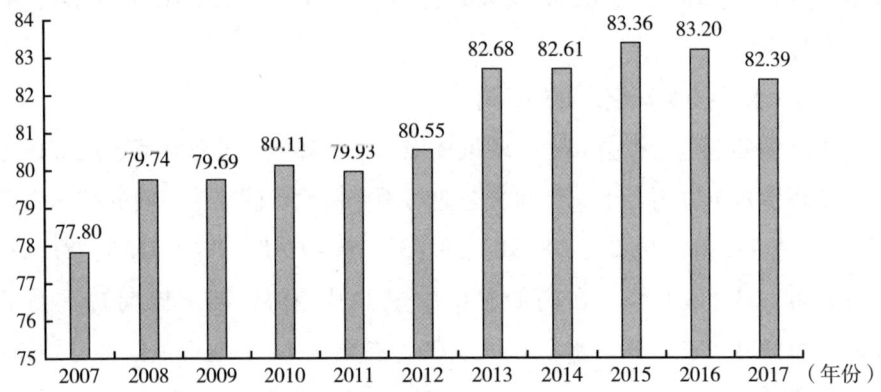

图7　2007～2017年社会环境满意度

资料来源：国家统计局南宁调查队整理。

75.16、77.42、78.34、77.04、79.18、79.35、79.62、80.63、81.16和80.16，在2007年已达到80以上，2008年大幅下滑至75.16，从2009年开始波动上升，至2017年为80.16，但仍比2007年低8.44；南宁市民众的道德诚信程度平均满意度为80.78；但南宁市的社会治安状况、民众的文化素质及文明程度、社会风气状况的满意度十一年平均都低于80，分别是78.43、79.70、80.01。可见，企业对南宁市整体社会环境和市民群体给予了充分肯定，同时对南宁的治安环境有更高的期望。

（2）政府诚信守诺，政策稳定透明，投资优惠，注重环境、知识产权的保护以及企业合法权益的保障。2007～2017年企业对南宁市政策环境整体满意度有了大幅度的提高，提高了9.27（见图8）。

企业对政策环境的评价六项分项指标的满意度全部上涨，期初六项分项指标均未达到80以上，从2012年开始连续五年六项分项指标的满意度均超过80，其中，2017年与2007年相比，南宁市行政政策与国家行政政策的一致性程度的满意度提高了5.31；南宁市相关投资政策优惠条件的满意度提高了4.44；南宁市政府对外来投资承诺实现情况的满意度提高了5.87；南宁市政府政策透明度情况的满意度提高了6.46；南宁市对知识产权保护情

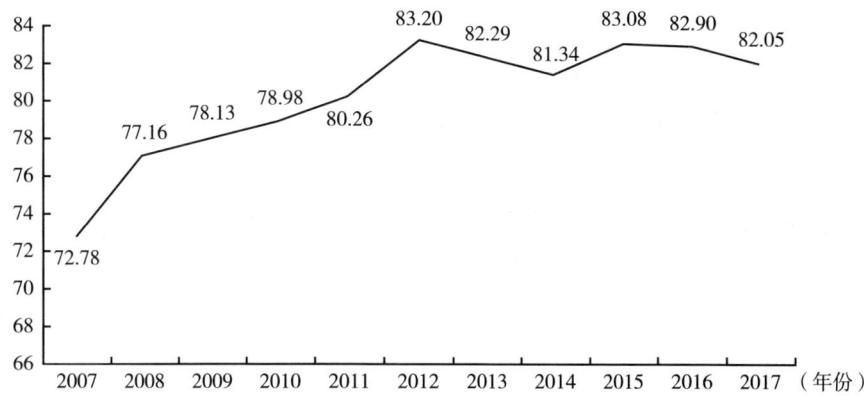

图8 2007~2017年政策环境满意度

资料来源：国家统计局南宁调查队整理。

况的满意度提高了4.50。

（3）司法环境公正、公平、公开合法，企业纠纷解决渠道完善，企业权益得到法律保障。2007~2017年企业对南宁市法制环境整体满意度期末比期初提高了9.38（见图9）。

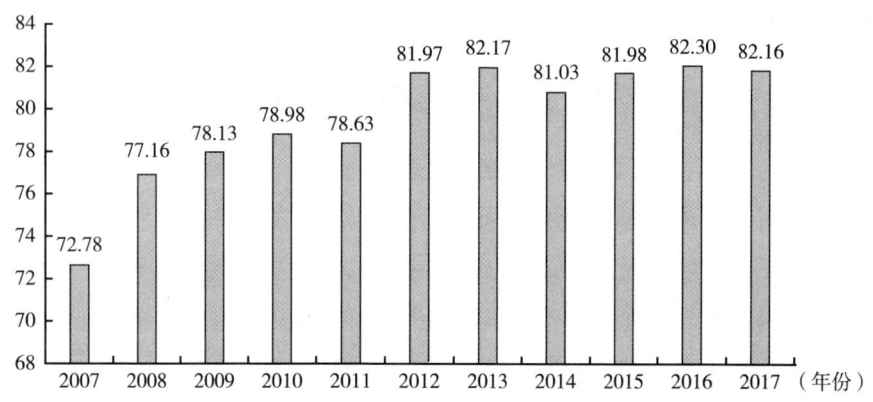

图9 2007~2017年法制环境满意度

资料来源：国家统计局南宁调查队整理。

企业对法制环境评价的五项分项指标中，南宁市解决纠纷的渠道完善程度在2007年满意度已经达到88.81，可是2008年却下滑至76.78，2009年开始回升,呈波动上升趋势,2017年达到81.62,但仍比2007年低7.19;南宁市的法规条例与国家法律法规的一致性,南宁市政府落实环保政策法规的情况,以及在投资经营过程中合法权益得到法律保障等三项分项指标满意度除了2007年低于80以外,其他年份三项分项指标均高于80,期末比期初分别提高了6.99、5.67、5.48。

(4)机关作风效能建设取得了明显成效,总体上服务能力得到进一步增强。2007~2016年十年间,企业对南宁市政务环境的整体满意度期末比期初提高9.15(见图10)。

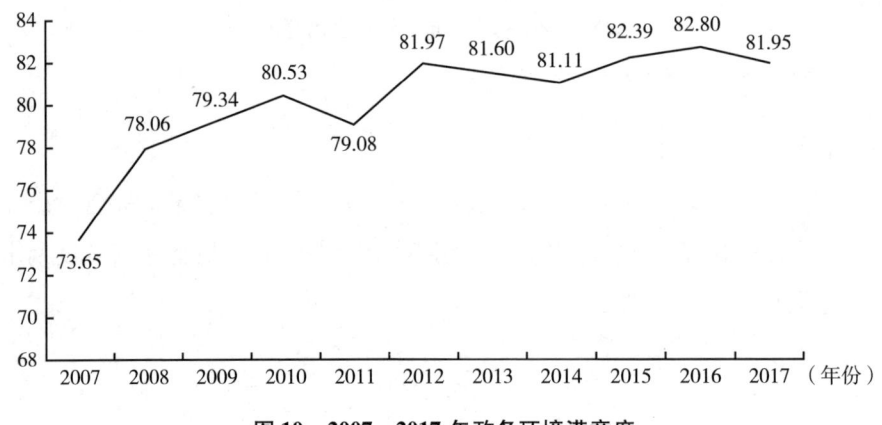

图10　2007~2017年政务环境满意度

资料来源:国家统计局南宁调查队整理。

企业对政务环境评价七项分项指标的满意度,2007~2017年,期末比期初都有不同程度的提高。其中,南宁市行政机关贯彻落实《行政许可法》的情况、南宁市政府部门的服务意识和南宁市行政机关办事程序公开的情况等三项分项指标平均满意度都达80以上,分别是82.48、80.89和81.05。南宁市行政机关工作效率情况满意度为78.94,不向政府管理机构支付非正常费用对企业影响程度的满意度为79.39,南宁市各级官员操守清廉程度的满意度为79.62,公司近年承担各项社会负担是否增加的满意度为70.47。

(5)政府改善投资环境态度积极,但资金贷款和汇兑便利难度加大,人民的生活水平相比国内的一般水平有一定的差距。十一年间，企业对南宁市经济环境条件整体满意度期末比期初提高了 4.02（见图 11）。

图 11　2007~2017 年经济环境满意度

资料来源：国家统计局南宁调查队整理。

企业对南宁市经济环境评价的十项分项指标中，2007~2017 年企业对南宁市政府改善投资环境的态度、城市经济开放程度的满意度均超过 80；与期初相比，所在城市未来具有经济发展潜力的情况和南宁市政府改善投资环境的态度两项指标的期末满意度分别提高了 3.50 和 1.83；但是南宁市人民的生活水平相比国内的一般水平、南宁市的商业及经济发展相比国内一般水平、南宁市金融体系完善的程度、南宁市资金汇兑及利润汇出便利程度，四项分项指标期末满意度与期初相比下降幅度较大，分别下降了 12.80、14.91、7.64 和 10.97。

（6）整体产业技术研发水平与劳资关系和谐程度提高，市场发展潜力大。十一年间，企业对南宁市经营环境的整体满意度期末比期初上升了 5.33（见图 12），涉及经营环境评价的十二项分项指标中，南宁市环境适合投资者发展内贸、内销市场程度的满意度从 2007 年的 75.81 提高到 2017 年的 79.50，提高了 3.69；南宁市劳资关系和谐程度从 2007 年的 50.77，提高到 2017 年的 81.72，大幅提高了 30.95；南宁市整体产业技术研发水平的满意度从 2007 年的 68.44，提高到 2017 年的 77.52，提高了 9.08。

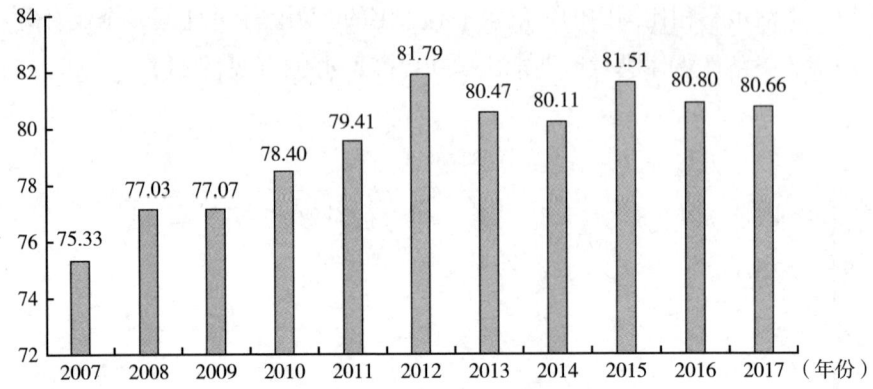

图 12　2007～2017 年经营环境满意度

资料来源：国家统计局南宁调查队整理。

四　现行南宁市投资环境满意度调查评价体系的局限性以及对南宁营商环境评价体系的构想

（一）现行南宁市投资环境满意度调查评价体系的局限性

南宁市连续十多年进行投资环境调查，为政府改善营商环境提供了依据，促进南宁市投资环境逐年改善，推动南宁区位优势日渐凸显，企业投资经营信心不断增强。随着"两会一节"的成功举办以及泛珠江三角洲、泛北部湾、"一轴两翼"等经济合作发展模式的积极带动，加上整治"五乱""城乡清洁工程""美丽南宁·整洁畅通有序大行动"的有效开展，南宁已经逐步成为中国联系东盟十国的主要窗口和通道，知名度进一步提高，投资环境不断改善，吸引了越来越多的国内外企业和投资者。2017 年投资环境监测调查显示，从南宁市投资环境的变化趋势来看，有 60.4% 的企业认为南宁市的投资环境有改善。但单纯进行投资环境满意度评价，已经不适应当前的需要，满意度评价只了解企业对相关事项办理的满意度高低，在问卷设置上只能提问"企业办理证照审批时间是否太长，企业项目审批程序是否过多",而无从知晓"企业办理证照审批用了多长时间",我们并不能从中找到问题的症结,从而寻求到解决问题的办法。而世界银行将营商环境界定为企业在申请开设、生产经营、贸易活动、纳税、关闭及执行合约等方面遵循政策法规所需要的时间和成本等条件的总和,从其指标的设置可以看出,世界银行的营商环境评价体系更侧重于在手续、时间、成本三个维度方面的营商便利度,是以提高政府管理服务效率和降低企业建设经营成本为目标。

(二)南宁市营商环境评价体系的构想

为了更准确地衡量南宁市的营商环境,参考世界银行营商环境评价体系与同期投资环境监测调查满意度得分作为整个南宁市营商环境得分的基础分数,两项得分各以50%的比例计入总分,最终以该总分作为整个南宁市营商环境得分。具体框架内容如下:

1. 政务服务环境(企业证照办理、项目审批)

了解市行政审批局和各县区、开发区政务服务中心运营情况、办事方便程度,包括各类企业证照的办理时间(天数)、流程环节(是否联审,是否需要现场勘验等)、收费及需要提交的资料材料情况。

2. 经营要素供给

了解企业用地(用林)、用水、用电、用气等要素保障能力,落实前述事项所需要的时间(天数)、办理收费、办理程序、使用成本等情况。

3. 融资服务

了解企业融资成本、融资难易程度、获得资金的周期、当地信用生态等情况。

4. 人力资源服务

了解企业招工及用人的便利程度,人才政策、配套公共服务等情况。

5. 安全质量认可和生产许可

了解企业各类年检、核查需要的程序、时间、费用及提交的材料等情况。

6. 税费征管

了解办税便利程度、时间周期、流程环节、费用及提交的材料等情况。

7. 通关效率和通关环境

了解通关程序、时间周期、成本及提交的材料等情况。

8. 政府信用和法治服务

了解依法行政、公正司法的情况。

五 优化南宁市营商环境的对策和建议

（一）通力协作，形成推进南宁市营商环境优化整体合力

各级各有关部门要进一步强化责任感和紧迫感，坚持以问题为导向，认真梳理，开展整改，像解决自己的问题一样去帮助企业排忧解难，勇于担当，密切配合、通力协作，形成优化营商环境、推动经济发展的整体合力。一是在政府层面上整合各部门力量，组建营商环境优化工作组，学习各地市先进经验，学以致用，因地制宜，制定、完善南宁市推进营商环境优化的一系列措施办法和实施意见。二是各司其职，明确责任抓好落实。制定相关有针对性、有可操作性的差异化目标责任考评细则，对各县区、各职能部门在优化营商环境方面的工作完成情况进行考评。对于措施得力、成效显著的县区和部门给予表扬表彰，反之，对于措施不力、整改慢、成效差的县区和部门责任人应当给予问责、追责。三是全面开展宣传教育，形成全市"优化营商环境人人有责"的良好氛围。可通过各层级主流媒体或自媒体多方面、多层次开展舆论宣传，宣扬营商环境建设过程中好的做法，揭露阻碍营商环境优化的不良行为。

（二）巧用新思维、新办法推动营商环境优化向纵深发展

一是创新新模式，加快城市基础设施配套建设。单纯依靠政府力量开展基础设施建设，容易出现顾此失彼的现象，导致部分地区、园区基础设施建设及项目的承接能力还有待完善。通过PPP、BOT等运作模式，充分发挥社会资本、社会力量开展建设，往往会产生事半功倍的效果。南宁那考河流域治理项目就是较为成功的典型，作为国内首个实施并投入运营的城市水环境

流域综合治理的PPP项目，既让中标方北京排水集团获取了预期的经济效益，也让南宁市水环境质量得到了质的提高，双方实现了"双赢"。

二是拓展新思维，开展招商引资工作。为优化产业结构，促进人员就业，培植地方税源，增加财政收入，各地政府纷纷采取各种措施招商引资。在这种大趋势下，各地不同程度地出现"广撒网乱捞鱼"的局面。由于没有统一的思想和指导意见，各县区、各部门对招商引资"招什么、怎么招、往哪招"颇为茫然。因此，需要政府层面深入调研、广泛征求意见，因地制宜，切忌盲目复制，明确政策导向和发展目标，同时规范流程，以确保招商引资工作有的放矢，让招回来的商，引回来的资能够真正发挥作用，为地方经济发展做出切实有效的贡献。

三是实施新举措，维护公平竞争环境。近年来，各地为优化营商环境，推进招商引资工作，制定并实施了有利于本地的一系列优惠"土政策"。然而部分"土政策"却引发了各地之间无序竞争。部分县区出现投资者利用地方性政策开展短期投资，政策优惠期一结束就撤资撤厂，严重影响了地方的经济发展。还有部分县区急于完成招商任务，不顾实际，对一些入驻的项目或企业盲目承诺，最后却因种种原因不能兑现，影响了政府公信力，削弱了投资者的信心。为此，建议针对同一项优惠扶持政策由上而下开展统一指导，统一口径，统一政策，以避免出现超越权限，滥用职权，形成恶意、无序的竞争环境。

四是运用新手段，对外开展营商环境宣传。近年来，各地各出奇招，在主流媒体上争相播发的旅游宣传片，美不胜收，为本地打出了一张漂亮的旅游"名片"。然而体现和突出当地营商环境特色的宣传片却是凤毛麟角，实不多见。建议各级政府参照旅游宣传片的方式方法，制作品质优良的招商宣传片，向全国、全世界展示和推介自己的区位优势、环境优势、政策优势等，以提高招商引资的吸引力，达到优化营商环境的目的。

（三）厘清政商界限，正确处理政商关系

自古以来谈及"政"与"商"，往往会被蒙上一层"灰色"的色彩。在当前市场经济环境中，"政"与"商"的交往在所难免，但在反腐败高压

态势下，不少领导干部为了"避嫌"，不敢与企业联系、不敢去企业调研，不为企业解决实际问题，严重影响了优良营商环境的营造。良好的政商关系是经济社会发展的润滑剂和助推器，而掺杂了私人杂念、利益勾兑的政商关系则是绊脚石和浑水区。因此，我们要建立清明、亲和的新型政商关系。所谓"清"，对于政府领导干部而言，就是同企业、同企业经营者保持清白、纯洁的关系，不以权谋私，不搞钱权交易；对于企业而言，"清"是洁身自好，守法经营，不寻求权力当后台。所谓"亲"，对于政府领导干部而言，是以坦荡真诚的心态积极作为，主动服务企业，为企业排忧解难；对于企业来说，是积极释放经济活力，发展生产，一腔热忱支持地方发展。

参考文献

［1］林珣：《关于打造国际一流营商环境的思考》，《北方经贸》2016年第1期。

［2］李静：《世界银行发布〈2015年营商环境报告〉》，《中国新时代》2014年第12期。

［3］曾斌、陈亚辉：《世界银行〈全球营商环境报告〉引介——兼论法与金融分析方法的发展与局限》，《海南金融》2012年第10期。

［4］马太建、丁淑渊、汪立生、褚志霞：《打造法制化营商环境》，《唯实》2016年第6期。

［5］刘俊海：《完善法制化营商环境》，《共产党员（河北）》2016年第5期。

［6］厦门市编办：《厦门市对标一流营商环境推进"放管服"改革》，《中国机构改革与管理》2018年第4期。

B.22
加强南宁市住宅小区物业管理的对策研究

南宁市政协专题调研组*

摘　要： 加强住宅小区物业管理，涉及千家万户，已成为广大居民安居乐业之所需、所愿、所盼、所急。本报告深入分析南宁市住宅小区物业管理工作现状及存在的问题，学习借鉴国内其他城市住宅小区物业管理的经验做法，提出了加强源头监管、健全体制机制、提高管理服务水平、解决老旧小区管理难题、优化发展环境等对策建议。

关键词： 住宅小区　物业管理　社会治理

物业管理是社会治理的重要组成部分，事关社会和谐稳定，涉及千家万户，直接关系到广大市民群众的切身利益。近年来，南宁市住宅小区物业管理发展迅速，在改善城市人居环境、提高居民生活质量、推动社会管理创新等方面发挥了重要作用。为进一步了解和掌握城市物业管理情况，

---

* 调研组组长：魏凤君，南宁市政协党组成员、副主席。调研组成员：甘英姿，南宁市政协常委、副秘书长、办公室副主任；卢秋凌，南宁市政协常委、民建南宁市委会主委；赵伟波，南宁市政协委员、南宁市政协文化文史和学习委员会主任；何广华，南宁市政协委员、南宁市政协人口资源环境与城乡建设委员会副主任（执笔人）；张海元，南宁市政协人口资源环境与城乡建设委员会原主任；李鸿兵，南宁市住房和城乡建设局副调研员；李英辉，南宁市政协委员、市政协正处长级干部；陈海军，南宁市政协委员、广西海晴物业集团有限公司董事长；莫昱，南宁市政协委员、万通国际物流有限公司副总经理；马莉，南宁市政协人口资源环境与城乡建设委员会办公室主任科员。

加强城市物业管理工作，提升物业管理服务品质，改善人民群众的生活和工作环境，市政协专题调研组先后深入南宁市有关部门、市区部分街道办事处、社区居委会及部分房地产开发小区、无物业管理小区调研，找出问题，总结经验，并在此基础上提出加强南宁市住宅小区物业管理的对策建议。

一 南宁市住宅小区物业管理工作现状

南宁市物业管理始于1995年，经过多年的发展和逐步规范，现已覆盖住宅小区、大厦、商住楼、医院、学校、工厂、仓储等物业项目。2007年以来，根据《物权法》《物业管理条例》等法律法规，南宁市相继出台了《南宁市物业管理办法》《南宁市业主大会和业主委员会指导规则》等一系列政策法规，建立了市、城区（开发区）二级物业管理监管体系，保障了南宁市物业服务行业的健康快速发展。截至2018年底，全市现有物业企业636家，从业人员6万多人；住宅小区总数2748个，其中，有物业企业服务的小区1935个，占70.4%；没有物业企业服务的小区813个，占29.6%；已成立业主大会、选举产生业主委员会的小区406个，占21%；荣获国家级物业管理示范（优秀）项目23个，获得自治区级物业管理优秀项目112个。涌现出一批服务好、口碑佳的优秀物业企业，物业服务理念深入人心，物业服务行业初具规模，物业服务领域不断拓展。

二 南宁市住宅小区物业管理存在的问题

（一）政策法规亟须健全

2018年物业管理面临新形势，国务院《物业管理条例》已经重新修订，住建部废除了《物业服务企业资质管理办法》，以物业服务企业资质为市场准入的监管模式成为历史,只要工商营业执照经营范围有物业管理的公司就可以从事物业管理活动。再加上普通住宅小区前期物业服务收费重新由政府进行定价,《南宁市物业管理办法》等市级物业管理政策法规已经不能适应新形势下物业管理发展的需要,物业管理政策法规及相关配套政策法规修订工作亟须加快。项目建设遗留问题、物业服务企业进入退出和交接问题、业主委员会成立监管问题、对业主行为的刚性监督和约束问题等急需通过立法来规范;物业服务收费管理办法多年不变,没有形成一个合理的定期的价格调整机制;"纳入现代服务业发展规划""社区建设和社区治理体系""执法进小区"等法律条文尚未很好落地。

(二)开发建设遗留问题较多

一是规划设计前瞻性不够,造成配套设施不完善。住宅小区开发建设之初,由于前瞻性欠缺,往往只重视业主居住环境的改善,而对配套设施设计不足,这是造成目前部分小区停车难的主要原因。一些开发商为减少投资,对小区前期规划中应有的配套设施,在实际的开发建设过程中却不建或少建,停车大部分占用了公共场地,有的小区不仅道路上停满了车辆,一些绿化带也因乱停车而受到严重破坏,还有一些开发商垄断车位车库,甚至有个别人投机炒车位,导致部分业主不满而频繁上访。二是房屋质量及公共设施设备质量问题突出。目前,南宁市住宅小区建设项目通过五方验收,取得竣工验收备案证明后即可交付使用,其他配套设施设备的验收在业主入住后才验收。可能存在开发建设遗留的屋面墙面渗水、卫生间阳台漏水、楼板裂缝、空鼓等房屋质量问题,地下雨污管网、地下室设备设施、水表电表等公共设施设备质量问题,道路、绿化、公共停车位等基础设施不完善问题,但整改、维护、维修时需要投入大笔的维修资金,物业企业和小区住宅专项维修资金都难以承受,开发商不主动建设和维修,将矛盾转嫁给物业企业,导致业主意见大而拒交物业费,容易引起业主与物业的矛盾,导致业主频繁上访。据统计,近年来多起物业管理纠纷中,约有80%是由开发建设遗留问题引起的房屋及附属设备质量问题。

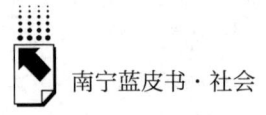

（三）物业企业服务质量不高

由于物业服务企业行业进入门槛低，特别是废止《物业服务企业资质管理办法》之后，企业更加良莠不齐。一些企业服务理念淡薄，自身建设管理不够，注重短期效益，服务不到位，"赚钱就干，不赚钱则跑"；一些企业人员素质参差不齐，不少物业服务人员未接受系统的教育、培训、再学习，有的员工综合素质不高、服务意识不强，不懂管理、无技术、不善沟通，处理问题简单、粗暴，"只收费不服务"或"收费与服务不相称"，没有严格按照物业服务合同的约定，不能够为业主提供满意度高的服务；部分物业服务企业执行"四公开一监督"制度不到位，没有严格按要求公开物业服务人员姓名和岗位、物业服务内容和标准、物业服务收费价格、报修投诉电话等，不仅不能主动接受业主监督，而且对一些破坏"管理规约"的业主，也未能及时制止、纠正，导致管理失衡，小区秩序混乱；一些企业对公共收益的收入、使用、管理不规范，甚至侵占公共收益，配套设施设备管理也不到位，群众意见大，经常引发矛盾纠纷。2018年1~10月，市住房局就收到70多件物业管理服务和收费问题的投诉件。

（四）业主自治组织问题突出

一是业委会成立举步维艰，成立比例不高。截至2018年底，全市成立业委会的小区仅占21%，远低于武汉等先进城市90%以上的水平。业主委员会成立的最大困难是住宅小区多数业主来自五湖四海，相互之间不了解，部分业主物业管理意识淡薄，不愿意参与小区公共事务，认为成立业主委员会与自己无关、不重视、不主动参与投票。还有部分建设单位和物业企业不支持、不配合等多方面因素，导致业委会选举难度大。二是业委会行为不规范。有的业主大会或业委会因成立和选举程序不规范，导致许多业主对业委会的决定不执行、对业委会选聘的物业服务企业不满意，拒缴物业服务费，使矛盾恶化；部分已成立的业主委员会运行效果差，业委会发挥作用不当，不作为、乱作为的问题，甚至以权谋私时有发生，导致老物业服务企业不走,新物业服务企业不能进,矛盾激化,甚至发生群体性事件;部分小区成立业委会主要目的是主导小区停车费和其他收益的分成,经常以电话、补贴等各种形式私自瓜分小区公共收益;一些业委会甚至与物业服务企业合谋私利,侵占广大业主的公共利益;有的业委会为了谋取更大的私利,常常在没有召开业主大会的情况下随意更换物业企业或改变公共部位的规划功能,极大地损害了小区广大业主的利益,造成小区的不稳定。2018年1~10月,市住房局收到20多件反映业主大会和业主委员会成立问题的投诉件。

(五)物业监管不够到位

一是监管力量薄弱。物业管理涉及的多个职能部门还没有形成合力进入住宅小区履行职责,执法还未有效进入住宅小区,导致小区执法不及时、不到位,推诿扯皮。街道和社区没有设立物业管理岗位和配备物业管理专职人员。物业管理监管体系延伸不到基层,人员配备不够,经费投入不足,导致物业管理活动的指导和监管力量较弱,不能及时对物业服务企业不作为、乱作为作出处罚。要么放任不管,缺乏有效监管,要么卡得过死,如对业委会成立、维修基金使用等卡得过死。二是属地街道和社区管理缺少有效抓手。因物业纠纷引发的上访问题当前主要由街道办事处和社区解决,但街道和社区不具备管理物业服务企业的职能,对物业管理活动的指导和监管弱化,在协调物业和业主矛盾上没有相应的权威和行之有效的措施,物业矛盾纠纷没能在其基层有效化解。在业委会选举过程中,街道、社区实质性参与不够,没能为物业服务企业与业主提供沟通协商交流平台,导致双方从开始就带着较强的对立情绪。一旦发生物业纠纷,两者难以协商交流,则容易激化矛盾。三是招投标机制失灵。对物业管理评标评审专家监管缺位,特别是对业主大会或业委会选聘物业服务企业缺乏可操作性的条款,导致随意设置招标条件和评分标准、恶意低价竞争、暗箱操作、围标串标等乱象发生。四是监管手段落后。物业管理各方信息的整合和优化水平不高,物业管理信息化建设滞后,监管缺乏有效手段。

三 先进城市住宅小区物业管理的经验

(一)深圳物业管理行业发展的成功经验

深圳市物业管理公司于1981年成立,成为中国内地第一家物业服务企业。深圳物业管理作为我国内地物业管理的领头羊,充分体现了"敢闯敢试,敢为天下先"的深圳精神,一直在全国同类行业中保持着领先水平。

一是党委政府高度重视和大力支持物业管理工作。深圳市历届市委市政府都把物业管理作为提高城市管理水平、改善民生和维护社会稳定、促进经济发展的重要工作来抓,将推进物业管理进社区工作列入市委市政府年度的十件民生实事之一和重大调研课题。

二是结合实际细化物业管理相关法律法规。深圳市1994年出台了全国第一个物业管理地方性法规《深圳经济特区住宅区管理条例》,此后陆续出台了20多个法规、规章和规范性文件,使物业管理工作做到了有法可依、有章可循。

三是注重成立业主委员会。《深圳经济特区物业管理条例》明确规定,新建物业管理区域首套物业交付后十五日内,建设单位应书面报告物业所在地街道办事处。街道办事处应当在收到书面报告一个月内,组建由街道办事处、业主、辖区公安派出所、居民委员会、建设单位或者物业服务企业派员组成的首次业主大会会议筹备组。筹备组必须限时组织、筹备召开首次业主大会,如首次业主大会未能成立,经物业管理区域占业主总人数百分之二十以上的业主或占全体业主所持投票权百分之二十以上的业主提议,筹备重新组织、筹备召开首次业主大会会议。

四是发扬敢闯精神。坚持改革创新,走具有中国特色的物业管理之路,打造了我国物业管理的社会化模式、企业化模式、专业化模式、一体化模式和经营型模式,经营多元发展,管理自我完善,不断提高物业服务水平。

五是注重依法解决物业纠纷。依靠业主支持,构建社区和谐,深圳物业管理行业朝气蓬勃发展。比如，深圳天然居采用阳光共管物业服务模式。所谓阳光共管模式，即保障业主对物业服务内容的知情权、对物业服务活动的参与权、对物业服务费用的决策权和对物业合同履行的监督权，并在此基础上，业主委员会与物业服务企业建立平等契约关系，做到业主民主自治与物业专业服务有机结合，账务公开，事务共管，物业公司获取合理管理酬金，业主与物业服务企业互惠共赢的物业服务模式。在实施阳光共管以来，深圳天然居小区内的矛盾比以前少了很多，物业公司、服务中心与业委会、业主之间的关系更为和谐。

（二）合肥物业管理行业发展的成功经验

合肥市物业管理工作起步于1995年，经过跨越式发展，物业管理工作逐步规范，先进的物业管理模式和服务理念逐渐形成。目前，全市共有各类住宅小区3492个，其中物业服务面积占总面积的90%，新建小区100%实行了物业管理，全市共有物业服务企业940余家，行业从业人员11万多人，安徽长城物业等5家本土物业服务企业进入全国行业百强。物业管理在创建文明城市、建设和谐社区过程中发挥了积极作用。其主要做法有以下三点。

一是不断完善管理制度体系。建立行业发展政策保障，推动物业管理重心下移，创新物业管理工作机制，建立了"两级政府、三级管理、四级网络"的物业管理新体制，形成市局综合协调、各城区政府属地负责、街道办事处具体实施、社居委密切配合的工作格局。建立多层次的矛盾纠纷调解网络，积极构建以市物业管理矛盾纠纷调处委员会、县区物业管理联合调处中心、街道（乡镇）物业管理联席会议制度为主体的物业管理纠纷调解工作体系，按照属地管理原则，组织各级物业管理工作人员，深入社区、深入基层，在小区显著位置公示联系人和联系电话，强化物业管理基础工作。

二是深入开展宣传活动。每年组织全市物业管理主管部门及辖区街道（乡镇）、社居委、物业服务企业等集中授课培训，有效提高物业管理从业人员的管理能力和综合素质。加强物业管理宣传报道工作，专门建立全市物业信息员队伍，开辟了"合肥物业日记"专栏，设置"市局动态""每日动态""物业那些事""有问有答"等多个板块,着力加强正面宣传和亮点报道,做好物业管理相关政策法规普及,交流学习物业管理相关做法。

三是注重发挥示范引领作用。以党建为引领的小区治理试点,鼓励企业创先争优,致力规范秩序,培育健康有序的物业管理市场;开展环境综合整治,加强"无物管"小区物业管理,积极采取专业化管理、委托属地管理等多种形式推进物业管理覆盖工作,出台加强老旧小区物业管理的具体政策措施,建立老旧小区管理长效机制。

四 改进南宁市住宅小区物业管理的对策

南宁市应当以实际行动贯彻落实习近平总书记关于社区治理"人人参与、人人尽力、人人共享"的指示精神,进一步提高认识,坚持以人民为中心的发展思想,把住宅小区物业管理提高到城市管理的重要位置,加大对物业管理工作的重视和支持,切实把物业管理工作纳入"社会治理创新"等重点工作中加以研究落实,制定物业管理发展规划,明确发展目标和工作要求,强化监督管理,促进物业管理行业规范、健康、有序发展。

(一)加强新建住宅小区物业管理的源头监管

1. 严格落实建设单位责任

坚持将住宅小区项目物业管理用房标准列入规划设计审查范围,各建设单位必须严格依照规划设计要求配备物业管理用房及共用设施设备。管理部门和专营单位要严把相关设施设备质量和技术标准关。项目交付后,开发建设单位必须强化售后服务,在保修期内按相关规定认真履行各项保修责任。政府相关部门要加大对住宅小区工程遗留问题的监管力度。要狠抓质量安全管理,严格落实质量保证金制度,对工程质量有问题的项目不予退还保证金或延迟退还保证金;对开发遗留的工程质量问题进行回头看,认真分析研究和协调处理解决,督促开发企业认真整改。

2. 强化物业承接查验制度落实

物业承接查验要遵循客观公正、诚实守信、权责分明以及保护业主共有财产利益的原则，新建物业由物业服务企业和开发建设单位共同对物业共有部分、共有设施设备及相关场地予以检查和验收。重新选聘物业服务企业的，在业主委员会或社区居民委员会监督下由原有物业服务企业与新选聘物业服务企业共同对物业共有部分、共有设施设备及相关场地进行检查和验收，经属地街道核实确认后方可交付使用。要严格按照物业承接查验办法进行物业承接查验，对未进行承接查验的，或在物业承接查验中弄虚作假、侵犯业主权益的，依法追究相关企业法律责任。

3. 规范小区物业服务标准

新建小区物业服务应明确服务等级标准，推行由物业主管部门拟制的物业服务合同示范文本，明确规定前期和后期物业管理服务范畴、标准、费用，以及双方的权利、义务、责任，更好规范和约束物业服务企业及业主行为。开发建设单位与选聘的物业服务企业签订前期物业服务合同后，双方需严格履行合同约定和招投标承诺。由开发建设单位提供前期咨询服务费及开办费。

4. 健全应急维修保障制度

小区共有部分和共有设施设备保修期满后，如果发生电梯、消防设施设备故障及其他危及房屋使用、人身财产安全的紧急情况，可经主管部门成立的专家组出具参考意见，业主委员会或社区居民委员会可申请使用应急物业专项维修资金；物业主管部门在收到应急物业专项维修资金使用申请之日起，应限期完成资金拨付，及时消除安全隐患。

5. 加强小区停车设施建设及管理

小区内规划用于停放汽车的车库、车位应优先满足业主停车需要。当规划车位不足时，在符合相关规定情况下，合理设定或通过改造增加小区停车位。在小区内推广智能化停车设施。小区公共车位推行临时停车收费管理。对于小区住户，可以根据住户类别和小区实际情况，引入市场机制，通过不同的标准和阶梯收费原则，有效限制小区的车辆。

（二）健全住宅小区物业管理体制机制

1. 加强物业行政管理

一是落实法律法规条文中关于城市管理、公安、价格、工商、环保、卫生、城乡规划、园林等部门，对物业管理区域内公共秩序、治安消防、物业服务收费、环境卫生、房屋使用、小区绿化等方面的监督管理，完善违法行为投诉登记制度，并在物业管理区域内显著位置公布联系方式，依法处理物业管理区域内的违法违规行为。二是拓展城市管理综合执法的范围内容，将住宅小区内群众诉求迫切、常见的、不用专业技术即可直接认定的简单执法事项，比如"侵占公共部位、违章搭建、毁绿种菜"等由城管综合执法部门集中力量直接进入执法程序，以达到快速处理。三是物业管理行业行政主管部门应加大对相关物业管理单位的协调力度，以及加大对物业服务企业的监督力度。四是政府相关职能部门和单位应当根据各自职责，加强行业监管，统筹协调，形成齐抓共管的大物业管理工作格局，共同推进住宅小区物业管理工作。

2. 推动物业管理重心下移

一是各县区政府（管委会）负责辖区内小区物业管理工作，出台必要的政策措施，强化组织队伍建设，配强专职人员，明确职责分工。要充分发挥街道（乡镇）、社区在日常物业管理活动中的基础作用。二是在乡镇（街道）成立物业管理工作办公室，扮演好五个角色：政策法规宣传者、居民自治指导者、矛盾纠纷协调者、法规执行监督者、特殊情况下业委会部分职能代行者。三是夯实社区居委会职责。社区居委会要将物业管理职能纳入社区工作职责范围，安排专职人员负责物业管理工作，深入了解、熟悉、掌握情况和动态，当好街道的参谋助手。

3. 规范业主自治组织管理

推进以党建为引领的"红色物业"建设。街道党工委和社区党组织应按照党的章程指导物业管理区域成立党的组织，把党支部建在小区，把党小组建在楼栋。社区党组织或者小区党支部在业委会选举、换届或物业企业选聘等小区重大事务方面，提前介入、加强指导、把握方向，鼓励具备业主身份的党员进入业委会。建立居委会、业委会人员交叉任职机制，鼓励和支持符合条件的社区党组织委员或社区物业管理区域党组织成员通过规定程序担任业委会主任。规范业主委员会运作机制，确保业主委员会日常运作规范有序，落实业主委员会成员工资待遇，明确业主委员会的权利和义务。强化教育培训。针对当前业委会成员整体素质不高的现状，建议由物业主管部门定期组织学习培训，提高业委会成员的思想素质、履职能力和水平。

4. 健全物业服务费管理运行机制

物业服务收费应符合质价相符的原则，依照服务等级确定收费标准并予以公开。实行物业服务费政府指导价和市场价双轨运行机制，对已建立业主委员会和业主大会的住宅小区物业服务费实行市场价，由业主和企业自主协商决定物业服务费标准，其他普通住宅小区实行政府指导价，并结合物价上涨水平等客观因素，科学合理调整物业服务费。剥离物业服务费外其他代收项目，规范物业服务企业收费行为。支持物业相关企业依法追缴欠费，创造法治公平的物业管理服务环境。

（三）提高住宅小区物业管理服务水平

1. 规范选聘物业服务企业的行为

进一步规范前期物业服务招投标行为，完善《南宁市前期物业管理招投标办法》，推进实施物业服务企业履约保证金制度。推行在业主大会授权下参照前期物业招投标方式由业主委员会选聘物业服务企业。在社区居委会代行业主委员会职责情况下，社区居民委员会应参照前期物业招投标方式选聘物业服务企业。

2. 严格物业服务企业履职行为

物业服务企业应严格按照物业服务合同约定履行职责。在显著位置公示物业服务内容和等级标准、收费标准，划分服务区域，明确服务责任人。向业主和物业使用人告知使用物业的注意事项，依法处理小区内违反环保、消防、治安、装饰装修和使用等有关法律、法规的行为，并及时向有关职能部门报告。

3. 建立物业服务企业动态考核制度

市、县（区）两级物业主管部门要加强对物业服务企业的动态检查考核。对存在问题的，约谈物业服务企业法定代表人或负责人，下发书面整改通知书，督促限期改正；物业服务企业履职不到位的，按规定列入物业服务企业信用信息管理及信用评价，与政策扶持、荣誉奖励、项目承接等直接挂钩。市物业主管部门要对城区物业服务企业小区管理考核情况进行抽查，考核结果要进行通报，综合评定物业服务企业在全市的管理水平。

4. 支持智慧物业建设

依托智慧城市建设，利用"互联网+物业管理"，制定智慧物业建设指导标准，推广智慧住宅小区应用系统，建设智能物业管理平台及电子投票平台。开展智能停车管理、智能家居、公共设施管理、水电气费自动抄表等智能化物业服务综合管理应用。鼓励通讯运营企业、物业服务企业和社会资本对已建小区进行智慧物业改造。

（四）妥善解决老旧住宅小区物业管理服务难题

1. 加快推进老旧住宅小区改造整治步伐

面对老旧小区整治改造面广量大的实际，分清轻重缓急，分步实施，有序推进。在对老旧小区改造进行顶层设计时，要吸纳基层单位和小区业主委员会参与，进行合理设计、科学施工，要搞好科学测算和投入，增强工作的计划性，强化日常协调，通过居民自筹、向上级争取、财政补贴、市场化运作等多渠道筹集改造资金，努力推进老旧小区整治改造提升工作，切实改善居民居住条件和生活环境。

2. 加快规范老旧住宅小区物业管理

针对老旧住宅小区物业管理"老大难"问题，应逐个进行调研、分析，采取多种途径、多种形式、多种方法，促进其尽快开展物业管理服务工作。在对老旧小区整治改造后，具备条件的，可按照相应标准，选聘专业物业服务企业，开展专业化有偿物业服务或准物业服务；对于因环境条件限制，无法开展专业物业服务或准物业服务的小区，由各街道以社区为基本单位成立物业管理服务站，组织实施以保洁、保绿、保安服务为主要内容的基础性物业服务。可着手先行对几个无专业物业服务小区进行新型管理工作机制的试点，逐步建立健全老旧住宅小区物业管理模式。

3. 建立老旧住宅小区物业管理长效机制

通过加强社区精神文明建设，树立良好思想道德风尚，以及促进民众物业管理观念转变，支持物业公司管理并积极建言献策，协调好社区建设与物业管理的关系，为老旧小区实施物业管理创造良好条件。在尊重业主意愿和需求的前提下，鼓励引入物业服务企业，提供专业化物业服务，并对服务内容和收费标准进行公示。老旧小区物业服务费用由小区全体业主共同承担，可用小区地面停车位及公共部位的经营收益弥补物业服务费用不足。对没有物业专项维修资金的老旧小区，各级政府落实相关政策性奖励措施，鼓励物业服务企业市场化运作参与老旧小区物业服务。

（五）优化物业管理服务发展环境

1. 完善政策法规体系

要根据国家重新修订出台的《物业管理条例》，结合全市物业管理的现状，吸收借鉴上海、杭州、深圳等城市的经验做法，做好条例修订工作，尽快完善以《南宁市物业管理条例》为核心的地方法规政策体系。完善可操作性的实施细则，明确业主、物业公司、社区、街道、公共服务企业和政府部门各方的责任、权利和义务，让物业服务企业有法可依、有章可循。

2. 健全信用评价体系

将物业服务企业法人和负责人、业主委员会委员、业主在物业服务活动中的失信行为纳入个人征信系统。一方面，结合国务院对物业服务企业监管的具体要求，建立物业服务信用评价体系和信用查询的平台，建立健全物业服务企业、从业人员"黑名单"制度，完善部门联合惩戒机制；建立健全物业服务职业经理人能力水平评价、执业行为监督和披露机制以及物业企业信用信息预警公示制度，加大信用评价结果在招投标活动中的比重，推动优胜劣汰市场化机制的建立。另一方面，加大对业主在物业服务活动中违法违规违约行为的惩戒力度。将安全、守法、守规使用房屋和遵守《管理规约》、按时交纳物业服务费等情况纳入征信范畴，对发生违章建设、破坏房屋承重结构、擅自改变房屋使用性质、拒交物业服务费等违法违约行为要定期公布，纳入个人信用档案，将业主守信情况与保障性住房分配、个人贷款、社会救助、高消费等挂钩。

3. 完善和推行物业管理招投标制度

明确建设市、县区（开发区）招投标平台，将新建住宅小区项目前期物业招投标和后期业主大会决定公开招投标的，统一纳入招投标平台管理，组建物业管理招投标专家库，制定招投标细则，加强对物业招标代理机构在招标投标活动中的监管，对招投标申报、信息发布、评标专家库组建、评标及合同签订等事项进行统一和规范。

4. 加强物业服务行业自律

充分发挥行业协会的调解、沟通、监督、自律、服务等职能，积极在行业管理、市场分析、信息交流、学习考察等方面发挥优势，开展行业培训、评优等活动，制定行业标准、规范，引导和支持物业服务企业做大做强，努力树立和培育一批经营规范、服务正规的行业龙头企业，引领全市物业服务行业健康发展。

5. 优化物业服务行业发展环境

整合消防、质监、公安等涉及物业服务行业的行政部门资源，运用信息化技术手段优化和完善培训方式，提升培训效率，降低培训成本，减轻行业负担。大力促进对水电气代收、专业经营设施设备及相关管线管理维护责任不明确等行业热点问题的研究和解决。加快建立属地化为主、部门协同的联合工作机制，对违法建设、违规装修、停车难、车辆乱停乱放等问题进行集中治理。

6. 强化舆论宣传引导

充分发挥各级政府和有关部门、行业协会等单位的宣传主阵地作用，采取多种方式，加大宣传教育力度，提高全社会对物业管理工作的认识，特别是使住宅小区业主明白自己的权利和义务，树立"花钱购买服务"的物业意识，引导业主有序参与、依法维权、履约尽责，积极配合物业服务企业开展服务工作。加大对行政执法人员、基层物业管理人员、行业重点人群和从业人员的培训力度，切实提升履职能力和专业技术水平，创新服务理念，提高服务质量。各新闻媒体要坚持正确舆论导向，充分调动各方力量，弘扬社会正能量，普及物业管理政策法规，引导业主依法积极参加小区事务，合理提出诉求，规范企业经营行为，共同构筑良好的物业管理发展舆论环境。

参考文献

[1] 中华人民共和国国务院：《物业管理条例》，2018年3月19日。
[2] 深圳市人大常委会办公厅：《深圳经济特区物业管理条例》，2018年8月29日。
[3] 《安徽省物业管理条例》，2016年8月1日。
[4] 《中共中央国务院关于加强和完善城乡社区治理的意见》，2017年6月12日。
[5] 《中共广西壮族自治区委员会 广西壮族自治区人民政府关于加强和完善城乡社区治理的实施意见》，桂发〔2018〕4号。
[6] 合肥市房地产管理局：《物业管理相关法律法规及政策汇编》，2012年2月。
[7] 深圳市房地产和物业管理进修学院全国房地产深圳培训中心：《物业管理法律法规汇编》，2014年5月。
[8] 黄树贤：《奋力开创新时代城乡社区治理新局面：学习贯彻习近平总书记关于城乡社区治理的重要论述》，《求是》2018年第15期。
[9] 习近平：《社区工作要为居民提供精准化、精细化服务》，《中国民政》2018年第21期。

社会科学文献出版社　　　　　　　　　　**皮书系列**

❖ 皮书起源 ❖

"皮书"起源于十七、十八世纪的英国，主要指官方或社会组织正式发表的重要文件或报告，多以"白皮书"命名。在中国，"皮书"这一概念被社会广泛接受，并被成功运作、发展成为一种全新的出版形态，则源于中国社会科学院社会科学文献出版社。

❖ 皮书定义 ❖

皮书是对中国与世界发展状况和热点问题进行年度监测，以专业的角度、专家的视野和实证研究方法，针对某一领域或区域现状与发展态势展开分析和预测，具备原创性、实证性、专业性、连续性、前沿性、时效性等特点的公开出版物，由一系列权威研究报告组成。

❖ 皮书作者 ❖

皮书系列的作者以中国社会科学院、著名高校、地方社会科学院的研究人员为主，多为国内一流研究机构的权威专家学者，他们的看法和观点代表了学界对中国与世界的现实和未来最高水平的解读与分析。

❖ 皮书荣誉 ❖

皮书系列已成为社会科学文献出版社的著名图书品牌和中国社会科学院的知名学术品牌。2016年，皮书系列正式列入"十三五"国家重点出版规划项目；2013~2019年，重点皮书列入中国社会科学院承担的国家哲学社会科学创新工程项目；2019年，64种院外皮书使用"中国社会科学院创新工程学术出版项目"标识。

中国皮书网

(网址:www.pishu.cn)

发布皮书研创资讯,传播皮书精彩内容
引领皮书出版潮流,打造皮书服务平台

栏目设置

关于皮书:何谓皮书、皮书分类、皮书大事记、皮书荣誉、
皮书出版第一人、皮书编辑部

最新资讯:通知公告、新闻动态、媒体聚焦、网站专题、视频直播、下载专区

皮书研创:皮书规范、皮书选题、皮书出版、皮书研究、研创团队

皮书评奖评价:指标体系、皮书评价、皮书评奖

互动专区:皮书说、社科数托邦、皮书微博、留言板

所获荣誉

2008年、2011年,中国皮书网均在全国新闻出版业网站荣誉评选中获得"最具商业价值网站"称号;

2012年,获得"出版业网站百强"称号。

网库合一

2014年,中国皮书网与皮书数据库端口合一,实现资源共享。

权威报告·一手数据·特色资源

皮书数据库
ANNUAL REPORT(YEARBOOK) DATABASE

当代中国经济与社会发展高端智库平台

所获荣誉

- 2016年，入选"'十三五'国家重点电子出版物出版规划骨干工程"
- 2015年，荣获"搜索中国正能量 点赞2015""创新中国科技创新奖"
- 2013年，荣获"中国出版政府奖·网络出版物奖"提名奖
- 连续多年荣获中国数字出版博览会"数字出版·优秀品牌"奖

成为会员

通过网址www.pishu.com.cn访问皮书数据库网站或下载皮书数据库APP，进行手机号码验证或邮箱验证即可成为皮书数据库会员。

会员福利

- 已注册用户购书后可免费获赠100元皮书数据库充值卡。刮开充值卡涂层获取充值密码，登录并进入"会员中心"—"在线充值"—"充值卡充值"，充值成功即可购买和查看数据库内容。
- 会员福利最终解释权归社会科学文献出版社所有。

卡号：837359254789
密码：

数据库服务热线：400-008-6695
数据库服务QQ：2475522410
数据库服务邮箱：database@ssap.cn
图书销售热线：010-59367070/7028
图书服务QQ：1265056568
图书服务邮箱：duzhe@ssap.cn

基本子库
SUB DATABASE

中国社会发展数据库（下设12个子库）

全面整合国内外中国社会发展研究成果，汇聚独家统计数据、深度分析报告，涉及社会、人口、政治、教育、法律等12个领域，为了解中国社会发展动态、跟踪社会核心热点、分析社会发展趋势提供一站式资源搜索和数据分析与挖掘服务。

中国经济发展数据库（下设12个子库）

基于"皮书系列"中涉及中国经济发展的研究资料构建，内容涵盖宏观经济、农业经济、工业经济、产业经济等12个重点经济领域，为实时掌控经济运行态势、把握经济发展规律、洞察经济形势、进行经济决策提供参考和依据。

中国行业发展数据库（下设17个子库）

以中国国民经济行业分类为依据，覆盖金融业、旅游、医疗卫生、交通运输、能源矿产等100多个行业，跟踪分析国民经济相关行业市场运行状况和政策导向，汇集行业发展前沿资讯，为投资、从业及各种经济决策提供理论基础和实践指导。

中国区域发展数据库（下设6个子库）

对中国特定区域内的经济、社会、文化等领域现状与发展情况进行深度分析和预测，研究层级至县及县以下行政区，涉及地区、区域经济体、城市、农村等不同维度。为地方经济社会宏观态势研究、发展经验研究、案例分析提供数据服务。

中国文化传媒数据库（下设18个子库）

汇聚文化传媒领域专家观点、热点资讯，梳理国内外中国文化发展相关学术研究成果、一手统计数据，涵盖文化产业、新闻传播、电影娱乐、文学艺术、群众文化等18个重点研究领域。为文化传媒研究提供相关数据、研究报告和综合分析服务。

世界经济与国际关系数据库（下设6个子库）

立足"皮书系列"世界经济、国际关系相关学术资源，整合世界经济、国际政治、世界文化与科技、全球性问题、国际组织与国际法、区域研究6大领域研究成果，为世界经济与国际关系研究提供全方位数据分析，为决策和形势研判提供参考。

法律声明

"皮书系列"(含蓝皮书、绿皮书、黄皮书)之品牌由社会科学文献出版社最早使用并持续至今,现已被中国图书市场所熟知。"皮书系列"的相关商标已在中华人民共和国国家工商行政管理总局商标局注册,如LOGO( )、皮书、Pishu、经济蓝皮书、社会蓝皮书等。"皮书系列"图书的注册商标专用权及封面设计、版式设计的著作权均为社会科学文献出版社所有。未经社会科学文献出版社书面授权许可,任何使用与"皮书系列"图书注册商标、封面设计、版式设计相同或者近似的文字、图形或其组合的行为均系侵权行为。

经作者授权,本书的专有出版权及信息网络传播权等为社会科学文献出版社享有。未经社会科学文献出版社书面授权许可,任何就本书内容的复制、发行或以数字形式进行网络传播的行为均系侵权行为。

社会科学文献出版社将通过法律途径追究上述侵权行为的法律责任,维护自身合法权益。

欢迎社会各界人士对侵犯社会科学文献出版社上述权利的侵权行为进行举报。电话:010-59367121,电子邮箱:fawubu@ssap.cn。

社会科学文献出版社